KB268185

자본주의가 초래한 가장 끔찍한 폐해 하나는, 우리의 삶이 마치 도덕이나 가치 체계와는 무관하게 상호 간에 오로지 경제 논리에 따라 이루어지고 평가되어야 할 것처럼 여기게 만든 것이다. 그러나 저자가 책에서 세밀하게 보여주듯이, "도덕 중립적" 부채 이해야말로 오늘날 신자유주의 체제 곳곳에서 목격할 수 있는 끔찍하고 참담한 현실에 직접적으로 책임이 있다. 경제 논리만으로 부채를 다루게 되면 우리는 부채로 인한 참담한 현실을 개인 문제로 치부하며, "빚지지 말라", "감당할 수 있는 만큼만 빌리라"는 말밖에는 달리 할 수 있는 게 없다. 저자는 부채 문제가 개인의 문제를 넘어 신자유주의 경제 체제가 만들어내는 사회적·구조적 문제임을 여러 장에 걸쳐 면밀하게 보이는 한편, 놀랍게도 부채 문제의 통합적 이해를 위해 부채의 근거를 인류의 근본 가치와 이슬람 및 유대교 희년 사상 같은 종교적 가치 안에 둘 것을 강력히 주장한다. 이와 더불어 저자는 부채를 상호 간의 필요에 따른 경제 논리로 접근할 뿐 아니라, 개별 경우마다 연루된 이들의 나름의 맥락이 지닌 "이야기"라는 측면에도 주의할 것을 주장한다. 경제논리와 이야기, 두 측면으로 부채를 풀어가는 저자의 시도는 다른 분야에도 적용해볼 수 있는 매우 설득력 있는 접근이라 할 수 있다. 부채에 대한 기독교적 이해를 시도한 글들이 여럿 있지만, 본서는 단연 가장 설득력 있는 책이다. 근본적으로 이웃의 곤경에 대한 긍휼과 참여로 부채를 다루는 구약이 그러하듯이, 또한 부채를 "선물"로 이해하는 저자의 관점에서도 볼 수 있듯이, 도덕과 가치에 기반하여 비판적으로 숙고되는 부채는 결코 악마적이지 않다. 그러므로 문제는 더 치밀한 경제 논리가 아니라 도덕의 회복이다.

김근주 기독연구원 느헤미야 전임연구원

모름지기 학문은 자기가 살고 있는 "시대에 대한 반성"이며, 신학도 여기서 예외일 수 없다. 오늘날 시대의 과제는 불평등 해소다. 한 나라 안에서 개인 간에 격차가 벌어지고 있을 뿐만 아니라 국가 간에도 불평등이 심화되고 있다. 그렇다면 신학은 당연히 이 난제를 신학적 지평 위에서 근본적으로 검토하여 방향을 제시하는 역할을 감당해야 한다. 그러나 놀랍게도 오늘날 한국의 신학은 이 문제에 관심이 없다. 냉정하게 말해서 "감당해야 한다!"는 소수의 "당위적 주장"만 있을 뿐이다. 이런 상황에서 『부당한 빚, 정당한 빚』의 출간은 여간 반가운 일이 아닐 수 없다. 오늘날 불평등이 "부채"를 통해 확대되기 때문이다. 이 책은 부채 문제가 심화되는 까닭이 "부채와 도덕의 분리"에 있다고 보고, 구약성서의 희년제도에서 그 해법의 원칙을 찾고 있다. 신학자가 썼음에도 약탈적 금융구조에 대한 설명이 매우 구체적이다. 가히 신학과 사회과학의 융합이라고 할 만하다. 이 책의 출간을 시작으로 한국의 기독교계에도 부채 문제, 불평등 문제에 관한 본격적인 논의가 전개되기를 기대해본다.

남기업 토지+자유연구소 소장

이 책은 "부채"(debt)라는 경제적 문제에 대해 점잖게 신학적 훈수를 두고 있는 것이 아니다. 이미 우리의 삶을 절대적으로 지배하고 있는 신자유주의 경제 질서의 기반을 구성하는 탈윤리적(amoral) 부채관이 전면적으로 재편되지 않으면 이 자본주의의 약탈적 행태가 더욱 악화될 수밖에 없고, 기독교 신앙은 그런 세상을 속수무책으로 방관하는 외에는 도리가 없을 것이라고 경고한다. 저자는 "부채"라는 주제를 통해 사실상 자본주의 체제 전반에 대한 신학적 성찰을 시도하고 있으며, 더 나아가 수용 가능하고 실천 가능한 제안까지 내어놓고 있다. 그 작업은 한편으로는 경제 문제를 폭넓게 검토하며 대안을 제시하는 사회윤리적 논의의 결실이지만, 다른 한편으로는 매번 "우리가 우리에게 빚진 자를 탕감해준 것 같이, 우리의 빚을 탕감해주시고"라고 기도하라고 가르친 주님의 말씀이 어떻게 우리 시대에 그 어느 때보다 통렬한 복음이 될 수 있는지를 웅변으로 들려주는 쾌거이기도 하다.

양희송 청어람ARMC 대표

제목이 암시하듯이, 이 책은 부채를 "부당한 부채"와 "정당한 부채"로 구분한다. 오늘날 신자유주의가 득세하는 상황에서 부채와 부채경제는 그것이 애초에 가지고 있었던 선물의 성격과 도덕성을 상실하고, 오로지 기계적·중립적 상호주의와 시장 원리주의에만 지배되는 "괴물"로 전락하고 말았다. 저자는 도덕적 성찰, 비판적 담론, 그리고 상호 합의에 바탕을 둔 사회적·총체적 부채 윤리를 개발해야 한다고 주장한다. 이를 위해 고대 사회로부터 현대 사회에 이르기까지 부채 경제의 역사와 부채 남용의 사례를 탐구하고, 이슬람, 유대교, 기독교의 윤리적 이상은 물론 인류학, 철학, 경제학의 부채 윤리까지 검토한다. 신학자인 저자가 조지프 스티글리츠, 토마 피케티, 마르크스 등 쟁쟁한 경제학자들의 견해까지 다루는 점은 특히 인상적이다. 이 책이 신학자와 목회자는 물론이고 경제학자와 윤리학자, 그리고 정책 입안자들에게 널리 읽혀서, 부채가 사람들에게 선물과 같은 기능을 하도록 부채 경제를 새롭게 구축하고자 하는 저자의 시도가 소중한 열매를 맺기를 기대한다. 경제학자의 눈으로 보면 윤리적·신학적 관점에서 경제문제를 다루는 저작들은 대개 어설픈 내용을 담고 있는 경우가 많은데, 이 책은 그렇지 않다. 부디 목회자들이 많이 읽고 경제문제에 관심을 가진 교인들에게 널리 알리기를 바란다. 작은 날갯짓 하나가 약탈적인 신자유주의 부채경제를 무너뜨리고 사람들을 부채의 굴레에서 해방하는 새로운 경제 질서를 만들어낼지 누가 아는가?

전강수 대구가톨릭대학교 경제통상학부 교수, 헨리 조지 포럼 공동대표

Just Debt

Theology, Ethics, and Neoliberalism

Ilsup Ahn

안일섭 지음 | 노동래 옮김

신용불량 파산
신자유주의

부당한 빚
정당한 빚

새로운 부채 윤리 구축을 위한
학제간 기획

모기지론
은혜 희년 선물 회복
이슬람금융 생태파괴

새물결플러스

내 누이에게

목차

『부당한 빚, 정당한 빚』(Just Debt)의 한국어판이 나오게 되어 참으로 기쁘고 감사하다. 저자는 이 책에서 신자유주의 경제 체제 하에서 그간 핵심적 문제로 지목된 "부채 윤리의 결여"에 대한 근본적 해결의 실마리를 제공하고자 하였다. 부디 이 책이 빚에 대한 윤리의 부재로 인해 세상의 많은 사람들이 겪게 되는 구조적 불의와 그에 따른 고통들을 해소하는 데 조금이나마 기여할 수 있게 되기를 진심으로 바란다.

특별히 이 책의 한국어 출판에 대해서 처음부터 적극적인 관심과 지지를 표명해주셨을 뿐 아니라 여기까지 모든 과정이 순조롭게 진행될 수 있도록 일일이 도와주신 새물결플러스 출판사의 김요한 대표님께 진심 어린 감사를 드린다. 또한 금융경제에 대한 깊은 전문지식뿐 아니라 폭넓은 인문지식을 바탕으로 이 책의 번역을 담당해주신 노동래 번역자님께도 마음으로부터의 충심 어린 감사를 드린다. 두 분을 알고 만나게 된 것이 나에게는 큰 행운이자 복이 아닐 수 없다. 힘든 번역의 작업이 단지 번역자의 노력으로만 끝나게 되는 것이 아님을 알게 되었다. 같은 팀이 되어서 이 책이 이처럼 완성된 모습으로 나올 수 있도록 애써주신 출판사 관계자분들에게도 심심한 감사를 드린다.

끝으로 이 책의 출판이 정말 이 시대에 꼭 필요한 사회적 논의의

시발점이 될 수 있기를 소망한다. 이 책의 저자 역시 "담론이 진로를
바꿀 수 있다"(Discourse can change the course.)는 것을 믿는 사람들 중 하
나다.

2018년 6월 9일, 시카고에서

저술은 계속 빚('debt'를 상황에 따라 '부채', '채무', '빚'으로 다양하게 표시한다—역자 주)을 지게 되는 일이기에, 이 책을 출간하도록 도와주신 분들께 진 빚을 인정하는 것에서부터 시작해야겠습니다. 먼저 노스파크 대학교 브랜델 도서관과 그곳의 멋진 직원들께 깊은 감사를 표하고 싶습니다. 제가 많은 도서 대출을 요청했음에도 그분들은 최선을 다해 제 연구를 지원해 주셨습니다. 신학 및 목록 작성 사서 스티브 스펜서는 특히 큰 도움이 되었습니다. 베일러 대학교 출판부에 깊이 감사드려야 하는데, 특히 이 프로젝트에 대한 커리 뉴먼 이사의 신념과 노력에 감사드립니다. 귀중한 비평을 제공해주신 익명의 세 분 독자들께도 깊이 감사드립니다. 이분들의 건설적인 비평 덕에 저는 최초의 원고를 보다 풍부하고 비판적으로 고칠 수 있었습니다. 원고 전체를 세심하게 편집해 주신 캐리 워터슨과 캐이드 자렐에게도 충심어린 감사를 표하고 싶습니다. 제가 초고를 개정하고 있을 때 이 프로젝트에 대해 최초로 공개강좌를 열도록 초대해 주신 게렛 복음주의 신학교 스테드 센터와 이 기관의 브렌트 워터스 이사를 잊지 않고 싶습니다. 2016년 9월에 실시한 이 강좌 준비와 전달 덕분에 이 책의 전반적인 질이 크게 향상되었습니다. 기독교 윤리 협회(Society of Christian Ethics) 통화 정책 관심 그룹의 노먼 파라멜리와 조지 크로웰도 제가 이 저술 프로젝트를 수행하는 동안 저를 많이 격려해 주셨습니다. 이 책에서 제 논문의 일부를 사용하도록 허락해 주신 두 곳의 학술지에도 감사드립니다. 1장에 나오는 니체에 관한 한 부분은 *The Heythrop Journal* 51, no. 3(2010년 5월)에 수록되었고, 2장에 나오는 마르크스에 관한 부분은 *Trans-Humanities* 6, no. 1(2013년 2월)에 수록되었음을 독자들께 알려드립니다.

마지막으로 제 아내 재연(루시)과 두 아들 다니엘, 조수아에게 가장 감사드리고 싶습니다. 제가 이 책의 집필을 시작한 초기부터 제 아내가 저를 믿어주었을 뿐만 아니라 격려해 주고 지원해 준 덕분에 저는 이 저술을 마칠 수 있었습니다. 제 부모님(안병원과 서낭근)께도 영적, 정서적으로 빚을 졌습니다. 부모님의 격려의 말씀과 끊임없는 축복은 여러 번 제 영을 소생시켰습니다. 마지막으로, 끊임없는 친절과 관대함으로 제 여정을 지원해준 제 누이 안혜진님께 이 책을 헌정합니다.

우리가 부채에 관해 알고 있는 바와 부채 경제에 관한 우리의 믿음은 그 기원이 18세기 말의 영국으로 거슬러 올라가는 원대하고 야심 찬 사상 프로젝트의 결과다. 18세기 말에 무슨 일이 일어났는가? 당시 대담하고 새로운 사상이 태어나 곧바로 강대국들에 의해 채택되었는데, 이 사상에 따르면 경제 및 금융 세계는 자체적인 게임 규칙에 의해 운영되어야 하고, 따라서 사회, 종교, 정치 세계로부터 분리되어야 한다. 원대하고 야심 찬 이 사상 프로젝트는 한 사람의 특정 기안자에 의해 설계 및 시작되지는 않았지만, 몇몇 개인들이 이 원대하고 야심 찬 역사적 프로젝트의 개발과 진전에 주요한 역할을 했다. 아담 스미스의 1776년도 저술 『국부론』(*The Wealth of Nations*)과 제레미 벤담의 1787년 저술 『고리 변호론』(*Defense of Usury*)이 이 역사적인 사상적 모험의 선두에 섰다. 잘 알려진 바와 같이, 스미스는 분업, 생산성, 자유 시장과 같은 혁신적인 개념들로 현대 자본주의의 사상적 토대를 쌓았다. 스미스는 그의 책에서 경제 체계는 독립적이기 때문에 "보이지 않는 손"으로 잘 알려진 자체 기제(mechanism)를 통해 스스로 규율할 수 있도록 상당한 자율권을 지녀야 한다는 입장을 취했다. 반면 벤담은 『고리 변호론』에서 고리는 편의(便宜) 문제로 축소될 수 있는 관습상의 관행에 지나지 않는다고 주장함으로써 고리를 법률로 규제해야 한다는 주장을 공격했다. (아담 스미스는 당대의 이자제한법을 정당화했으며, 이로 인해 벤담에게 혹독하게 비판받았음을 주목해야 한다.) 벤담의 아이디어는 그의 생애 동안에는 채택되지 않았지만, 그가 죽은 지 오래되지 않아 1852년에 영국에서 이자제한법이 폐지되었고, 다른 유럽 국가들도 신속하게 그 뒤를 따랐다.

이처럼 원대하고 야심 찬 사상 프로젝트가 우리에게 어떤 영향을 미쳤는가? 이 질문에 대한 간단한 답변은 이 사상 프로젝트 때문에 우리가 부채 및 부채 경제에 대해 한정되고 편향된 견해를 갖게 되었다는 것이다. 신자유주의 부채 개념은 무엇이 잘못되었는가? 자유주의 부채 개념에 어떤 문제가 있는가? 신자유주의 부채 개념에서 부채는 더 이상 도덕과 관련이 있는 문제로 여겨지지 않고, 도덕적으로 가치 중립적이며, 따라서 특정 계약 조건에 기초한 채권자와 채무자 사이의 "도덕과 관련이 없는"(amoral) 계약으로 여겨진다는 데 문제가 있다. 원대하고 야심 찬 그 사상 프로젝트 때문에, 부채는 대체로 역사적·사회적·종교적 배경에서 분리된 단순한 계약 문제로 축소되었다. (스미스와 벤담이 마음에 그렸던 바대로) 경제 및 금융 세계가 그 배경을 이루는 사회, 종교, 정치 세계로부터 분리됨에 따라, 부채 및 부채 경제도 동일한 배경에서 분리되어 도덕과 관련이 없는 부채 및 부채 경제를 만들어내게 되었다. 이 원대하고 야심 찬 사상 프로젝트는 사실상 계몽주의로 알려진 마스터 프로젝트의 하위 프로젝트였다. 계몽주의 사상가(홉스, 로크, 루소)들의 소위 사회 계약 이론의 핵심적인 철학적 통찰력으로 대체된, 도덕과 관련이 없는 계약상의 부채로서의 이러한 현대의 부채 유형이 탄생했는데, 이러한 유형의 부채는 신자유주의 부상(浮上)의 핵심적인 구조적 토대 중 하나가 되었다.

신자유주의 부채 경제의 부상(浮上)에 대해 왜 신경을 써야 하는가? 신자유주의 부채 경제가 현대 사회 및 현대인들에게 어떤 부정적인 영향을 주었는가? 나는 몇 가지 사례를 보여줌으로써 이 질문에 답하고자 한다. 2013년에, 「NBC 뉴스」는 사회보장 혜택으로 살고 있는 아이다호주 보이시에 거주하는 66세의 은퇴 군인 레이몬드 채니의 이야기를 보도했다. 그는 2012년 11월에 자동차가 고장 났는데 수선료 400달러를 낼 돈이 없어 인터넷 대출업자로부터 연금 수령일에 상환하기로 하는 대출을 받았다.[1] 이 대출은 14일 뒤에 갚기로 계약되었지만, 그는 이 대출을 갚을 수 없어 몇 차례 대출 계약을 갱신했다. 채니는 몇 달 안에 다른 인터넷 대출 사이트들에서 다수의 대출을 받게 되었고, 2013년 2월이 되자 연금 수령일 대출자들이 그의 사회 보장 수령액을 싹 쓸어갔다. 불행하게도, 그는 상환할 수 없는 대출 때문에 살고 있던 아파트에서도 쫓겨났다. 이 뉴스 보도에 따르면, 그는 3천 달러가 채 안 되는 돈을 대출받았는데 12,000달러의 부채를 안게 되었다. 상환할 수 없는 대출 때문에 그는 집 없는 사람이 되었고 보이시의 한 구호소에서 살게 되었다. 채니는 기자에게 이렇게 말했다. "나는 바보가 아닌데, 바보짓을 했어요."[2] 「NBC 뉴스」 기자 밥 설리반에 따르면, 해마다 1,200만 명의 미국인들이 이러한 유형의 고금리 단기 대출을 받고 있다. 우리 주위에는 채니와 같은 이웃들이 너무도 많다. 채니는 연금 수령일 대출을 받은 데 대해 자신을 책망하는 듯한데, 그가

---

1   Bob Sullivan, "Like a Drug: Payday Loan Users Hooked on Quick-Cash Cycle," *NBC News*, May 11, 2013.

2   Sullivan, "Like a Drug."

자동차를 고치기 위해 400달러를 빌린 것이 중대한 잘못이라고 말할 수 있는가? 만일 어떤 사람이 실제로는 연 391퍼센트(연 환산 이율)인 400달러를 대출 받은 결과 모든 사회보장 수령액을 잃고 아파트에서 쫓겨나야 한다면,[3] 그 사람이 훌륭하고, 공정하고, 근사한 사회에서 살고 있다고 말할 수 있는가?

현대 신자유주의 부채 및 "도덕과 관련이 없는" 부채 경제는 세계화와 결합되어서 세계 도처에서 인간에게 큰 부담을 안기고 있다. 유엔 아시아 태평양 경제 사회 위원회의 한 조사에 따르면, 2001년-2005년 사이에 86,000명이 넘는 인도 농민들이 자살했다. 왜 그렇게 많은 인도 농민들이 자살해야 했는가? 연구자들은, 인도의 충격적인 자살률은 부채를 가득 안고 작은 땅(1헥타아르 미만)에서 세계적인 가격 변동에 매우 취약한 목화와 커피같은 "현금 작물"을 재배하는 농민 거주 지역에서 가장 높다는 사실을 발견했다.[4] 케임브리지 대학교 사회학부와 유니버시티 칼리지 런던 정치과학부로 구성된 이 팀은 리스크가 높은 농민들에게는 다음과 같은 세 가지 특징이 있다고 말한다. "커피와 목화 같은 현금 작물을 재배하는 사람, 1헥타아르 미만의 '한계' 농부, 그리고 300 루피 이상의 빚이 있는 사람들."[5]

---

3   Sullivan, "Like a Drug." 밥 설리반에 따르면 연금 수령일 대출 비용은 별것 아닌 것처럼 포장되지만, 실제 연이율은 391퍼센트다. 이 대출은 (15일이 아니라) 14일 뒤에 전액을 상환해야 하기 때문에, 차주(borrower)들은 대개 그 2주 동안 재무 상황이 바뀌지 않고, 따라서 대출을 여러 차례 갱신할 수 밖에 없다. 설리반은 또한 평균적인 연금 수령일 차주들은 약 5개월 동안 350달러를 빌리기 위해 458달러의 수수료를 지불한다고 보도한다. 보다 장기로 빌릴 경우 상황은 더 악화된다("평균적인 담보 차주(title borrower)는 10개월간 950달러를 빌리는 데 2,140달러를 지불한다").

4   Manash Pratim Gohain, "New Evidence of Suicide Epidemic among India's 'Marginalized' Farmers," *Times of India*, April 17, 2014.

인도의 가난한 농촌 지역의 놀라운 자살률 사례는 "도덕과 관련이 없는" 부채 경제가 현재 개인 차원을 넘어 사회적, 세계적 수준에서 인간에게 얼마나 큰 부담을 안기고 있는지 볼 수 있도록 도움을 준다. 「데일리 메일」 지에 따르면, 유전자 변형 종자(GM; genetically modified)들이 인도 농촌 지역에 편만한 자살과 큰 관련이 있다.[6] 전형적인 이야기는 다음과 같이 전개된다. 값비싼 유전자 변형 작물을 재배할 수밖에 없게 된 많은 농부들이 지역 대출자로부터 과도한 융자를 받는다. 지방의 이 농부들은 유전자 변형 대출에 속아서 전통적인 목화 씨앗 대신 유전자 변형 씨앗을 샀다. 그러나 그 가격 차이는 매우 크다. 이 농부들은 100그램의 유전자 변형 씨앗에 10파운드를 지불하는데, 이보다 1,000배가 넘는 전통 씨앗 가격은 10파운드도 안 된다. 앞으로 부자가 될 수 있다는 약속에 속은 농부들은 유전자 변형 씨앗을 사기 위해 돈을 빌렸지만 수확이 실패하자 소득은 없이 빚의 소용돌이에 휘말리게 되었다. 「데일리 메일」에 따르면, 유전자 변형 작물에 찬성하는 전문가, 로비스트, 저명 정치인들은 (농촌의 가난, 알콜 중독, 가뭄과 "농지의 피폐화"를 시골 농부들의 편만한 자살률에 대한 원인으로 지목하면서) 유전자 변형 작물이 인도의 농업을 변혁시켰다고 주장하지만, 전통적인 종자로 농사짓던 데서 유전자 변형 종자로 전환한 뒤 수확이 실패했을 때 자살한 샹카라와 같은 전형적인 사례는 부채 윤리가 단지 개

---

5   Gohain, "New Evidence of Suicide Epidemic." 300루피는 겨우 5달러에 해당하며, 인도 정부는 단지 25 루피를 인도 농촌 지역에서 적정한 하루 소득으로 정의한다.

6   Andrew Malone, "The GM Genocide: Thousands of Indian Farmers Are Committing Suicide after Using Genetically Modified Crops," *Daily Mail*, November 2, 2008.

인의 책임으로 축소되어서는 안 된다는 점을 보여준다.[7] 부채 문제는 참으로 단순히 개인의 책임 문제가 아니라 중요한 사회 윤리 문제가 되었다.

2007-2008년의 미국 금융 위기는 신자유주의적 부채 및 도덕관념 없는 신자유주의 부채 경제가 사회에 얼마나 해로운지, 그리고 왜 부채 문제를 개인 책임 문제라기보다는 사회 윤리 문제로 다뤄야 하는지 보여주는 또 다른 사례다. 일반적으로 서브프라임 모기지를 금융 위기를 촉발한 하나의 주요 요인이라며 비난하는 데 동의하고 있다. 서브프라임 모기지는 유혹적이지만 잠재적으로 재앙을 초래할 수 있는 대출 전술을 채택한다는 점에서 표준적인 프라임 모기지와 다르다. 예를 들어, 모기지 회사들은 저소득 가구에 서브프라임 모기지를 빌리도록 꼬드기기 위해 처음 몇 년 동안은 대출 이자율을 낮추거나 이자만 납부하는 모기지를 제공했다(일반 모기지는 고정 금리, 원리금 균등분할 상환 대출이다—역자 주). 이러한 초기 "유인" 금리는 나중에 훨씬 높은 금리로 재설정되는데, 이러한 고금리 대출은 결국 취약한 차주(borrower)들의 대량 부도로 이어졌다. 모기지 회사들은 그 과정에서 완전한 재무 관련 서류 제출 요구 등과 같은 공정한 대출 신청 절차를 훼손함으로써 유동화 금융 금액을 늘리기 위해 자사의 대출 기준을 위반했는데, 이러한 대출은 흔히 "무서류 대출"로 알려져 있다. 이 과정에서 서브프라임 차주들은 나중에 보다 표준적인 고정 금리 대출로 갈아탈 수 있을 테니 금리가 보다 높게 재설정될 때 늘어날 상환액 부

---

7   Malone, "GM Genocide."

담에 대해 염려하지 말라는 말을 들었다.[8]

미국의 주택 시장 및 금융 시장의 서브프라임 모기지 확산은 우연이 아니었다. 「워싱턴 포스트」 지의 배리 리쏠츠는 그 배후에 구조적인 원인이 있었다고 보도한다. 1998년에 일반 은행과 투자은행을 분리시켰던 글래스스티걸 법이 폐기되었다. 이로써 예금이 정부에 의해 보호되는 연방예금보호공사에 가입한 은행들(이 은행들의 예금은 정부에 의해 보장된다)이 위험한 비즈니스에 종사할 수 있게 되었다. 이 외에도 증권거래위원회(SEC)가 2004년에 1977년에 제정된 순자본비율 규칙의 12:1이라는 레버리지 한도를 대체해서 골드만삭스, 모건스탠리, 메릴린치, 리만 브러더스, 베어스턴스 등 5개 월가 은행들에게 무제한의 레버리지를 허용했다. 리쏠츠에 따르면, 이 은행들은 레버리지를 20:1, 30:1, 심지어 40:1까지 올렸다.[9] 한편 통화감독청(OCC)은 모기지 여신과 전국 은행들을 규제하는 주법들을 연방 차원에서 적용하지 않게끔 했다. 이처럼 연방차원의 규제가 완화된 결과, 전국적인 대출자들이 이러한 주들에서 점점 더 리스크가 큰 대출을 팔기 시작했는데, 이에 따라 곧 부도와 이에 따른 담보물 처분이 급증했다.[10]

이 세 가지 사례들은 현대의 신자유주의적 부채 및 "도덕 중립적인" 신자유주의 부채 경제가 인간에게 세계적인 규모로 점점 더 큰 부담을 지움으로써 얼마나 해로울 수 있는지 보여준다. 이 사례들은 또한 오늘

---

8   Karl Beitel, "The Subprime Debacle," *Monthly Review* 60, no. 1 (2008): 33.

9   Barry Ritholtz, "What Caused the Financial Crisis? The Big Lie Goes Viral," *Washington Post*, November 5, 2011.

10   Ritholtz, "What Caused the Financial Crisis?"

날의 신자유주의 세계에 절실히 필요한 적절한 윤리는 개인 윤리 강령 따위가 아니며, "빚에 빠지지 마라"거나 "자신의 빚을 갚으라"는 식으로 개인에게만 책임을 돌릴 수 없음도 보여준다. 우리가 이를 인식하건 못하건, 개인금융은 점점 더 신자유주의 세계 경제, 금융 시장 규제 완화, 거시 경제 실패 등과 같은 구조적 요인들에 의해 영향 받는다. 우리는 신자유주의적 자본주의 경제 논리 때문에 빚이 항상 늘어날 수밖에 없는 세계에 살고 있다. 정치 철학자 마이클 앨런 길레스피는 빚에 찌들린 신자유주의 세계경제의 구조적 문제를 다음과 같이 간략히 요약한다.

> 현대 세계의 부채는, 우리가 봐 온 바와 같이, 자본 사용과 불가분으로 엮여 있다. 그러나 자본 사용은 더 많은 자본을 산출해 낼 때에만 가능한데, 이는 사물들을 상품으로 변환하기 위한 생산이 보다 확산되고 보다 효율적으로 조직화되는 과정의 일부로서만 일어난다. 계속적인 자본 재활용 수요는 부채가 항상 증가해야만 함을 의미한다.[11]

부도를 낸 채무자들의 도덕 및 금융상의 올곧음(integrity)의 결여를 비난할 수도 있지만, 신자유주의 부채 경제의 구조적 측면을 고려하면 그들을 단지 금융상의 실패자로 여기기보다는 신자유주의 경제와 이 체제의 오도(誤導)된 금융 정책의 희생자로 보는 것이 더 좋을 것이다. 역설적으로 보일 수도 있지만, 신자유주의가 부채 총액을 세계적

---

11   Michael Allen Gillespie, "On Debt," *Debt: Ethics, the Environment, and the Economy*, Peter Y. Paik and Merry Wiesner-Hanks 편 (Bloomington: Indiana University Press, 2013)에 수록된 글, 68.

인 규모로 키우지만, 또한 부채의 거대한 확산으로 인해 부채 문제를 채무자와 채권자 사이의 개별적인 계약 문제로 축소시키지 말아야 할 필요가 생기게 된다. 따라서 내가 신자유주의 시대에 부채 윤리가 필요하다고 말할 때, 나는 그 변수들이 소위 개인 금융, 개인적 올곧음, 또는 계약상의 의무라는 개인적 영역을 뛰어넘는 **사회적** 부채 윤리에 대한 필요를 지칭한다. 그렇다면 우리가 사회적 부채 윤리를 개발한다는 것은 무슨 뜻인가? 이 책의 모든 내용이 이 질문에 답하기 위해 기획되었는데, 이에 대해 간략히 답하자면 문화, 종교, 공동체라는 사회 속에서 도덕관념이 없어진 부채 경제의 기반을 다시 닦음으로써 사회적 부채 윤리가 수립된다는 것이다. 사회적 부채 윤리는 기계적 또는 중립적 상호주의 논리나 생명이 없는 시장 원리주의 법률에 의해서가 아니라, 도덕적 성찰, 비판적 담론 및 상호 합의에 바탕을 둔 인간의 동의에 의해 규율되어야 한다는 입장을 강력히 지지한다. 사회적 부채 윤리는 부채가 인간에게 봉사해야지 그 반대여서는 안 된다는 생각을 증진하고자 한다. 불행하게도 인간은 수십 년 동안, 특히 신자유주의 세계 경제가 부상한 시기이기도 한 1980년대 이후 기하급수적인 부채 증가로 큰 영향을 받아왔다. 규제 완화, 자유 무역, 민영화, 시장의 지배, 정부 지출 축소와 같은 정치·경제 이념으로 대표되는 신자유주의는 근본적으로 새로운 지구상의 시스템을 만들어냈는데, 옹 애화는 이를 비유적으로 "지구 전역에서 힘을 모으고 있는 경제 쓰나미"라고 부른다.[12]

---

12   Aihwa Ong, "Neoliberalism as a Mobile Technology," *Transactions of the Institute of*

그렇다면 사회적 부채 윤리는 광범위한 부채의 남용과 이와 관련된 막대한 인간적 고통 및 도덕적 피해를 주제로 삼는다. 그래서 나는 이 책에서 고대 로마에서 현대 그리스까지, 인도에서 미국까지, 그리고 남미에서 아프리카에 이르는 인간 사회들에서의 부채 남용과 그 잔인한 경제에 의해 야기된 다양한 인권 유린에 대해 논의한다. 심지어 오늘날에도 세계 도처에서 폭력적인 부채 경제에 의해 야기된 인권 유린이 만연해 있기에, 이 책은 시급한 사회 윤리 문제가 된 이 문제를 정면으로 다룬다. 만연한 부채 남용에 직면해서, 나는 세계적인 부채 남용 현상의 근저에 "도덕과 관련이 없는" 부채의 세계 및 부채 경제 창조에 유사 도덕적 정당화를 제공한 이념적·철학적 토대가 있다는 이 책의 주요 초점 중 하나를 놓치지 않으려 노력한다. 따라서 나는 비판적-윤리적 관점에서 신자유주의의 특징이 된, 만연하는 부채 남용을 다루는 이념적·철학적 토대를 허무는 데 초점을 맞추고자 한다.

이 이념적·철학적 토대는 무엇이며, 이 토대가 부채 남용과 어떤 관계가 있는가? 신자유주의 부채의 핵심적인 이념적·철학적 토대는, 부채 문제가 "도덕과는 관련이 없는" 실체로서 오로지 상호성의 경제 논리에 의해 규율되어야 한다는 것이다. 이 논리 자체가 자유주의 부채의 유사 도덕적인 강령이 되어서 부채의 역사적·문화적·종교적 풍조를 대체했다. 자유주의 부채 경제의 중심에 그러한 상호주의 경제 논리의 이념에 의한 "도덕과의 관련성 없애기"(amoralization)가 놓여 있다. 부채는 일반적으로 채무자와 채권자 사이에서 체결되어 채무자

편에 부채 의식을 낳기 때문에, 채무자와 채권자 사이의 관계도 동일한 "도덕과 관련이 없는" 부채 경제의 정신에 의해 영향 받고 심지어 그 정신에 의해 형성되기도 한다. 그럴 경우 채권자가 이러한 유사 도덕적인 강령을 다른 금융 대안이 없기 때문에 위험한 조건으로 돈을 빌릴 수밖에 없는 채무자를 이용하는 수단으로 악용하면 부채의 남용이 불가피해진다.

일단 상호성 논리가 자유주의 부채 경제의 유사 도덕성으로 도덕과의 관련성을 없애고 나면, 모든 채무자들과 채권자들이 차별 없이 다뤄진다. 그러면 신자유주의 부채의 경제 논리는 채무자나 채권자가 누구인지, 부채가 어떻게 계약되든지, 또는 그 부채가 어떻게 상환될지는 문제되지 않는 방식으로 진행된다. 이 논리는 특히 성격, 배경, 내러티브가 다른 모든 개별 차주들을 그들의 특정 상황이나 맥락을 고려하지 않고 동일한 채무자로 인식되는 동일 집단의 사람들로 축소시킨다. 이 논리에 따르면, 모든 채무자들은 다 부채를 상환해야 한다는 점에서 차이가 없이 동일하며, 부채를 상환하지 않으면 모두 다 책임이 있다. 물론 그렇다고 내가 채무자들을 그들의 사회적 지위, 성별, 인종 등에 따라 달리 대우해야 한다고 주장하는 것은 아니다.[13] 그렇

---

13   역사적으로 "특정 종류의 부채와 특정 종류의 채무자들이" 실제로 다른 부채 및 채무자들과 다르게 취급된 적이 있었다. 예를 들어 데이빗 그래버는 다음과 같이 쓴다. 1720년대에, 채무자가 수감된 감옥의 상태가 유명 언론에 드러났을 때 영국의 대중들을 가장 분개시켰던 점들 중 하나는 이러한 감옥들이 일반적으로 두 부분으로 나눠졌다는 사실이었다. 종종 뭔가 독특한 복장을 입고서 함대나 왕실 재판소에 잠시 체류하는 것으로 생각된 귀족 재소자들은 제복을 입은 하인들에 의해 잘 대접받았고 창녀들의 정기 방문을 받도록 허용되었다. '평민' 측에서는, 어느 기사가 보도하듯이 가난해진 채무자들이 "오물과 해충으로 뒤덮인" 작은 감옥에서 함께 족쇄가 채워져 있었고 "무참하게 죽거나, 배고픔과 발진티푸스로 고통당했다." 두 집단의 채무자들을 다

게 되면 끔찍한 정의 위반이 될 것이다. 내가 여기서 지적하는 것은 신자유주의 부채 경제는 부채의 다른 핵심 측면, 즉 부채의 내러티브 측면을 외면함으로써 부채를 정당하게 다루지 못한다는 점이다. 위에서 보여준 바와 같이, 거의 모든 부채들에는 그들의 이야기들이 있기 때문에, 부채 문제를 보다 총체적(holistic)으로 이해하기 위해서는 그 이야기들이 중요하게 다뤄져야 한다. 실로, 이야기들은 상호성 논리와 더불어 부채의 본질적인 두 가지 측면을 구성한다(부채의 이야기 측면에 대한 보다 자세한 설명은 6장에서 제공된다).

이 책에서, 나는 논리와 이야기라는 부채의 두 가지 본질적 요소를 재통합함으로써 보다 총체적인 사회적 부채 윤리가 확립된다고 주장한다. 보다 총체적인 부채 윤리 관점에서 보면, 자유주의 부채 개념은 부채의 이야기 측면을 소홀히 함으로써 부채의 도덕적 성격을 무력화하고 부채를 단지 계약과 기계적인 계산 문제로 만들기 때문에 문제가 있다. 도덕적으로 가치중립화된 부채 경제는 신자유주의 세계의 파렴치한 채권자들에 의한 여러 형태의 부채 남용을 겪어왔다. 이러한 남용은 때로는 전체 경제 체제 자체를 불안정하게 할 정도로까지 자행되었다. 또한 자유주의 부채 개념은 채권(credit)의 풍부하고 두터운 의미를 그저 부채의 앞면으로 축소시켰다. 경제적·정치적 중요성뿐만 아니라 종교적·상징적 중요성도 있는 채권의 풍부한 도덕적 의미는 신자유주의적인 부채와 부채 경제의 도덕과의 관련성 없애기에

르게 대우한 데 대한 영국 대중들의 분개는 채무자들을 어떻게 대우할 것인가는 부채 윤리의 사회적 구성에 관한 중요한 정의 문제임을 보여준다. David Graeber, *Debt: The First 5,000 Years* (Brooklyn, N.Y.: Melville House, 2012), 7을 보라.

의해 철저하게 제거되었다. 그래서 나는 도덕과의 관련성이 없어진 부채 경제의 근거와 토대를 다시 문화, 종교, 사회적 세계 안으로 돌려 놓음으로써 사회적 부채 윤리를 재구성해야 한다고 주장한다. 부채의 이야기 측면은 그 상대편인 논리적 측면에 의해 지배되거나 식민지화 되지 않아야 한다. 대신, 부채의 논리적 측면은 이야기 측면과 유연하 고 균형 있게 화해되고 재통합되어야 한다.

신자유주의적 글로벌 부채 경제의 배경 하에서 보다 총체적인 부 채 윤리를 개발하기 위해 나는 면밀한 학제간(interdisciplinary) 윤리 탐 구를 채택하였다. 내 연구와 성찰을 통해서 나는 보다 총체적인 부채 윤리를 구성하려면 부채 경제의 근거와 토대를 문화, 종교, 공동체 사 회라는 세계 안으로 되돌릴 뿐만 아니라, 계속 높아지고 있는 신자유 주의 부채경제의 식민지화하는 힘에 대처하기 위해 활용할 수 있는 모든 도덕적 사고와 영감을 수집해서 통합해야 함을 깨닫게 되었다. 오늘날의 신자유주의 글로벌 사회는 끊임없이 다양한 윤리 문제들에 대처하라는 도전을 받고 있다는 점에서, 이 문제들의 범위와 규모는 그 중요성과 복잡성에서 전근대 세계의 문제들과는 비교가 되지 않는 다. 이처럼 도전적인 맥락으로 인해 다른 방식과 다른 마음가짐으로 이 문제들에 대처해야 한다. 예를 들어, 신자유주의 부채의 거대함과 편재성 그리고 다양한 형태의 부채 창조 및 재창조는 공리주의, 칸트 의 의무론, 미덕 이론 등과 같은 어느 하나의 윤리 체계로는 적절히 억 제하거나 통제할 수 없다. 신자유주의 부채 문제는 너무도 거대해서 하나의 윤리 틀로 다룰 수 없다. 이 점에서, 나는 다양한 윤리 전통 및 학파에 의존해서 보다 총체적인 부채 윤리를 개발하고자 하는데, 여기에는 인류학, 철학, 경제의 윤리적 이상뿐 아니라 종교들, 특히 아브라함 종교(이슬람, 유대교 및 기독교)의 윤리적 이상도 포함된다. 따라서 이 책은 의도적으로 학제간 방법론을 채택해서 보다 총체적인 부채 윤리를 확립한다.

이 책은 2부로 구성되어 있다. 1부(1,2,3장)는 보다 총체적인 부채 윤리를 개발하기 위해 인류학 및 철학의 도덕적 통찰력 탐구에 초점을 맞추며, 2부(4,5,6장)는 아브라함 종교의 윤리적 영감을 활용하기 위해 이 종교들을 살펴본다. 각각의 장마다 자체의 독특한 주제를 다루지만, 모든 장들은 보다 총체적인 부채 윤리를 개발할 수 있도록 연결되어 있다. 예를 들어, 부채는 원래 원시 사회에서 일종의 선물로 생각되었다는 1장의 핵심적인 인류학적 통찰력은 내가 2장에서 이를 토대로 개발하는 정당한 부채 개념의 철학적 발판이 된다. 1장의 인류학적 통찰력은 나아가 내가 각각 "지불불능인 부채를 어떻게 공정하게 해결할 것인가?"와 "보다 총체적인 부채 윤리 개발에 미덕이 정말 중요한가?"라는 두 개의 중요한 질문들을 다루는 3장 및 6장과 관련이 있다. 4장과 5장도 "고리대금이 오늘날에도 비도덕적인가?"와 "왜 오늘날의 신자유주의 글로벌 사회에서도 여전히, 또는 아마도 훨씬 더 희년 개념에 관심을 가져야 하는가?"라는 부채 문제에 관한 핵심적인 정의 문제들을 다룬다. 내가 보다 총체적인 부채 윤리를 개발하고 싶다고 피력했지만, 독자들은 이 책이 예를 들어 불교와 힌두교 같은 종교 전통들을 포함시키지 않음으로써 그 범위와 규모가 제한적임을 알게 될 것이다. 이 한계는 오로지 이 분야에 대한 내 전문성과 능력이 부족하기 때문이다. 이 책이 만족시킬 수 없는 이 명백한 공백을 다른 연구자들과 전문가들이 채울 수 있기 바란다. 독자들은 또한 이 책의 저자가 아시아 출신으로서 미국의 소규모 인문대학에서 윤리와 철학을 가르치는 그리스도인 사회 윤리학자라는 점을 알아둘 필요가 있다. 이 책의 주요 목표는 보다 총체적인 부채 윤리를 개발하는 것이며, 나는 그 과정에서 "총체적"이라는 개념을 "편견 없는"이라는 개념과 같아지지 않게 노력했다.

각각의 장들이 보다 총체적인 부채 윤리 개발이라는 공통 주제에 비추어 어떻게 구성되어 있는지 간략히 설명하겠다. 1장에서, 나는 인류학자 데이빗 그래버와 마르셀 마우스의 민족학 및 문화 연구의 렌즈를 통해 부채의 도덕적 기원을 조사했다. 그들에 의하면, 부채의 도덕적 기원은 기본적으로 가장 초기 형태 사회인 원시 사회의 도덕적인 선물 경제와 깊은 관련이 있다. 그들은 부채가 처음에는 원시 선물 경제의 부산물로 여겨졌음을 알려준다. 부채는 전적으로 교환과 사회성이라는 소위 과학적인 경제법에 의해 규율되는 무언가가 아니라, 기본적으로 인간의 합의 문제다. 나는 이 인류학적 통찰력에 기초해서 부채 문제를 **도덕과 관련이 없는 것**으로 다루는 편만한 태도를 허물고자 할 뿐만 아니라, 다양한 남용 사례에 대한 비판적 고찰을 통해 널리 퍼진 남용의 부채 경제도 해체하고자 한다. 또한 나는 선물을 주는 제도는 원래 가장 초기의 친족 사회에서 사회 결속과 유대감을 세우기 위해 확립되었기 때문에, 도덕적인 선물 경제의 부산물로서의 보다 총체적인 부채 윤리는 인간의 사회적 선(善)을 증진하는 방식으로 재구성되어야 한다고 주장한다.

2장에서 나는 1980년대 이후 세계경제를 크게 변화시킨 "금융화"

라는 신자유주의 현상에 대해 비판적으로 분석하고, 이와 병행하여 정당한 부채 개념을 만들어낸다. 나는 먼저 글로벌 부채 경제의 구조적이고 체계적인 부정의를 밝히기 위해 조지프 스티글리츠, 토마 피케티, 그리고 신 마르크스주의 경제 이론가들의 주요 경제 이론들을 살펴봄으로써 글로벌 부채 경제의 구조적 측면을 조사한다. 나는 이를 배경으로, 특히 "유용성"(serviceability), "상환 가능성"(payability), 그리고 "분담 가능성"(shareability)이라는 정당한 부채의 세 가지 조건을 약술함으로써 보다 총체적인 부채 윤리를 개발한다. 부채가 도덕적으로 구성되려면, 이 세 가지 조건이 모두 만족되어야 한다. 나는 또한 채무자들의 정당한 부채에 대한 사회경제적 권리라는 새로운 권리 개념도 개발한다. 이러한 재구성 관점에 의하면, 채권자의 (부채 상환에 대한) 권리는 채무자의 (정당한 부채에 대한) 권리에 대립하는 외관상의 권리다.

3장에서 나는 다양한 채무 불이행과 이에 따른 파산 사례들을 논의한다. 개인, 국가, 기업이라는 세 가지 범주의 지불불능 범주를 비판적으로 살펴봄으로써 나는 공정성과 징벌을 넘어, 다양한 지불불능 사례를 공정하게 다룸에 있어서 필요한 것은 희생자가 된 채무자들과 영향을 받은 채권자들을 위한 회복적이고 관계적인 정의라는 주장을 펼친다. 한편으로는, 어떤 채무자도 영원히 빚진 상태에 놓이지 않아야 하며, 파산은 부도를 낸 채무자들에게 다시 출발할 수 있는 기회를 주는 방식으로 설계되어야 한다. 다른 한편으로는, 어떤 채무자도 부채를 상환할 능력이 있을 때는 그 부채를 상환해야 할 도덕적 의무를 위반해서는 안 된다. 다양한 채무 불이행 사례들을 보다 공정하게 다루기 위해서는 영향 받은 모든 당사자들과 그들의 목소리들도 고려해야 하기 때문에 부채 및 채무 불이행 문제는 단지 채권자와 채무자 사이의 계약 문제로만 여겨져서는 안 된다.

4장에서 나는 이슬람 금융 및 은행업 윤리에 대한 깊이 있는 연구를 통해 (신용카드 회사들과 같은) 편만한 부채의 지대 소득자 (rentier. 이자, 배당, 집세 등의 정기 수입으로 생활하는 사람—역자 주) 경제를 반대하는 윤리 논거를 개발한다. 현재의 이슬람 금융 운동은 **리바**(*riba*)로 알려진 모든 형태의 이자 금지와 소위 **가라르**(*gharar*. 투기 거래) 금지라는 두 가지 핵심 요소로 특징지어진다. 두 개념 모두 이슬람 은행들이 과도한 리스크나 사기성 행위에 관여하지 못하게 한다. 이 개념들은 또한 이슬람 은행업에서 모든 전통적인 파생상품들을 사용하지 못하게 한다. 널리 퍼진 지대 소득자 부채 경제는 대체로 이자 및 프리미엄에 기초하고 이에 의해 동기가 부여되기 때문에, 나는 규제 당국이 민간 부문(상업 은행 또는 투자 은행)을 규제할 때 이슬람 금융 및 은행업 윤리의 핵심적인 윤리적 통찰력을 전용(appropriation)해야 하다는 입장을 취한다.

5장은 과다 채무 빈곤국(HIPCs; heavily indebted poor countries)을 위한 채무 면제(debt relief)와, 보이지 않고 계약이 체결된 것도 아니지만 널리 인정되고 있는 부유한 선진국들 및 다국적 기업과 같은 부유한 채권자들이 제3세계에 지고 있는 생태 채무에 관련된 윤리 문제를 다룬다. 그 과정에서 나는 유대 종교 전통과 사상, 특히 안식년과 희년 개념을 비판적으로 전용한다. 이 장은 다음과 같은 세 가지 목적을 달성하고자 한다. (1) 악성 부채 빈국 사례에 관해 히브리 희년(jubilee) 개념의 윤리적 통찰력을 보여준다. (2) 채무 면제의 역사적 기원뿐 아니라 희년 2000과 같은 현재의 세계적 시민운동에 대해서도 조사한다. (3) 부유한 선진국 채권자들이 왜 제3세계 채무자들에게 자신들의 생태 채무를 상환해야 하는지에 대한 윤리적 논거를 개발한다. 그리고 "부채-자연 스왑"(debt-for-nature swap) 개념과 이에 대한 사례를 도입함으로써 희년 원칙이 신자유주의 세계에서 어떻게 창의적으로 시행될 수 있는지도 보여준다.

마지막 장에서 나는 2007-2008년 대공황의 원인에 대한 금융위기 조사위원회(Financial Crisis Inquiry Commission; FCIC)의 핵심적인 윤리 평가에 답변함으로써 기독교적 미덕 부채 윤리를 구축하고자 한다. 2011년 FCIC 보고서는 신용 및 주택 가격 거품, 비전통적 모기지(서브프라임 모기지), 신용 등급과 유동화(securitization)를 그 금융위기의 본질적 요인으로 적시했다. 또한 이 보고서는 이 위기에서 미덕이 작동하지 않았음이 명백하다고 파악했는데, 여기에는 과도한 레버리지, 무모한 리스크 떠안기, 신임 의무(fiduciary duties) 위반, 탐욕, 절제 결여, 사기가 포함되었다. 이 장의 목적은 채권자 및 채무자들뿐만 아니라 서비스 공급자, 규제자, 컨설턴트로서 금융 시스템을 운영하는 사람들에게도 적용될 일련의 도덕적 미덕을 개발하는 것이다. 그 과정에서 나는 먼저 신자유주의 금융 세계에 팽배한 미덕 결여의 이념적 배경을 비판적으로 조사하고, 이어서 기독교적 미덕 부채 윤리 개발에 핵심적인 신학적 통찰력을 제공하는 두 명의 현대 신학자인 캐스린 태너와 스티븐 H. 웹을 살펴본다.

1장

도덕과 관련이 없는(amoral) 부채의 역사와 유형

서론

부채 없는 사회를 상상할 수 있을까? 아무도 빚을 지고 싶지 않은 것 같으므로, 채무자 없는 사회를 만들 수 있다면, 그 사회는 소수의 운 좋은 사람들을 제외하면 모두가 채무자들인 현재의 우리 사회보다 이상적인 사회에 훨씬 가까워질 것이다. 이런 사회를 빚 없는 사회라고 부를 수 있을 것이다. 아무도 빚이 없는 사회에 살면 어떻게 될까? 빚이 없는 사회는 이상향 또는 하나님 나라일까? 그러나 내가 아는 한, 칼 마르크스(1818-1883)를 포함한 서구 사상가들 중 어느 누구도 이상적인 사회를 빚 없는 사회로 파악하지 않았다. 서구 정치 사상가들은 좀처럼 빚 없는 사회 개념을 실행 가능한 정치적 비전이나 목표로 삼지 않았지만, 토머스 홉스(1588-1679)는 자신의 책 『리바이어던』(1651)에서 그런 사회가 어떤 모습일지 얼핏 보여준다. 그러나 빚 없는 사회가 어떤 모습일지에 관해 간략하지만 본질적인 설명을 제공하는 것은 그의 원래 의도가 아니었다. 그것은 홉스의 철학적 상상력의 의도하지 않은 부산물에 가까웠다.

홉스는 부채가 없는 사회를 자연 상태라고 묘사한다. 자연 상태에서는, (홉스의 말로 표현하자면) 인간들은 자연적으로 신체와 정신 능력이 같아서 가장 약한 사람들조차 "비밀스러운 책략에 의해서건 다른 사람들과의 공모를 통해서건" 가장 강한 사람을 죽일 수 있는 충분한 힘이 있다.[1] 자연 상태는 공통의 정치권력이나 지배 권력이 없어서, 그 거주자들을 사실상 홉스가 "만인(萬人)의 만인에 대한 투쟁"이라고 부르는 전쟁과 같은 상황으로 이끈다.[2] 또한 자연 상태는 옳고 그름, 공정성과 부당성 개념이 전혀 없다는 특징이 있다.[3] 자연 상태에서는 전쟁의 "두 가지 기본 미덕"인 물리력과 사기가 편만하며, 그 거주자들은 경쟁, 결핍, 영광이라는 세 가지 심리적 원인에 기인하는 영원한 두려움과 갈등에 노출되고 이에 의해 동기가 부여된다.[4] 홉스는 모든 사람이 다른 사람과 전쟁하는 그런 상태에서는 산업, 농업, 항해, 교역의 여지가 없다고 말한다. 예술도 없고, 문자도 없고, 문명사회도 없고, 문명 생활의 편의 시설도 없다. 무엇보다, "폭력적인 죽음에 대한 끊임없는 공포와 위험이 있고 인간의 삶은 고독하고, 가난하며, 형편없고, 짐승 같으며, 수명이 짧다."[5] 나는 이 "없는" 목록에 한 가지 중요한 항

---

1   Thomas Hobbes, *Leviathan* (London: Penguin Books, 1985), 183.

2   Hobbes, *Leviathan*, 188.

3   Hobbes, *Leviathan*, 188.

4   Hobbes, *Leviathan*, 185.

5   Hobbes, *Leviathan*, 186.

목인 빚을 추가하고 싶다. 자연 상태에서는 빚이 없으며, 이 상태에서는 어떤 이도 다른 누군가에게 채무자가 아니다. 우리의 최초의 기대와는 달리, 홉스에 따르면 빚 없는 사회는 개념적으로 폭력적이고, 불공정하고, 비인간적인 사회다. 어떤 이도 다른 누군가에게 채무자가 아닌 이 사회는 이상향이나 하나님 나라와는 거리가 먼 것 같다.

계몽주의와 유럽의 식민주의가 동튼 이후 서구 정치 철학 발전에서 부채에 주의를 기울이지 않았다는 사실은 1971년 존 롤스가 『정의론』(*A theory of Justice*)을 출간함으로써 철학적으로 절정에 이르렀다. 영향력이 매우 큰 이 책에서 롤스는 "공정함으로서의 정의"로 알려진 최고의 정의 원칙을 개발하는 개념적 기제를 제시한다. 그는 계몽주의 사상가들(로크, 루소와 칸트)[6]의 사회 계약 이론의 철학적 통찰에 의지해서, 그 안에서 공정한 상태에서 개인들의 공정한 상호 합의의 결과로서 보편적인 정의 원칙이 타결되는 "원초 상태"(original position)로 알려진 가상의 상황을 고안한다. 그는 "무지의 장막"(veil of ignorance) 덕분에 이 공평한 상태가 개념적으로 가능하다고 주장한다. 무지의 장막은 원초 상태의 모든 참가자들이 모든 사람의 관점에서 생각할 수 있도록 해주는 방법론상의 장치다. 롤스에 의하면, 무지의 장막은 개인들의 인종, 성별, 사회 계급을 포함한 능력, 기호, 지위 등과 같은 특정 측면들을 효과적으로 걸러냄으로써 특정한 정의 개념 선택에 관한 만

---

6   존 롤스는 로크의 *Second Treatise of Government*, 루소의 *The Social Contract*, 그리고 칸트의 *The Foundations of the Metaphysics of Morals*를 최고의 계약 전통이라고 말한다. 홉스의 *Leviathan*에 대해서는 구체적인 예를 들지 않은 채 이 책이 "특별한 문제들"을 제기한다며 모호한 태도를 취한다. John Rawls, *A Theory of Justice* (Cambridge, Mass.: Harvard University Press, 1971), 11을 보라.

장일치 합의를 가능하게 해준다. 개인들이 원초 상태에서 정의 원칙을 선택할 때 특정 측면들이 더 이상 영향을 주지 않기 때문에, 선택된 정의 원칙은 특정 조건에 얽매이지 않고 보편적이리라는 점이 명백해 보인다. 또한 롤스는 원초 상태에서 각각의 참가자들이 여러 원칙들 중 자신의 원칙을 선택할 때 자신의 이익을 가장 잘 대변하리라는 의미에서 합리적일 뿐만 아니라, 각 당사자들이 이기는 것에 관심이 있는 것이 아니라 자신의 목적 체계 안에서 가능한 한 많은 점수를 얻는 데 관심이 있기 때문에 여기서는 게임 개념이 적용되지 않으므로 도덕적이기도 하다고 덧붙인다.[7]

롤스가 자유주의적인 정치 전통으로부터 정의의 원칙을 알아내기 위해 개발하는 창의적인 방법론적 돌파구에도 불구하고, 롤스의 원초 상태는 홉스의 자연 상태와 마찬가지로 빚 없는 사회의 이상적인 형태의 하나로 생각된다. 롤스의 원초 상태에서는 채무자 지위 자체가 걸러지기 때문에 채무자나 부채 관계가 없다. 물론 원초 상태에서 심사숙고할 때 자신을 가상의 채무자 입장에 둘 수도 있지만, 그럴 경우에도 부채의 구체적인 사회적 맥락과 구조적 맥락에서 분리된 편견 없는 개별 참가자로서 그렇게 하는 것이다. 그 결과, 그러한 가상의 상황에서 개발된 정의의 원칙은 부채의 사회적 측면과 구조적 측면을 충분히 고려하지 않기 때문에 부채 윤리 개발에 부분적인 도움만 되거나, 완전한 부채 윤리가 되기에는 부적합할 것이다. 롤스는 자신의 정의 이론이 "사회의 기본 구조"를 중시한다고 주장하는데, 부채 문제

---

7   Rawls, *Theory of Justice*, 144–45.

에 대한 자신의 관심 결여는 그가 부채를 미국 및 여러 유럽 국가들과 같이 자유로운 사회의 핵심적인 사회적·구조적 문제 중 하나로 여기지 않는다는 점을 암시한다고 주장한다. 의도했건 아니건, 전통적으로 부채 문제는 서구의 자유주의 정치 철학 및 사회 정의 이론에서 중요하게 다뤄지지 않았으며, 따라서 자유 사회의 구조적 위계(hierarchy)에서 채무자들이 주변으로 밀려나게 되었다.

이제 부채 윤리를 구축하기 위한 첫 단계는 충분히 명확해졌다. 자유주의 정치 사회에서 부채 문제를 기본적인 사회 구조 문제로 재정의할 뿐 아니라, 개별 국가 사회 및 글로벌 사회의 구조적 위계에서 채무자들을 중심으로 끌어들일 필요가 있다. 위에서 언급한 바와 같이, 부채 윤리를 개발하기 위한 철학적 노력의 목표는 빚 없는 사회 건설에 관한 것이 아니어야 한다. 빚 없는 사회는 상상의 세계에서만 존재할 수 있으며, 빚이 없는 곳에서는 어떤 윤리도 가능해 보이지 않는다. 그러나 부채 자체는 윤리의 원천이 아니다.

부채의 "축소적" 전용 허물기

자유주의 정치 사회에서 부채 문제를 기본적인 사회 구조 문제로 재정의하기 위해서는 먼저 부채에 관한 신화를 제거해야 한다. 부채는 역사적으로 철학자, 신학자, 경제학자 등 많은 사람들에 의해 여러 형태로 신화화되어왔다. 이들 중 부채를 **도덕과 관련이 없는** 문제로 축소시키는 것과 부채를 **도덕적으로 교화**(*moralization*)함으로써 부채를 과장하는 것이 특히 두드러진다. 이 부분에서는 전자에 초점을 맞추고 다음 부분에서는 후자를 다룬다. 부채 문제가 부채의 역사, 문화, 정치 또는 구조적 맥락에서 분리될 때 부채를 도덕 중립적인 문제로 축소할 수 있다. 부채가 복잡한 맥락에서 완전히 떼어져 고찰되면, 채무자나 채권자 또는 그들 사이의 관계에 무슨 일이 일어나더라도 부채는 그저 개인의 상환 책임 문제가 된다. 개별 채무자가 도덕적인지는 더 이상 그 사람이 어떤 사람인지에 의해 정의되는 것이 아니라, 그 채무자가 자신의 부채를 이자와 함께 제 때 상환하는지 여부에 의해 정의된다. 이처럼 맥락이 제거된 상황에서는, 채무자는 채권자보다 도덕적 특성에 있어서 항상 잠재적으로 열등한 위치에 있으며, 부채가 상환되지 않는 상황이 발생하면, 언제나 채권자가 아니라 채무자에게 비난이 쏟아진다. 이렇게 맥락이 제거된 상황에서는 채무자가 피해자로 인식될 기회가 없다. 채무자는 언제나 잠재적 범인 또는 피고이지 잠재적 피해자가 아니다. 잠재적 피해자는 언제나 채권자다.

이렇게 맥락이 제거된 상황에서는 부채가 흔히 경제 또는 비즈니스의 관점에서 요약되며, 채무자-채권자 관계의 도덕적 측면은 주로 법률에 의해 규정된다. 그런 상황에서는, 부채 윤리는 채무자 개인의 책임 차원으로 축소된다. 이 상황에서는 윤리가 대체로 개인화된다. 그렇다면 부채의 신화 깨기를 시도하기 전에 먼저 부채 문제가 어떻게 도덕 중립적인 지위로 축소되었는지 조사해야 한다. 이를 위해서는 사회 과학 연구 및 그 결과에 의존할 필요가 있다. 북미 인류학자 데이빗 그래버는 그의 최근 저서 『부채: 최초의 5천년』(*Debt: The First 5,000 Years*)에서 부채 윤리를 개발하기 위해서는 신자유주의 경제학자의 관점과 같이 미리 정해졌거나 특권적인 특정 관점에서 부채에 접근하려 할 것이 아니라, 먼저 부채의 진정한 역사를 살펴보고 "부채에 관해 잊혀진 논쟁들"을 검토해야 한다고 주장한다.

그래버는 먼저 부채 문제는 인간의 역사에서 중요한 사회 구조 문제의 하나였으며, 부채의 역사는 우리에게 부채가 인간의 도덕 감정 및 종교 감정을 정의하는 데 중요한 요인이었음을 지적한다.

> 수천 년 동안, 부자들과 가난한 사람들 사이의 투쟁은 주로 이자 지급, 부채를 갚기 위한 노예 노동, 사면, 압류, 배상, 양의 격리, 포도밭 점유, 채무자의 자녀를 노예로 팔기 등의 옳고 그름에 관한 채권자와 채무자 사이의 갈등의 형태를 띠었다.…"청산"(reckoning) 또는 "변제"(redemption)와 같은 용어들이 무슨 뜻인지 명백한 이유는 이 용어들을 고대 금융 언어에서 직접 따왔기 때문이다. 보다 넓은 의미에서는 "책임"(guilt), "자유"(freedom), "용서"(forgiveness)와 심지어 "죄"(sin)도 그렇게 말할 수 있다.[8]

그는 이어서 화폐는 원래 불편한 물물교환 시스템을 대체하기 위해, 즉 고대인들이 자신의 재화(goods)를 시장에 가져갈 필요가 없도록 해 주기 위해 발명되었다는 전통 경제학의 핵심 신조 중 하나를 허문다. 그래버가 사실상 "경제학의 토대를 이루는 위대한 신화"[9]의 허구를 벗기기 때문에 그의 논거를 자세히 설명할 가치가 있다. 그래버는

---

8   Graeber, *Debt*, 8.

9   Graeber, *Debt*, 25.

경제학자들은 항상 물물교환이라는 환상의 세계로써 화폐에 관한 이야기를 전개한다고 논의를 시작한다.[10] 그래버에 따르면, 경제학의 이 신화는 정부의 주된 목표가 시민들의 사유 재산 보호라고 보았던 존 로크같은 철학자들의 자유주의 전통에 깊이 감명 받은 아담 스미스에게 그 기원을 둔다. 로크와 마찬가지로, 스미스는 재산, 화폐, 시장은 인간 사회의 기초인 정부가 확립되기 전에 존재했다고 믿었다. 스미스에 따르면, 인간 문명의 시초에 노동의 분화가 완전히 확립되었을 때 고대인들은 교환 생활에 관여하기 시작했다. "이렇게 해서 모든 사람들이 교환에 의해 산다. 즉 어떤 면에서는 상인이 된다. 그리고 사회 자체가 상업 사회로 성장한다."[11]

더 많은 사람들이 상품 교환에 관여함에 따라 통화의 필요가 발생했고, 소금과 같은 다양한 상품이 이 목적에 사용되었다. 궁극적으로 내구성과 휴대 가능성 때문에 귀금속이 통화로 널리 받아들여졌다. 스미스가 그의 책에서 거론한 바와 같이, "이런 식으로 화폐가 모든 문명국가들에서 상업의 보편적인 도구가 되었으며, 화폐의 개입으로 모든 종류의 재화들이 서로 매매되거나 교환된다."[12] 화폐가 만들어지자 시장 경제의 효율성이 증진되었고, 시장이 더 성장하게 되었다. 스미스는 그의 『국부론』 4권 2장에서 "보이지 않는 손"이라 불리는 자체 기제에 기초해 자신을 지탱하고 번성할 수 있는 시장의 능력을 강조함으로써 고전적인 자유 시장 경제의 핵심 교의(tenet)를 전개한다. 다

---

10   Graeber, *Debt*, 23.

11   Adam Smith, *The Wealth of Nations* (New York: Modern Library, 2000), 24.

12   Smith, *The Wealth of Nations*, 31.

소 긴 이 구절은 인용할 가치가 있다.

그러므로 모든 개인들은 자신이 할 수 있는 한 많은 자본을 국내 산업을 지원하기 위해 투입하고자 하며, 그 산업의 산출물이 가장 가치가 높아지도록 그 산업을 인도하고자 한다. 모든 개인들은 필연적으로 자신이 할 수 있는 한 사회의 연간 소득이 많아지게 하려고 노력한다. 실제로 개인들은 일반적으로 공공의 이익을 증진할 의도도 없고, 자신이 이를 얼마나 증진하고 있는지도 알지 못한다. 그는 해외 산업 지원보다 국내 산업 지원을 선호함으로써 자신의 안전만 도모할 뿐이다. 그리고 그 산업의 산출물이 가장 가치가 높아지도록 그 산업을 인도함으로써 자신의 이익을 도모할 뿐이다. 다른 많은 사례에서와 마찬가지로, 그는 이 사례에서 보이지 않는 손에 인도되어 자신이 의도하지 않았던 목적을 증진한다. 그렇다고 해서 사회에 피해를 끼치지도 않는다. 개인들은 자신의 이익을 추구함으로써, 의도적으로 사회의 이익을 증진하려 할 때보다 더 효과적으로 사회의 이익을 증진한다.[13]

시장 시스템은 자신의 운영 원칙에 따라 운영될 때 가장 잘 작동한다는 점에 비춰볼 때, 정부의 역할은 주로 시장 시스템을 규제하기보다는 이를 보호하는 것으로 제한된다. 그래버에 의하면, 이 논의의 논리적 귀결은 정부가 통화 문제에서 역할을 하고자 할 경우, 그 역할을 통화의 건전성 확보로 제한해야 한다는 것이다. 또한 스미스는 그

---

13   Smith, *The Wealth of Nations*, 485.

렇게 주장함으로써 "경제학 자체는 예컨대 윤리나 정치와는 구별되는 자체 원리와 법칙을 갖고 있는 인간 탐구 분야다"라고 주장할 수 있었다.[14] 경제학과 윤리 또는 정치가 구별되면 부채를 사회, 정치, 종교적 맥락에서 분리시켜 점점 도덕과 무관한 지위로 축소시키는 결과를 가져온다. 실로 "맥락이 제거되고, 역사성이 제거되고, 사회성이 제거된 그 자체의 법칙이 경제학에 부여된다."[15] 경제학자 개빈 케네디가 주장하듯이, 현대 경제학자들, 특히 시카고 경제학파에 영향을 받은 사람들이 신자유주의라는 이름으로 경제학과 윤리 또는 정치의 분리를 강화하는 데 중요한 역할을 했다. 이 경제학자들은 스미스의 비유를 신자유주의 신화로 성공적으로 탈바꿈시켰다.[16]

그래버는 어떻게 부채의 신화를 제거하려 하는가? 달리 말하자면, 그래버는 어떻게 신자유주의 경제학자들이 부채를 맥락을 제거하고, 역사성을 제거하고, 사회성을 제거해서 도덕과 관련이 없는 지위로 격하시키는 것을 해체하려 하는가? 그는 인류학자로서 인간 사회의 시초에 **실제로** 어떤 일이 발생했는지에 관한 근본적인 질문을 던짐으로써 자신의 원대한 프로젝트를 시작한다. 그래버는 이렇게 쓴다.

---

14   Graeber, *Debt*, 25.

15   David Graeber, "Debt, the Whole History," *Green European Journal* 7 (2014): 25.

16   케네디는 이렇게 쓴다. "사무엘슨이 시카고에서 자기 선생들에게 배운 바를 되새겨서 수십 만 명의 *Economics* 독자들(이 독자들 중 많은 이들이 선생이 되었다)에게 동일한 오류를 전달하기 전에 *Moral Sentiments*와 *Wealth of Nations*의 수많은 판본과 번역본 중 하나라도 직접 읽어 봤더라면, 현재 편만해 있는 보이지 않는 손에 대한 잘못된 개념을 억제할 수 있게 되었을지도 모른다." Gavin Kennedy, "Adam Smith and the Invisible Hand: From Metaphor to Myth," *Econ journal Watch* 6, no. 2 (2009): 251을 보라.

사실 화폐의 역사에 대한 우리의 표준적인 설명은 완전히 거꾸로다. 우리는 물물교환에서 시작해서 화폐를 발견하고, 궁극적으로 신용 시스템을 발전시킨 것이 아니다. 그와는 정반대다. 우리가 현재 가상 통화라 부르는 것이 맨 먼저 나타났다. 동전들은 훨씬 뒤에 나타났으며, 동전의 사용은 고르게 확산되지 않았고 결코 신용 시스템을 완전히 대체한 적이 없었다. 물물교환은 대체로 동전 또는 지폐 사용 과정에서 나타난 일종의 우연한 부산물인 듯하다. 역사적으로, 현금 거래에 익숙한 사람들이 모종의 이유로 통화에 접근할 수 없을 때 물물교환을 했다.[17]

「그린 유러피언 저널」(*Green European Journal*)과의 인터뷰에서 그래버는 역사적으로 빚이 화폐보다 먼저 출현했음을 강조한다. 부채가 화폐보다 먼저 존재했으며, 화폐는 전쟁 또는 형법상의 정의 등과 같은 다양한 정부의 목적을 위해 만들어졌다. 확실히 화폐의 족보상의 기원은 경제적 필요에 엄격히 한정되지 않는 듯하다. "돈은 '엄격한 의미에서' 경제적 필요에서 나온 것이 아니라, 국가 또는 원시 국가의 필요에서 나왔다."[18] 화폐가 만들어지기 전에 부채가 존재했으며 화폐의 족보상의 기원은 반드시 경제적인 것은 아니라는 그래버의 도발적인 진술은 도덕적으로 어떤 중요성이 있는가?

첫째, 부채는 흔히 교환과 상호주의(reciprocity)라는 경제 논리에 기

---

17   Graeber, *Debt*, 40.

18   Graeber, "Debt, the Whole History," 25.

초해서 화폐화되지만(monetized), 부채는 근본적으로 교환과 상호주의라는 보편적(경제학자들은 "과학적"이라는 용어를 사용하고자 할 것이다) 경제 논리에 의해서만 규율되는 어떤 것이라기보다는 인간의 합의 문제다. 부채라는 주제가 도덕 중립적이라는 태도는 금전 문제로서의 부채 문제는 오로지 일반적인 교환과 상호주의 경제 논리에 의해서만 규율되어야 한다는 잘못된 견해를 통합하는 경향이 있기 때문에 문제가 있다. 또한 부채가 도덕과 관련이 없다는 태도는 일반 경제 논리를 자체의 도덕주의적 준거로 만들어준다. 이렇게 해서 부채(*Shuld*)가 유죄(*Shuld*)와 얽히게 된다. 부채를 도덕 중립적인 지위로 축소시키면 궁극적으로 교환과 상호주의의 일반 경제 논리가 지배하게 되고 잠재적으로 비인간적인 도덕법이 된다. 다음과 같은 그래버의 말이 특히 적절하다. "모든 것이 교환과 상호주의 개념에 의해 규율된다고 가정하면, 부채는 균형이 회복되지 않은 결과이기 때문에 부채야말로 도덕의 진정한 뿌리라고 간주된다. 그러나 부채는 그러한 가정과는 달리, 교환과 상호주의라는 일반 법칙으로부터의 철저한 이탈이다."[19] 부채 문제는 궁극적으로 기계적인 논리나 법칙의 문제가 아니라 인간의 도덕적 합의의 문제다.

부채에 대한 사람들의 도덕적 합의 및 믿음이 교환과 상호주의의 일반 경제 논리와 어떻게 다른가? 이 질문에 답하기 위해서는, 밀레토스의 아낙시만드로스(610-546 B.C.E.)에 의해 제시된 부채에 대한 최초의 철학적 고찰로 거슬러 올라갈 필요가 있다. 그는 부채를 만물의 존

---

19   Graeber, "Debt, the Whole History," 26.

재와 연계시킨다. "만물의 시작은 무한이며, 만물이 거기서 나오고, 필요에 따라 그리로 돌아간다. 만물은 시간 법칙에 따라 서로에게 정당화된 빚과 불의(injustice)에 대한 참회를 지불한다."[20] 아낙시만드로스가 말하는 불의는, 제한이 있고 한계가 있는 만물은 다른 사물의 자리를 대신하고 지금까지 뭔가 다른 것을 구성하던 자리를 차지하거나 구현함으로써 존재할 수밖에 없다는 부채의 존재론적 또는 현상학적 성격이다. 만물은 다른 존재를 대체, 소비 또는 파괴함으로써만 존재할 수 있기 때문에 사실상 빚을 지고 있다. 실로 아낙시만드로스에게 "존재한다는 것은 빚진다는 것이다."[21] 마이클 알렌 길레스피는 이렇게 쓴다. "이것이 아낙시만드로스가 말하는 불의이며, 만물이 자신의 빚을 지불함으로써, 즉 사라지고 다른 사물에 의해 대체, 파괴 또는 소비됨으로써 속죄해야 하는 부정이다."[22] 부채에 관한 사람들의 합의와 믿음은 만물의 존재 자체에 대한 그러한 철학적 통찰에 기초하고 있지만, 교환과 상호주의의 일반 경제 논리는 경제학자들이 부채의 맥락과 역사성, 사회성을 제거함으로써 협소하게 경제 거래의 계산 측면에 초점을 맞추는 것으로 구성된다.

신자유주의 경제학의 교환과 상호주의의 일반 경제 논리는 부채 문제를 도덕 중립적인 지위로 축소시키기 때문에 문제가 있다. 부채가 도덕과 관련이 없는 문제가 되면, 금융시장 매니저들과 관리인들이 정부의 정치적 개입뿐만 아니라 도덕적 및 윤리적 비평으로부터

---

20   Gillespie, "On Debt," 57에 인용됨.

21   Gillespie, "On Debt," 57.

22   Gillespie, "On Debt," 57.

도 격리되기 때문에 부채를 조종하기가 훨씬 쉬워진다. 고전적인 시장 경제학자 및 신자유주의 시장 경제학자들은 대개 경제학과 정치를 분리시키면 사회에 더 큰 경제적 이득을 가져온다는 점에서 시장 경제에 대한 정부 불간섭주의 접근법이 보다 바람직하다고 주장하지만, 그들은 시장 경제와 시장 경제 체제가 정치 부문의 수호자 및 관리인들에 의해 망가지기보다는 대체로 자신들의 수호자 및 관리인들에 의해 망가져왔다는 역사적 사실에 좀처럼 주의를 기울이지 않는다. 정부개입에 대한 신자유주의 경제학자들의 두려움은 근거가 없는 것으로 드러났다. 더구나, 역사는 종종 정치가 규제받지 않는 시장과 시장 참여자(agent)들에 의해 야기된 다양한 경제적 붕괴에 대한 해법임을 보여준다. 매우 흥미롭게도, 실제로 시장의 참여자들에 의해 시장이 붕괴될 가능성에 대해 우려한 사람은 아담 스미스 자신이었다. 개빈 케네디는 이를 다음과 같이 올바르게 지적한다. "사실, 스미스는 '자유 경쟁'에 대한 주된 '방해'는 법률 제정자들과 그들에게 영향을 주는 사람들에게 일반 대중 특히 소비자들의 이익에 반하여 독점을 부여하거나 보호 무역을 입법화하게 하는 '상인과 제조업자들'에게서 나온다는 점을 보여주었다."[23] 불행하게도, 아담 스미스의 우려는 그 당시에 실제적이고 심각했을 뿐 아니라 21세기 신자유주의 자본주의 경제에 더 그렇다는 점이 입증되었다.

미국 금융업자 버나드(일명 버니) L. 메이도프의 사례는 금융시장이 실제로 정치적 개입이 아니라 자신의 참여자들에 의해 어떻게 붕괴

---

23   Kennedy, "Adam Smith and the Invisible Hand," 251.

되는지에 대한 가장 최근의 잘 알려진 예들 중 하나다. 2009년, 메이도프는 폰지 사기 기법으로 고객들에게 수백억 달러를 편취한 혐의로 150년 형에 처해졌다. 리 F. 모나한과 마이클 오플린에 의하면, 규제 완화, 감독 완화, 제도적인 대량 사기 장치 확립이라는 역사적 배경이 없었더라면 그런 규모(650억 달러)의 사기는 불가능했을 것이기 때문에 메이도프의 폰지 사기 기법은 또 하나의 썩은 사과 사례(시스템에 문제가 없는데도 악인에 의해 저질러진 비리—역자 주)가 아니다.[24] 모나한과 오플린은 이렇게 쓴다. "간단히 말하자면, 메이도프의 기법의 성장은 금융, 보험, 부동산 부문에서 '통제 사기'가 번창할 수 있도록 해준 규제 완화와 감독 완화 프로세스에 밀접하게 연결되어 있다."[25]

1980년대 이후 영국(마가렛 대처)과 미국(로널드 레이건)에 신자유주의 경제 정책들이 도입되어 금융 시장 규제가 완화되었다. 이러한 규제 완화 정책의 예를 몇 가지 들자면, 저축 대부 조합의 규제를 완화했을 뿐 아니라 은행들에게 변동금리 모기지 대출도 허용해준 1982년의 간-세인트 예금 기관법, 주간 은행업 및 지점 설치에 대한 종전 제한을 제거한 1994년의 리글-닐 주간 은행업 및 지점설치 효율성 법 등이 있다. 서문에서 간략히 언급한 바와 같이, 1996년 연방 준비 위원회는 1933년에 제정된 글래스-스티걸 법을 폐기함으로써 은행지주회사들에게 투자 은행 자회사를 소유해서 비즈니스의 25퍼센트까지 유가증권 인수 업무를 할 수 있도록 허용했다. 2004년에 SEC는 자율 규

---

24   Lee F. Monaghan and Micheal O'Flynn, "The Madoffization of Society: A Corrosive Process in an Age of Fictitious Capital," *Critical Sociology* 39, no. 6 (2012): 870.

25   Monaghan and O'Flynn, "Madoffization of Society," 872.

제 시스템을 제안했는데, 이 시스템은 투자은행들에게 궁극적으로 유보 자본을 덜 보유하고 레버리지를 늘리도록 허용했다.[26]

메이도프의 폰지 사기 기법은 빙산, 즉 신자유주의적 글로벌 금융화라는 빙산의 일각이며, 이에 대해서는 2장에서 추가로 논의할 것이다. 결국 경제학자 모나한과 오플린이 제안하듯이, "허구의 금융 자본은…대량의 기만, 비밀, 혼란시키기와 궁극적으로 희생양 삼기를 필요로 한다." 저자들은 이를 "메이도프화(Madoffization)"라고도 부른다.[27] 메이도프의 폰지 사기 기법은 부채 문제가 도덕과 관련이 없다는 태도는 도덕적으로뿐 아니라 경제적으로도 전혀 중립적이지 않음을 보여준다. 신자유주의 경제학자들에 의해 지지된, 부채 문제는 도덕과 관련이 없다는 태도는 경제학과 윤리 또는 정치를 분리하는 그들의 경제 교리의 불가피한 부산물이었다. 그러나 불행하게도 부채를 도덕 중립적인 지위로 축소시키면 자본주의 경제 자체에 도움이 되기보다는 문제가 더 커진다는 점이 입증되었다.

이러한 축소의 중심에는 교환과 상호주의의 일반 경제 논리에 의해 작동되는 시장 시스템 법칙에 대한 무비판적 전용(轉用)이 놓여 있다. 경제 부문의 많은 참여자들이 경제학과 정치의 분리를 제안하지만, 그들은 실제로는 사회의 공공선을 지탱하기보다는 자신의 경제적 이익을 증진하기 위해 인맥과 로비를 통해 정치 참여자들과 협력한다. 그 과정에서, 그들은 사실상 부채의 맥락, 역사성, 사회성을 제거

---

26   Matthew Sherman, *A Short History of Financial Deregulation in the United States* (Washington, D.C.: Center for Economic and Policy Research, 2009), 1–2.

27   Monaghan and O'Flynn, "Madoffization of Society," 870.

함으로써 만연한 부채와 부채 경제의 조종 및 오용에 부착된 도덕적 측면을 중립화할 수 있도록 부채를 도덕과 관련이 없는 실체로 변형시켰다.

그러니 모든 것이 교환과 상호주의의 경제 논리에 의해서 규율되는 것은 아니라는 점을 명확히 할 필요가 있다. 부채는 단지 금전 문제가 아니다. 또한 부채는 교환과 상호주의라는 엄격한 법률에 의해서만 지배되어서는 안 되는 인간의 문제이자 사회 문제이기도 하다. 따라서 그래버는 "교환과 상호주의가 인간의 활동의 중심이라는 생각을 공산주의, 교환, 계층이라는 세 가지 요소(triad)"로 대체해야 한다고 제안한다.[28] 이 중에서 그의 공산주의 개념이 특히 중요해 보인다. 그는 인간관계의 일부가 "능력에 따라 일하고, 필요에 따라 쓰는" 원칙에 근거하고 있음을 보여주는 인간 행동의 예들이 많다고 주장한다. 공산주의는 상호주의 또는 등가성(equivalence)과 관련되지 않는다는 특성이 있다. 그는 이렇게 말한다. 당신이 아무리 유명한 대기업에서 일한다 해도 "당신이 고장 난 파이프를 고치면서 동료에게 '그 렌치 좀 건네줄래?' 하고 부탁하면 당신의 동료는 '그러면 나한테 뭐 해줄 건데?'라고 대답하지 않는다.…이러한 기본 형태의 공산주의는 사회의 원자재, 우리의 상호 의존성의 인식을 구성한다."[29] 신약성서에 나오는 유명한 포도원 일꾼 비유(마 20:1-16)[30]는 경제 세계는 도덕과 관련이 없

---

28   Graeber, "Debt, the Whole History," 26.

29   Graeber, "Debt, the Whole History."

30   "천국은 마치 품꾼을 얻어 포도원에 들여보내려고 이른 아침에 나간 집 주인과 같으니 그가 하루 한 데나리온씩 품꾼들과 약속하여 포도원에 들여보내고 또 제삼시에 나

어야만 기능을 발휘할 수 있는 것이 아니라는 완벽한 예다. 일이 끝나고 나서, 마지막 순간에 고용된 사람을 포함한 모든 일용직 노동자들은 다음날 가족의 식탁에 올릴 충분한 음식을 갖게 되었다. 마지막 순간에·고용된 노동자가 같은 임금을 받았다 해서 계약이 위반된 것은 아니며 아무도 피해를 입지 않았다.

부채의 "과도한" 전용 허물기

위에서 나는 부채에 관한 그래버의 역사적 분석을 비판적으로 고찰함으로써 부채를 도덕과 관련이 없는 실체로 변환시키는 (대체로 고전 경제학자 및 신자유주의 경제학자들이 그렇게 한다) 부채 경제의 축소적 전용을 해체하고자 했다. 이 부분에서는 도덕의 기원에 관한 프리드리히 니체의 논문을 비판적으로 다시 읽음으로써 부채 경제의 과도한 적용을 해체하고자 한다. 부채의 의미를 축소하는 접근법은 부채를 도덕

가 보니 장터에 놀고 서 있는 사람들이 또 있는지라. 그들에게 이르되 '너희도 포도원에 들어가라, 내가 너희에게 상당하게 주리라' 하니 그들이 가고 제육시와 제구시에 또 나가 그와 같이 하고 제십일시에도 나가 보니 서 있는 사람들이 또 있는지라. 이르되 '너희는 어찌하여 종일토록 놀고 여기 서 있느냐?' 이르되 '우리를 품꾼으로 쓰는 이가 없음이니이다.' 이르되 '너희도 포도원에 들어가라' 하니라. 저물매 포도원 주인이 청지기에게 이르되 '품꾼들을 불러 나중 온 자로부터 시작하여 먼저 온 자까지 삯을 주라' 하니 제십일시에 온 자들이 와서 한 데나리온씩을 받거늘 먼저 온 자들이 와서 더 받을 줄 알았더니 그들도 한 데나리온씩 받은지라. 받은 후 집 주인을 원망하여 이르되 '나중 온 이 사람들은 한 시간밖에 일하지 아니하였거늘 그들을 종일 수고하며 더위를 견딘 우리와 같게 하였나이다.' 주인이 그 중의 한 사람에게 대답하여 이르되 '친구여, 내가 네게 잘못한 것이 없노라. 네가 나와 한 데나리온의 약속을 하지 아니하였느냐? 네 것이나 가지고 가라. 나중 온 이 사람에게 너와 같이 주는 것이 내 뜻이니라. 내 것을 가지고 내 뜻대로 할 것이 아니냐? 내가 선하므로 네가 악하게 보느냐?' 이와 같이 나중 된 자로서 먼저 되고 먼저 된 자로서 나중 되리라."

과 관련이 없는 실체로 변환함으로써 부채에서 맥락과 역사성을 철저히 제거하고 부채를 윤리와 정치로부터 분리시키는 반면, 부채의 과도한 전용 접근법은 채무자들을 착취, 복종, 심지어 노예화하기 위해 착취적으로 작용할 수 있는 교환과 상호주의 경제 논리를 시장의 경계를 넘어 모든 인간관계와 제도에 부과하고자 한다. 이 점에서, 부채 경제의 과도한 전용은 종종 교환과 상호주의의 엄격한 경제 논리를 과도하게 추론함으로써 기능하기 때문에 도덕적으로 문제가 있다.

아마도 프리드리히 니체는 착취 가능성이 있는 교환과 상호주의 경제 논리를 예리하게 인식하고 따라서 자신의 계보 비평 방법을 통해 그 이념적 기원과 도덕적 병리학을 밝히고자 한 최초의 현대 서구 철학자일 것이다. 특히 니체는 서구 기독교가 종교와 도덕 분야에서 부채 경제의 과도한 전용에 책임이 있는 주범이라고 믿고서, 종교와 도덕에 대해 우려했다. 그렇다면 그는 종교가 부채 경제를 과도하게 전용하는 것을 어떻게 해결하는가? 그는 우선 도덕과 도덕화를 구분한다. 도덕은 자연스럽고 유익하지만, 도덕화는 부자연스럽고 병적이다. 니체에 의하면 기독교의 도덕은 추종자들에게 종교적·도덕적 의미를 제공하기 위해 엄격하고 착취적으로 변질될 가능성이 있는 교환과 상호주의 경제논리를 전용하고자 한 초기 성직자들에 의해 배양되었다. 편향된 부채 경제가 어떻게 초기 성직자들 자신을 위해 전용됨으로써 서구 세계와 그 후손들을 종교적으로뿐만 아니라 도덕적으로 영원히 질병에 걸린 상황에 처하게 했다고 주장되는지, 보다 명확히 알기 위해서는 니체의 『도덕의 계보에 관해』(*On the Genealogy of Morals*)를 자세히 분석할 가치가 있다.

니체는 "죄책감"과 "거리낌"(bad conscience)의 형태로 발현된 편만한 도덕적 병리 현상에 대해 논의하기 시작함으로써 그의 이론을 전개한다. 이러한 도덕적 증상들의 병리 현상을 설명하면서, 니체는 숨겨진 부채 경제학이 어떻게 작동하는지 보여준다. 그는 먼저 도덕적 병리 현상의 두 가지 측면, 즉 그가 "본능의 내면화"와 "신에게 진 빚"(indebtedness to god)이라 부르는 것에 의해 야기된 거리낌을 구분한다. 니체에 의하면, 원래 그 자체로는 도덕과 관련이 없는 자연스러운 본능들이 사회적 관습 때문에 외부로 발산되지 못하면 그 본능들은 궁극적으로 내부로 향하게 될 것이다. 그는 이 거리낌의 세속적 기원을 다음과 같이 요약한다. "학대·공격·변화에서의 적대감, 잔인성, 즐거움—이 모든 것들은 그러한 본능의 소유자들에게 불리해졌다. 그것이 '거리낌'의 기원이다."[31] 그에게 이 거리낌의 측면은 사실은 문명 세계에서 "길들여진" 사람의 도덕 심리다. 나아가 니체는 본질적으로 "원시 부족 사회"에서 부화된 신의 계보와 연결된 거리낌의 또 다른 기원이 있다고 말한다. 인간 역사가 시작될 때, 당시 살고 있던 세대는 이전 세대들, 특히 자기 부족의 창시자들이라고 주장되는 사람들에게 신세를 지고 있다는 사실을 인식하기 시작했다. 선조들의 희생과 성취가 없었더라면 그 부족이 존재할 수 없었기 때문에, 이후 세대들은 동등한 희생과 성취로 "그들에게 보답"해야 한다. 이러한 조상 존경 의무는 그 부족이 번창할수록 더 커질 수 있는 부채다. 니체는 다음과 같

---

31 Friedrich Nietzsche, *On the Genealogy of Morals*, Walter Kaufmann and R. J. Hollingdale 역 (New York: Vintage Books, 1989), 85.

이 말하면서 자신의 주장을 전형적으로 보여준다. "이런 논리에 따르면 그 부족 자체의 힘이 커질수록, 그 부족 자체가 더 승리하고, 독립적이 되고, 존경받고, 두려움의 대상이 되어갈수록, 조상과 그의 힘에 대한 두려움, 그에 대한 부채 의식도 똑같은 정도로 커진다."[32] 나중에 니체는 이러한 두려움에서 조상이 신으로 변모되었으며, 역사는 그러한 신에 대한 부채 의식(*Schuldgefühl*)이 수천 년 동안 계속 커졌고 기독교의 신이 인간의 부채의 궁극적인 창조자가 됨을 보여주었다는 입장을 취한다.

『도덕의 계보에 관해』의 두 번째 논문 21번째 부분에서, 니체는 부채와 의무들의 도덕화를 통해 거리낌의 도덕 심리와 계보상의 신 개념을 연결하려 한다. 니체는 신에 대한 부채의식은 거리낌 안으로 "밀려들어간다"(pushed back)고 말함으로써 자신의 논거를 전개한다. 이 말은 무슨 뜻인가? 마티아스 리세에 의하면, "밀려들어감"의 의미를 알아보기 위해서는 조상 및 신에 대한 부채의식과 초기 형태의 거리낌 외에 세 번째 요소가 필요하다. "이 두 요소 자체가 공존한다는 사실만으로는 부채와 의무 개념의 도덕화로 이어지지 않는다. 세 번째 요소는 기독교로서, 기독교가 초기 형태의 거리낌 및 부채의식과 상호작용해서 죄책감으로서의 거리낌(양심의 가책)이 발생한다."[33] 기독교와의 상호작용 결과, 거리낌 안으로 "밀려들어간" 빚은 훨씬 심각하고 깊이 자리 잡은 죄책감으로 변환된다.

---

32   Nietzsche, *On the Genealogy of Morals*, 89.

33   Mathias Risse, "The Second Treatise in *On the Genealogy of Morality*: Nietzsche on the Origin of the Bad Conscience," *European journal of Philosophy* 9, no. 1 (2001): 64.

니체의 도발적인 논지의 신학적·윤리적 중요성에 대해서는 신학자들과 종교윤리학자들이 고려하겠지만, 나는 여기서 그런 논의에는 관심이 없다. (나는 다른 연구에서 그런 논의를 했다.[34]) 내가 니체를 소개하는 이유는 오로지 그의 『도덕의 계보에 관해』가 부채 경제의 과도한 전용이 인간 역사에서 어떻게 작용하여 인간에게 해로운 도덕적 위협을 수반했는지에 대한 고전적인 예를 보여주기 때문이다. 부채 경제의 과도한 전용의 한 가지 공통 특징은 교환 및 상호주의의 착취적인 경제 논리 때문에 채무자들이 일반적으로 착취당하고, 종속되고, 심지어 노예화되기까지 한다는 점이다. 이 논리가 채권자들에 의해 절대화되고 사법 정의의 이름으로 채무자들에게 부과된다. 앞으로 살펴보겠지만, 역사는 부채 경제의 과도한 전용은 거의 모든 문화와 사회에 널리 퍼져 있고, 인간은 오랫동안 그 부과로 학대당해왔음을 보여주었다. 그 사례들은 항상 인간의 착취, 종속, 노예화와 연결되어 있기 때문에, 부채 윤리를 발전시킬 때 이의 해체가 요구된다.

역사적으로 채무 인질(debt bondage)과 재산노예(chattel slavery)야말로 부채 경제를 과도하게 전용한 가장 보편적이고 해로운 사례들이다. 채무 인질은 고대 사회에서는 "아주 정상적"이었으며,[35] 고대 로마에서 기원전 326년에 "넥섬"(*nexum*; 채무 인질)이 폐지되었음에도 불구하고 "이후 로마 역사의 증거는 개인들이 빚을 갚을 수 없어서 계속

---

34   Ilsup Ahn, "The Genealogy of Debt and the Phenomenology of Forgiveness: Nietzsche, Marion, and Derrida on the Meaning of the Peculiar Phenomenon," *Heythrop Journal* 51, no. 3 (2010): 454-70.

35   Kurt Raaflaub, *The Discovery of Freedom in Ancient Greece*, Renate Francisono 역, 개정증보판. (Chicago: University of Chicago Press, 2004), 47.

노예로 전락했음을 시사한다."[36] 알레산드로 스탄지아니와 그윈 캠벨에 의하면, 재산노예와 채무 인질은 고대 로마서부터 현대 세계까지 항상 존재해왔다. "고대 로마, 중세 아프리카와 유라시아, 현대 초기 및 현대의 지중해, 아프리카, 그리고 대서양 건너편 세계에서 재산노예와 채무 인질이 공존했으며, 때로는 인질에서 노예로, 노예에서 인질로 바뀌기도 했다."[37] 최근의 역사 연구도 노예 제도가 중세 때 사라졌다는 전통적인 견해와는 달리 채무 인질, 농노, 노예가 중세 서유럽에 존재했음을 보여준다.[38]

현대 세계에는 이제 어떤 형태의 채무 인질이나 재산노예도 없다고 생각한다면, 이는 잘못된 생각이다. 호주에 본부를 둔 인권 단체 워크프리 재단(Walk Free Foundation)에 의해 수행된 2014년 글로벌 서베이는 다양한 형태의 현대판 노예로 살고 있는 사람들의 수가 3,580만 명이라고 추정한다.[39] 이 수치는 국제연합(UN) 같은 기관에서 조사한 수치보다 높은데, UN은 거의 2,100만 명의 사람들이 강제노동의 희생자라고 추정한다. 현대 세계에서는 채무 인질이 가장 흔한 노예 형태이며,[40] 채무 인질은 대개 부채 경제의 과도한 전용이라는 특징이 있

36　Alessandro Stanziani and Gwyn Campbell, "Introduction: Debt and Slavery in the Mediterranean and the Atlantic Worlds," *Debt and Slavery in the Mediterranean and the Atlantic Worlds*, Gwyn Campbell and Alessandro Stanziani 편 (London: Pickering & Chatto, 2013)에 수록된 글, 7.

37　Stanziani and Campbell, "Introduction," 26.

38　Stanziani and Campbell, "Introduction," 12.

39　그들의 웹사이트 http://www.globalslaveryindex.org를 보라.

40　Kevin Bales, *Disposable People: New Slavery in the Global Economy*(San Francisco: University of California Press, 2004), 19.

다. 채무 인질이 부채 경제의 과도한 전용과 어떻게 관련되는지 간략히 설명해보자. 1956년 보충협약(Supplementary Convention, Section I, I조)은 채무 인질을 "채무자가 부채에 대한 담보로 자기 자신의 서비스 또는 자신의 통제 하에 있는 사람의 서비스를 제공할 때 발생하는 지위 또는 상태로서, 합리적으로 평가된 이러한 서비스의 가치가 해당 부채의 청산에 적용되지 않거나 이러한 서비스의 기간이나 성격이 제한되거나 정의되지 않는 경우"라고 정의한다.[41] 채무 인질 작동의 중심에는 채무자의 힘과 교육 결핍 그리고 남용되고 있는 부채 경제에 대한 그들의 순진한 용인을 악용하는 지독한 부채 경제의 남용이 놓여 있기 때문에 채무 인질은 기본적으로 비도덕적인 제도다. 흔히 있는 일이지만, 채권자들은 서비스 또는 노동으로 부채를 상환하게 하고 서비스 기간을 정하지 않음으로써, 채무자들을 영원한 노예상태로 둔다. 엎친 데 덮친 격으로, 이 부채는 흔히 이후 세대들에게 대물림되어 채무자의 자녀들을 노예로 만든다.

『글로벌 노예 제도 이해하기』(*Understanding Global Slavery*)에서, 케빈 베일스는 채무 인질은 부채 경제의 악랄한 남용을 통해 이주 노동자들을 희생시킴으로써 그들에게 점점 더 영향을 주고 있다고 지적한다. "이주 노동자들이 겪고 있는 보다 최근의 이러한 채무 인질의 출현은 채권자들의 토지에서 일했던 채무 인질들의 경험과 유사하다."[42] 파렴치한

---

41   이 문서는 http://www.ohchr.org/EN/Professionalinterest/Pages/SupplementaryConventionAbolitionOfSlavery.aspx에서 구할 수 있다.

42   Kevin Bales, *Understanding Global Slavery: A Reader* (San Francisco: University of California Press, 2005), 61.

채권자들은 채무 인질들과 이주 노동자들에게 미리 돈을 지불함으로써 허울 좋은 채무 계약을 주선하고 나서, 나중에 그 채무 계약을 조종함으로써 그들이 계약을 종료하지 못하게 한다. 실제로, 채권자들이 활용하는 가장 보편적인 남용 전술 중 하나는 채무 인질들에게 알리지 않고 이자율을 올리거나 이자를 원금에 가산하는 것이다. 터무니없이 높은 이자율과 채무자들의 무력함으로 인해 채무자들은 채권자들의 남용 전술에 당하게 된다. 이런 식으로 수백만 명의 성인과 아동들의 기본권 침해가 횡행한다. 그 과정에서, 채권자들의 유일한 목적은 채무 인질들과 이주 노동자들을 영원히 노예 상태로 붙잡아 두는 것이다.

불행하게도 이런 채권자들은 보통 물리력이나 정신적 학대를 사용해서 채무자들을 위협한다. 그들은 채무자들이 빚을 갚지 못했기 때문에 자기들에게 그럴 권리가 있다고 말함으로써 자신들의 비도덕적인 행동을 정당화한다. 그러나 명백하게 드러나듯이, 채권자들은 자신의 부당한 경제적 이익을 위해 부채 경제를 뻔뻔하게 왜곡한다. 실제로 채권자들의 부당한 음모 때문에 채무자들이 그들의 빚을 갚지 못하게 되었다. 채무자들은 부채를 상환할 능력이 없어서가 아니라 그런 식으로 정해졌기 때문에 빚을 갚을 수 없다. 이는 실제 세계에서 부채 경제의 과도한 전용이 어떻게 채무자들의 인간성을 말살하고 그들의 사기를 저하시키도록 작동하는지에 대한 고전적인 틀이다. 최근의 학자들[43]은 부채 경제의 과도한 전용이 사실상 인간 역사 전체에 걸쳐

---

43   Gwyn Campbell and Alessando Stanziani가 공동으로 편집한 *Bonded Labour and Debt in the Indian Ocean World* (London: Pickering & Chatto, 2013)와 *Debt and Slavery in the Mediterranean and Atlantic World*(London: Pickering & Chatto, 2013)를 보라.

편만했음을 보여준다. 예를 들어, 19세기와 20세기 초의 막노동꾼 거래(coolie trade)의 경우를 보면, 중국 남부에서 캘리포니아로 건너온 다수의 이민자들은 4-8퍼센트의 월 복리로 부채를 상환해야 했기 때문에 많은 사람들이 빚을 갚는 데 여러 해가 걸렸음을 보여준다.[44] 고대 한국에서의 채무 인질, 에도 시대(1600-1868) 일본에서의 채무 인질 상태 또는 매춘, 아라비아만 진주잡이들 중의 노예 사례들은 모두 부채 경제의 과도한 전용의 같은 측면을 공유한다.[45] 이 사례들은 채무자들이 모두 같지는 않음을 보여준다. 그들 중 많은 이들은 실제로 부당하게 조종된 구조의 희생자들이다. 따라서 이러한 희생자들은 도덕적 비난이나 법적 처벌이 아니라 사회 정의와 공적 지원을 받아야 한다.

또한 부채 경제의 과도한 전용은 국제 관계에서도 작동한다는 점을 알 필요가 있다. 마이클 노스콧은 부채 경제가 국제 관계에서 과도하게 전용되는 방식을 아래와 같이 요약한다.

채무 인질은 가장 부유한 5개국을 부유하게 하고, 가장 가난한 10개국을 가난에 빠뜨린 핵심 기제였다. 서구 채권 국가들에 빚을 지고 있는 국가들은 그들의 요구를 들어줄 수밖에 없다. 즉 서구의 재화에 그들의 시장을 개방하고, 서구의 수출품과 경쟁하는 고부가가치 재화 생산

---

44   Ei Murakami, "Two Bonded Labour Emigration Patterns in Mid-NineteenthCentury Southern China: The Coolie Trade and Emigration to Southeast Asia," Campbell and Stanziani, *Labour and Debt in the Indian Ocean World*에 수록된 글, 154.

45   Bok-rea Kim, "Debt Slaves in Old Korea"; Yoko Matsui, "The Debt-Servitude or Prostitutes in Japan during the Edo Period, 1600-1868", Campbell and Stanziani, *Bonded Labour and Debt in the Indian Ocean World*에 수록된 글, 154; 그리고 Matthew S. Hopper, "Debt and Slavery among Arabian Gulf Pearl Divers"를 보라.

을 제한하고, 해외 재벌들이 자국의 가장 가치 있는 자산을 사용하도
록 용인하고, 자국의 경제를 채권자들의 요구를 만족시키는 방향으로
편향시킨다. 이제 더 이상 채무자인 사람들을 가두는 감옥은 없지만
대신 채무국을 옥죄는 감옥이 있다.[46]

소위 남북 관계(부국과 빈국 관계—역자 주)는 부채 경제가 세계적 규
모로 과도하게 전용되는 것을 고려하지 않고서는 완전히 이해될 수 없
다. 부채 경제의 국제적인 과도한 전용은 채무국이 부채를 상환하지
못하면 채권국이 채무국의 가치 있는 천연자원이나 수익성이 있는 사
업체를 가져가고, 소위 채무재조정을 요구함으로써 그 상황을 이용하
는 식으로 전개된다. 남쪽 빈곤국들의 채무 위기들은 대체로 북쪽 부
유국들의 정치·경제에서 발생하기 때문에 세계적인 이러한 추세는 문
제가 있다. 라파엘 루베니와 윌리엄 톰슨에 의하면, 북측이 반드시 "고
의로" 남측의 채무 위기를 만들지는 않지만, 북측의 경제 프로세스들
이 남측의 부채 문제가 확산되는 상황의 조성에 책임이 있다. 루베니
와 톰슨은 이렇게 말한다. "이 점에서, 남측의 채무 위기는 이름이 잘
못 지어졌다. 이 위기들은 남측에 가장 고통스럽게 각인되지만, 남북
모두에 책임이 있는 위기다."[47] 남측의 채무 위기 기제가 북측의 정치·
경제와 구조적으로 상호 연결되어 있다는 점에 비춰볼 때, 북측은 남
측의 취약한 상황을 이용해서 이익을 취하려 하기보다는 도덕적으로

---

46   Michael Northcott, Life after Debt (London: SPCK, 1999), vii쪽.

47   Rafael Reuveny and William R. Thompson, "World Economics Growth, Systemic
      Leadership, and Southern Debt Crises," *Journal of Peace Research* 31, no. 1 (2004): 20.

책임이 있는 정치적 당사자로서 남측의 채무 위기에 관여할 필요가
있다.

어떻게 부채 경제의 과도한 전용을 해체할 수 있는가? 먼저 부채
경제의 과도한 전용은 당연하게 여겨지는 두 가지 가정에 토대를 두
고 있음을 알 필요가 있다. 첫째, 인간의 모든 상호 관계는 교환 형태
라는 가정이다. 교환은 상호주의 논리에 토대를 두고 있기 때문에, 인
간의 상호 작용을 규율함에 있어서 상호주의 논리보다 상위의 논리
는 없다. 상호주의 논리는 "공급과 수요"의 상호주의, "주기와 받기"의
상호주의, "차입과 반환"의 상호주의, "채권과 부채"의 상호주의와 같
은 여러 용어들로 치장될 수 있다. 부채 경제의 과도한 전용은 인간의
모든 상호 작용이 반드시 교환의 형태라고 절대화하는 견해와 연결
된다. 그렇다면 과도한 전용 해체하기는 그러한 일률적인 견해를 절
대화하지 않기를 의미할 것이다. 그래버는 이 해체 작업이 어떻게 가
능할 수 있는지 보여준다. 그에 의하면, 프랑스 인류학자인 클로드 레
비-스트로스가 인간의 삶은 언어, 친족 관계, 경제학이라는 세 가지
영역으로 구성되며, 이 세 가지 모두 동일한 상호주의라는 근본 법칙
에 의해 규율되는 것으로 생각될 수 있다는 인류학적 기초를 제공하
기 때문에 레비-스트로스의 구조주의를 살펴봐야 한다.[48] 인간의 삶에
대한 레비-스트로스의 구조주의적 견해에 대해 언급하면서, 그래버는
다음과 같이 자신의 비평적 논거를 전개한다. "[엄마와 아기의 관계와
같이] 확실히 도덕적으로 보이지만 상호주의와는 아무런 관계가 없어

---

48   Graeber, *Debt*, 91.

보이는 관계들이 있다."[49] 그는 자신의 논지를 다음과 같이 간략하게 이어간다. "내 요점은 주어진 상황에서 자체의 도덕성, 옳고 그름에 대한 자체의 사고방식 및 논거 안에서 수행되는 철저한 평등과 철저한 불평등의 형태가 있으며, 이러한 도덕성들은 받는 만큼 갚는 교환과는 완전히 다르다는 점이다."[50]

부채 경제의 과도한 전용에 함축된, 두 번째 당연시되는 가정은 교환이나 매도를 위해 내놓지 못할 것은 없다는 것이다. 무엇이든 교환이나 매도를 위해 내놓을 수 있다는 것이 참으로 도덕적 진실인가? 괴테의 『파우스트』는 인간의 영혼이 교환되거나 매도될 수 있다는 본보기처럼 보이며, 세익스피어가 쓴 『베니스의 상인』은 인간의 살도 교환 또는 매도될 수 있다고 풍자한다. 어떤 일이 발생했다 해서 그 일이 반드시 도덕적인 것은 아니다. 예를 들어, 사회가 상업적으로 인간 장기(臟器) 거래를 허용하는 것은 도덕적으로 옳지 않다. 특정 교환 또는 매도가 신체적 또는 영적 완전성을 해치거나 기형을 만들 경우, 피해를 입은 당사자가 명목적으로 동의했다 해도 이러한 거래가 도덕적으로 옳게 보이지는 않을 것이다. 위에서 본 바와 같이, 다양한 형태의 채무 인질은 이 두 번째 가정이 상호주의의 위험한 논리와 제휴할 때 얼마나 파괴적이고 인간성을 말살할 수 있는지 보여준다. 참으로, 이러한 제휴 때문에 역사를 통틀어 인간성이 버려지고, 남용되고, 침해되었다. 따라서 결코 교환되거나 매매되어서는 안 되는 일정한 사항

---

49   Graeber, *Debt*, 91.

50   Graeber, *Debt*, 94.

들이 있기 때문에, 부채 경제의 과도한 전용 해체는 모든 것이 교환되거나 매도되는 것은 아니라는 크고도 명확한 음성 안에서 펼쳐진다. 잘 알려진 바와 같이, 이러한 일정한 사항들은 세계 인권 선언(1948)과 시민권과 정치적 권리에 관한 국제 협약(1976)과 같은 기타 조약들의 소위 부정적 권리들의 형태로 예시된다. 의심할 나위 없이, 부채 경제의 과도한 전용을 유의미하게 해체하기 위해서는 국가 및 세계적 차원에서 공공정책을 개발하고 이를 집행할 필요가 있다. 공공 정책 문제들에 대해서는 이후의 장들에서 논의한다.

"도덕적인" 부채 경제 재구성하기

그렇다면 어떻게 부채 경제를 도덕적으로 재구성할 수 있는가? 내가 위에서 해체한 부채 경제의 **축소적인**, 또는 **과도한** 전용에 대한 대안으로서 부채 경제의 도덕적인 재구성을 위한 도덕 원칙은 무엇인가? 나는 마르셀 모스의 『선물: 고대 사회에서 교환의 형태와 기능』에서 부채 경제의 도덕적 재구성을 위한 핵심적인 통찰력을 발견한다. 모스의 『선물』이 부채 경제의 도덕적 재구성에 무슨 관계가 있는가? 모스는 이 책에서 고대 사회에 대한 보다 광범위한 인류학적 연구를 통해 이론상으로는 "자발적이고, 사심이 없고, 자연발생적이지만, 실제로는 의무적이고, 이해관계가 있는" 선물 주기에 기초한 일종의 경제 형태인 "총체적 현상(total phenomenon)"이라 불리는 한 가지 중요한 일련의 현상들에 초점을 맞춘다.[51] 모스와 그의 연구 팀은 자신들의 연구를 "폴리네시아, 멜라네시아" 같은 특정 지역 및 "잘 알려진 특정 법률들"

에 제한한다.[52] 이 연구의 중요성은 고대 사회에서 가장 중요한 영적 기제(또는 사회적 신념) 중 하나는 "받은 선물에 대한 답례로 선물을 줄 의무를 지우는 기제"임을 발견한 데 있다.[53]

나아가 모스는 선물 교환 정신은 "(씨족과 씨족, 가족과 가족 사이의) '총체적 선물 교환'(total prestation. 지속적이고 대규모의 선물 교환) 단계를 지났지만 아직 순수한 개인 계약, 화폐시장, 진정한 매매(sale proper), 고정된 가격, 계량되고 주조된 화폐 단계에는 이르지 못한" 사회들의 특징으로 간주될 수 있다고 결론짓는다.[54] 그러나 현대 사회는 선물 교환 단계를 지났기 때문에 고대의 선물 경제 체제는 우리에게 더 이상 관계가 없다는 것이 모스의 요점은 아니다. 오히려 모스는 이 시스템의 일부 요소들은 현대 사회에서도 살아남았으며, 현대인은 계산과 이득에만 관심이 있는 "경제적 동물"이 되었다고 말하는 것은 옳지 않다고 주장한다. 모스에 의하면, 현대 서구 사회들은 "아주 최근에 사람을 경제적 동물로 만들었지만…우리는 절대로 모두가 같은 종의 동물들인 것은 아니다."[55]

모스는 "쌀쌀맞은 공리주의"에 반대하면서 개인의 목적만 추구하면 전체의 평화라는 목적에만 해로운 것이 아니라 개인 자신들에게도 해롭다고 주장한다. 그래서 그는 이렇게 말한다. "최고의 경제적 절차

51　　Marcel Mauss, *The Gift: Forms and Functions of Exchange in Archaic Societies*, Ian Cunnison 역 (Glencoe, Ill.: Free Press, 1954), 1.

52　　Mauss, *Gift*, 2.

53　　Mauss, *Gift*, 5.

54　　Mauss, *Gift*, 45.

55　　Mauss, *Gift*, 74.

는 개인의 필요를 계산하는 데서 발견되지 않는다."[56] 모스라면 부채의 축소적 전용과 과도한 전용에 어떻게 대응하겠는가? 경제는 도덕 및 종교로부터 분리되지 않아야 하기 때문에, 모스는 분명히 부채 경제의 축소적 전용에 반대했을 것이다. 또한 모든 것이 개인의 필요와 계산에 근거한 경제적 교환 또는 매도의 대상이 되는 것은 아니기 때문에, 모스는 부채 경제의 과도한 전용에도 반대했을 것이다.

모스는 "우리는 과거 및 기본으로 돌아가야 한다"는 제안과 함께 그의 연구를 마무리한다.[57] 그는 다른 형태에 비해 더 나은 사회가 있으며 우리는 그러한 사회를 만들기 위해 노력해야 한다고 확실히 믿는다. "사회 보험, 전문가 집단과 공제회(Friendly Societies)라 불리는 모든 도덕적인 사람들에게서 발견되는 상호의존과 협력에서의 배려는 단순히 귀족이 자신의 소작인에게 보장하는 개인적인 보장보다 나으며, 경영진이 지급하는 일당에 의해 겨우 살아가는 것보다 낫고, 심지어 자본주의자의 저축의 불확실성보다도 낫다."[58] 모스에 의하면, 그렇다면 인간 행동의 동기들은 순수한 이해관계의 개인주의적인 경제에 의해 결정된 동기라기보다는 "공적으로 주는 것의 기쁨, 관대한 예술적 지출의 즐거움, 공적 또는 사적 연회에서의 관대함"이어야 한다.[59]

도덕적인 부채 경제 구축과 관련해서, 우리는 모스로부터 비록 "선물 교환 경제가 소위 자연 경제 또는 공리주의 원칙에 부합하지는 않

---

56   Mauss, *Gift*, 75.

57   Mauss, *Gift*, 67.

58   Mauss, *Gift*, 67.

59   Mauss, *Gift*, 67.

지만"[60] 고대 사회에서 선물 교환 경제의 기능은 결코 부채 경제와 분리되지 않았다는 점을 배울 수 있다. 요나단 사지브가 지적하듯이, 모스에게는 "대출로 주어진 선물, 보답할 필요가 있는 선물도 여전히 선물이라고 불릴 수 있다."[61] 수령인, 즉 받는 사람이 동등한 가치가 있는 어떤 것으로 되갚을 수 없을 때 도덕적인 선물 교환 경제와 부채 경제 사이의 밀접한 연결성을 명확히 볼 수 있다. 그는 이렇게 말한다. "가치 있는 것을 보답할 의무는 필수적이다. 동등한 가치가 있는 것이 지불되지 않거나 파괴되지 않으면 영원히 체면이 손상된다."[62] 이러한 상환 의무에 대한 제재는 "빚으로 인한 노예화"인 경우도 있다(예컨대, 콰키우틀, 하이다, 침시아). 따라서 모스는 이렇게 말한다. "이는 성격 및 기능에서 로마의 "넥섬"(*nexum*)에 비교할 수 있는 제도다. 빌린 돈이나 선물을 갚을 수 없는 사람은 자신의 계급과 심지어 자유민으로서의 지위까지 상실한다."[63] 그렇다면 축소적 또는 과도한 교환 경제와 구분되는 보다 총체적이고 진정성이 있는 부채 윤리 개발에서 도덕적인 선물 교환 경제와 부채 경제 사이의 밀접한 연결성이 왜 중요한가?

먼저 도덕적인 선물 교환 경제는 단지 부채 경제와 연결되어 있기만 한 것이 아니라는 점을 주목해야 한다. 둘 사이에는 비유적으로 존 롤스의 "사전상의 순서"에 비교할 수 있는 순서가 있다. 정의의 두 번

---

60   Mauss, *Gift*, 69

61   Yonatan Sagiv, "The Gift of Debt: Agnon's Economics of Money, God and the Human Other," *PROOFTEXTS* 34, no. 2 (2014) : 430.

62   Mauss, Gift, 41.

63   Mauss, Gift, 41.

째 원칙에 앞서 첫 번째 원칙이 만족되어야 하듯이, 윤리적인 부채 윤리를 구축함에 있어서는 계보 상으로 도덕적인 선물 교환 경제가 부채 경제에 선행한다. 달리 말하자면, 부채 윤리는 원래의 도덕적인 선물 경제에 부차적인 것이거나 이의 파생물이라고 생각될 수 있다. 모스는 자기 책에서 이 점을 명확히 진술하지 않지만, 도덕적인 선물 교환 경제가 작동하지 않으면(받은 사람이 뭔가 동등한 가치가 있는 것으로 갚지 않으면) 명예를 실추 당한 수령인이 자신의 무작위 또는 무능력에 대해 책임지게 함으로써 부채 경제가 발효(發效)한다고 말함으로써 이를 함축한다.

도덕적인 선물 교환 경제가 부채 경제에 선행하여 부채 윤리가 도덕적인 선물 경제에 부차적 또는 파생적으로 기능할 수 있게 한다는 것은 구체적으로 무엇을 의미하는가? 이 발견의 주된 중요성은 부채 경제의 도덕 정신(moral ethos)이 그 기저에 있는 선물 교환 경제의 윤리적 이상 또는 도덕적 가치에서 파생된다는 점이다. 그렇다면 이처럼 기저에 있는 선물 교환 경제의 윤리적 이상 또는 도덕적 가치는 무엇인가? 마샬 살린스는 이 질문에 대해 통찰력 있는 답변을 제공한다. 살린스는 "선물의 정신"(The Spirit of the Gift)이라는 자신의 논문에서, 모스가 홉스의 만인의 만인에 대한 투쟁을 모든 사람 사이의 모든 것의 교환으로 대체한다고 주장한다.[64] 이 말이 무슨 뜻인가? 살린스의 해석에 의하면, 어떤 정치적 권위도 확립되지 않은 고대 사회에서 사

---

64   Marshall Sahlins, "The Spirit of the Gift," *The Logic of Gift: Toward an Ethic of Generosity*, Alan D. Schrift 편 (New York: Routledge, 1997)에 수록된 글, 83.

람들 간에 이루어진 최초의 합의는 권위 또는 심지어 연합에 대한 합의가 아니라, 자신들 사이에서 총체적 선물 교환(지속적인 대규모의 선물 교환)을 채택하기로 한 합의였다. 이렇게 해서 선물을 줘야 하고, 선물을 받아야 하고, 선물을 받았으면 되갚아야 한다는 고대 사회의 이 세 가지 의무들이 그들 사이의 평화를 유지하는 사회적 토대가 되었다.

총체적 선물 교환의 도덕적 중요성은 이 교환이 원시 사회로 하여금 홉스가 말한 사회적 혼란에 빠지지 않고 평화를 확립하고 유지하도록 도움을 주었다는 점이다. 따라서 살린스는 이렇게 말한다. "그 선물은 동맹, 유대, 교감(commune), 요컨대 이전의 철학자들, 특히 홉스가 국가론에서 발견했던 위대한 미덕인 평화다."[65] 그렇다면 살린스에게 고대 선물 경제의 원래의 윤리적 이상 또는 도덕적 가치는 상호 선물 주기를 통해 필요한 사회 결속과 유대를 가능하게 해줌으로써 고대 사회로 하여금 홉스가 주장한 "만인의 만인에 대한 투쟁"에 빠지지 않도록 방지했다는 점에서 근본적으로 사회적이다. "선물은 문명사회에서는 국가에 의해 확보되는 평화를 달성하는 원시적인 방법이다."[66] 이 점에서 선물은 홉스, 루소, 로크가 주창한 전통적인 사회 계약(social contract)을 대체하는데, 그들에게는 사회 계약은 무엇보다도 하나의 사회 조약(pact of society)이었다. 그래서 살린스는 이렇게 말한다. "전통적인 견해에서는 계약을 정치적 교환 형태로 보았으나, 모스는 교환을 정치적 계약 형태로 보았다. 유명한 '총체적 선물 교환'은 '총체적

---

65 Sahlins, "Spirit of the Gift," 84.

65 Sahlins, "Spirit of the Gift," 84.

66 Sahlins, "Spirit of the Gift," 84.

계약'이다."[67]

고대 사회의 선물 교환에 대한 모스의 인류학적 연구는 "모든 교환은 어느 정도 사교성 계수(coefficient of sociability)를 구현하기 때문에 그 사회적 조건(terms)을 떠나서는 중요한 조건을 이해할 수 없다"[68]는 점에서 부채 윤리 개발에 중요한 인류학적-윤리적 통찰력을 제공한다. 고대 사회에서 선물 교환의 그림자 경제로서의 부채는 어느 정도 사교성 계수를 구현할 것으로 기대되며, 이러한 가치들은 살린스에게서는 사회 결속, 유대, 교감 또는 사회적 동맹의 형태로 나타난다. 이러한 사회적 가치들은 고대 선물 교환 경제 및 부채 그림자 경제의 윤리적 이상 또는 도덕적 가치를 구성하는데, 이러한 이상과 가치를 인류학자이자 사회학자인 피에르 부르디외는 "상징 자본"이라 부른다. 루이스 하이드도 선물이 어떻게 결속력이 있는 사회를 만드는 데 기여하는지를 다음과 같이 간략히 요약한다. "우리가 친구, 연인, 동료 사이의 애정의 유대를 확립하고 유지하는 선물의 종합적인 힘을 취한다면, 그리고 여기에 양자 간의 주고받기보다 광범위한 선물 주고받기를 더한다면, 머지않아 신의와 감사를 통해 결속하는 사회 또는 그런 사회들(가족, 길드 조합, 남학생 클럽, 여학생 클럽, 밴드, 공동체)을 얻게 될 것이다."[69] 따라서 부채 윤리가 원래의 도덕적인 선물 경제에서 부차적

---

67 Sahlins, "Spirit of the Gift," 84. 살린스에 의하면, 고대 사회에서의 선물에 대한 모스의 인류학 연구는 "고전적인 계약 이론의 작업 결과였던 이처럼 단순화된 혼돈에서 공동 사회로, 야만에서 문명으로 진보했다는 견해를 교정했다"는 점에서 역사적 가치가 있다. (93).

68 Sahlins, "Spirit of the Gift," 95.

69 Lewis Hide, *The Gift: Imagination and the Erotic Life of Property* (New York: Vintage

이거나 여기서 파생된 것으로 여겨진다면, 이는 부채 경제가 사회 결속, 유대, 교감 또는 사회적 동맹과 같은 윤리적 가치들도 증진할 것으로 기대됨을 의미한다. 또는 최소한 부채 경제는 그런 윤리적 이상이나 도덕적 가치를 위반하거나 교란시키지 않아야 한다.

그러나 부채 윤리를 원래의 도덕적인 선물 경제에서 부차적이거나 여기서 파생된 것으로 보려는 윤리적 노력에 몇 가지 도전이 있을 수 있음을 주목해야 한다. 어떤 도전이 있을 수 있는가? 첫째, "모호성" 도전이 있다. 피에르 부르디외에 의하면, "선물 경험의 주된 특징은 의심할 나위 없이 그 모호성이다."[70] 그는 선물 경험에는 이중의 측면이 있기 때문에 그 경험이 모호하다고 주장한다. 선물이 "자기 이익과 이기적 계산의 거절"(무상의 일방적 선물)로 경험될 수도 있지만, "선물은 결코 교환 논리에 대한 인식을 완전히 배제하지 않는다."[71] 이 점에서 그는 선물의 진실이 항상 이중적이라고 주장한다. 선물의 두 가지 진실 사이의 이러한 간극이 부채 윤리를 도덕적인 선물 경제에서 부차적이거나 파생적인 것으로 인식하려는 우리의 윤리적 노력에 개념상의 도전을 부과할 수도 있다. 그렇다면 이러한 선물의 두 가지 진실 사이의 간극을 어떻게 고려할 수 있는가?

부르디외에 의하면, 이 간극은 "교환 논리의 인식과 오인의 공존

Books, 1983), 74.

70   Pierre Bourdieu, "Marginalia-Some Additional Notes on the Gift," Schrift, *Logic of Gift*에 수록된 글, 231.

71   Bourdieu, "Marginalia," 231.

상태로서 자신에게 말해진 거짓말"[72]인 일종의 공동 사회의 자기기만을 촉진하고 이를 선호함으로써 극복된다. 부르디외의 "인식"이라는 말은 모든 사람이 선물 현상을 교환으로 인식함을 의미한다. 또한 "오인"이라는 말은 모든 사람이 선물을 교환 규칙을 모르는 듯이 경험함을 의미한다. (최초의 선물과 이에 대한 답례로서의 선물 사이의) 시간 경과는 사람들이 답례로서의 선물을 (교환 논리와 전혀 관련이 없는) 진정한 선물로 인식(또는 오인)하도록 도움을 주기 때문에, 시간 경과가 중요하다. 따라서 그는 선물은 그 사회적 논리가 "상식"이 될 수 없는 사회적 행동의 하나라고 주장한다. 또한 그는 "그것은 공개될 수 없는 상식이며, 공개된 지식, 공식적인 진실이 될 수 없는 '공공연한 비밀'이다"[73]라고 덧붙인다. 그래서 부르디외는 모호한 선물 현상을 설명하기 위해 "집단적 자기기만" 개념을 도입한다. 그러면 선물 경제는 이해관계와 계산을 부인함을 뜻하는 "반-경제학적 경제"(anti-economic economy)로 파악된다.[74] 부르디외에게는 집단적 자기기만이 그 안에서 (선물 주기와 같은) 관대한 행동을 "자유의지에 의해 이루어진 선택의 선물"로서가 아니라 "해야 할 유일한 일"로 제시하는 "사회 세계"(social universe)를 가능하게 해주기 때문에, "보편적 오인"으로서의 집단적 자기기만이 불가피한 것으로 보인다.[75]

선물의 두 가지 진실 사이의 간극을 연결하는 부르디외의 통찰력

---

72   Bourdieu, "Marginalia," 232.

73   Bourdieu, "Marginalia," 232.

74   Bourdieu, "Marginalia," 232.

75   Bourdieu, "Marginalia," 233.

있는 설명은 부채 윤리가 어떻게 도덕적인 선물 경제에서 부차적 또
는 파생적인 것으로 인식될 수 있는지 보다 명확히 알 수 있게 해준
다. 그는 우리가 선물 경제는 서로 반대되는 것처럼 보이는 두 개의 요
소인 "반-경제학적"(진정한 선물은 대가성이 없어야 한다)과 "경제"(선물 주
기는 상호적이어야 한다)로 구성되어 있음을 알도록 도와주는 데서부터
시작한다. 그가 말하는 "경제학적"과 "경제"의 의미는 무엇인가? 그는
"경제학적"이라는 말을 "'경제학적'이라는 말의 제한적인 현대적 의미"
로 사용한다.[76] 그러나 그는 "경제"를 "경제 지상주의"(economism)와 구
분한다. **도덕적인** 부채 경제를 **도덕과 관련이 없는** 부채 경제와 구분하
기 위해서는 이 구분이 매우 중요하다. 부르디외에 의하면, 경제 개념
은 여전히 "사회 세계에 잠겨 있지만" 경제 지상주의 개념은 사회 세
계와는 전혀 관계가 없다.[77] 그는 경제 지상주의를 다음과 같이 정의한
다. "경제 지상주의는 마르크스가 말한 바와 같이 '무정한 현금 지급'
에 기초한 인간과 인간 사이의 관계의 세계를 만듦으로써, 그리고 보
다 일반적으로는 ('경제'가 이에 기초하고 있는 '비즈니스는 비즈니스다'는 근
본적인 동어 반복을 통해) 자체의 격언을 만들어낼 수 있는 비교적 자율
적인 영역을 만들어내기를 선호함으로써, 일종의 진정한 추상화 작업
을 통해 자본주의가 만들어낸 관심 이외의 형태의 관심을 인정하지
않는다."[78] 그렇다면, 부르디외에 의하면, 경제는 사회 세계에 뿌리를

---

76   Bourdieu, "Marginalia," 232.

77   Bourdieu, "Marginalia," 232.

78   Pierre Bourdieu, *The Logic of Practice*, Richard Nice역 (Stanford, Calif: Stanford
      University Press, 1990), 113.

둔 도덕적인 경제를 뜻하는 반면, 경제 지상주의는 사회 세계의 도덕적 측면과는 아무 관계가 없다. 요약하자면, 도덕적인 부채 경제만이 부르디외의 경제 개념과 관련이 있기 때문에, 도덕적인 부채 경제는 도덕과 관련이 없는 부채 경제와는 구분되어 도덕적인 선물 경제에서 부차적 또는 파생적인 것으로 확립된다.

신자유주의가 부채를 도덕과 관련이 없는 경제지상주의의 지위로 축소시키는 것의 중심에는 부채 경제를 도덕적인 선물 경제로부터 분리시키려는 이념적 시도가 놓여 있음을 인식할 필요가 있다. 신자유주의 경제학자들이 부채의 맥락, 역사성, 사회성을 제거해서 도덕 중립적인 지위로 축소시키는 것은 궁극적으로 부채 경제가 사회 결속, 유대, 교감, 또는 사회적 동맹과 같은 윤리적 이상과 도덕적 가치 증진과는 아무 관계가 없다는 생각을 굳히기 위함이다. 이 점에서 부채 윤리를 도덕과 관련이 없는 경제지상주의 논리가 아니라 도덕적인 경제 형태로 재구성하고자 할 때, 모스와 부르디외의 인류학적 통찰이 매우 중요해진다.

부채 윤리를 원래의 도덕적인 선물 경제에서 부차적 또는 파생적인 것으로 재구성하려는 우리의 노력에 대한 두 번째 도전은 "과도함"이란 도전이다. 모스의 저서 『선물』의 주요 주제 중 하나는 선물 교환이 본질적으로 경쟁적(agonistic)이라는 것이다. 선물 주기는 경쟁적이거나 또는 심지어 전투적이 될 수도 있다. 북미 북서부 해안의 포틀래치(potlatch. 북미 북서안의 인디언 사이의 선물 분배 행사. 네이버 영어 사전에서 인용함―역자 주)에 대한 모스의 조사에서 이 점을 분명하게 볼 수 있다. 포틀래치의 문자적 의미는 "먹다" 혹은 "소비하다"로서, 로키 산맥과 태평양 연안 사이의 부족들은 겨울 내내 축연, 품평회, 시장을 여는데, 이는 부족의 장엄한 총회를 구성한다.[79] 그러나 모스에 의하면, "이 부족들의 이 모든 관행들에 경쟁 및 적대감의 원리가 팽배해 있다는 점이 주목할 만하다"[80] 이러한 경쟁과 적대감은 서로 다투거나 족장 및 귀족들을 죽이는 데까지 나갈 수도 있다. 모스는 이처럼 파괴적인 형태의 경쟁적 선물 교환을 **경쟁적 형태의 총체적 서비스**라 부르면서 이를 "고리(高利)이고 비용을 절감하는" 특징이 있다고 한다.[81]

조르주 바타유의 "일반 경제" 개념은 포틀래치 현상에 대한 혁신적인 성찰로서, 이는 대부분의 경제 이론의 "제한적" 경제관과 구분된다. 그는 특히 "**일반 경제**에 의해 정의된 관점을 형성하지 않은 채 포틀래치의 경제적 측면을 고려하면" 소용이 없을 것이라고 주장한다.[82] 일반 경제의 그처럼 과도한 측면(그는 이를 "저주받은 나눔"(accursed share)이라고 부른다)은 아즈텍 부족과 라마교의 비무장 사회의 희생제물 및 전쟁에서 드러나는 바와 같은 충격적이고 재앙적인 분출을 야기하게 되어 있다. 이 점에서 바타유는 이렇게 쓴다. "일반 경제 관점에서 선물은 아무 의미가 없다. 주는 사람의 재산만 탕진할 뿐이다."[83] 그렇다면 선물의 과도한, 심지어 파괴적이기까지 한 측면이 부채 윤리를 도덕

---

79   Mauss, Gift, 6.

80   Mauss, Gift.

81   Mauss, Gift, 6-7, 강조는 원저자의 것임.

82   Georges Bataille, *The Accursed Share: An Essay on General Economy*, 1권, Robert Hurley 역 (New York: Zone Books, 1988), 68, 강조는 원저자의 것임.

83   Bataille, *Accursed Share*, 70.

적인 선물 경제에서 부차적 또는 파생적인 것으로 재구성하려는 우리의 시도와 무슨 관계가 있는가? 간단히 말해서, 부채 윤리가 도덕적인 선물 경제에 부차적 또는 파생적인 것으로 재구성되면, 부채 현상은 기본적으로 한정성 또는 제한성이라는 조건을 전제하기 때문에 그처럼 과도하거나 심지어 파괴적이기까지 한 유형의 선물은 비판적으로 걸러진다. 나는 모스의 과도한(excessive) 포틀래치 경제와 바타유의 일반 선물 경제를 일종의 과도한(hyperbolic) 선물 경제라 부르고자 하며, 선물 경제의 남용적인 전용으로 인해 그러한 과도한 유형은 그로부터 부채 윤리가 부차적 또는 파생적으로 도출되는 원래의 도덕적인 선물 경제로 여겨질 수 없다는 입장을 취한다.

결론

위에서 나는 부채 윤리를 도덕적인 선물 경제에서 부차적 또는 파생적인 것으로 재구성했다. 이 관점에 의하면, 부채는 채무자에게 일종의 선물 또는 특별한 선물이 되도록 여겨져야 한다. 인류학자 그래버와 모스는, 오늘날의 신자유주의 세계에서 부채가 흔히 전적으로 과학적이고 따라서 도덕과 관련이 없는 교환과 상호주의의 경제논리에 의해 규율되는 것처럼 화폐화된다는 사실에도 불구하고, 부채는 고대 사회에서 원래는 사회 결속과 유대를 가능케 한 사회적이고 상징적인 자본을 낳는 도덕적인 선물 경제의 일부로 여겨졌다는 비판적 관점을 개발하는 데 도움을 준다. 그렇다면 부차적이고 파생적인 부채 경제는 경제 자체의 논리에서가 아니라 도덕적인 선물 경제에서 나온 핵심적인 도덕적 의미에 의존한다. 도덕적인 선물 경제가 고대 사회로 하여금 사회 결속과 유대를 유지할 수 있게 해주었기 때문에, 부채 윤리도 이를 보존 또는 증진하는 방식으로 인식된다.

18세기 말 이후 현대 자본주의 경제와 신자유주의가 경제 세계를 그 배경이 되는 사회성, 도덕성, 종교의 세계로부터 분리시킨 것처럼, 점점 더 도덕적인 선물 경제를 부채 경제로부터 단절시켜왔다. 이처럼 커다란 이념 변화의 결과, 부채는 오늘날의 신자유주의 세계에서는 더 이상 일종의 선물로 인식되지 않는다. 그러나 도덕과 관련이 없는 부채 및 금융 세계를 만든다는 이처럼 원대한 역사적-이념적 프로젝트는 도덕과 무관하게 된 경제와 금융 세계에 다양한 비도덕적인 결과를 수반했다. 동유럽에서 남아시아까지, 서아프리카에서 카리브해까지, 지중해에서 페르시아만까지 셀 수 없이 많은 사람들이 인신매매, 채무 인질, 아동 노동, 심지어 다양한 형태의 부채 남용에 기인한 편만한 자살과 같은 인권 유린에 시달려왔다. 참으로, 도덕 중립적인 경제 및 금융 세계에서는 "도덕과 관련이 없는" 경제 행동이 계속 일어나고 있는 것이 아니라 오히려 비도덕적인 사건들의 발현이 점점 더 증가하고 있다. 따라서 지금이야말로 사회 과학, 철학, 경제학, 종교를 포함한 다양한 비판적 관점에서 도덕 중립적인 경제 및 금융 세계를 만들려는 이 원대한 역사적-이념적 프로젝트의 타당성에 의문을 제기할 때다.

2장

신자유주의 금융화와 정당한 부채 개념

서론

앞장에서 논의한 바와 같이, 부채 윤리를 개발하기 위한 건설적인 노력은 부채의 모든 구조적 측면들을 포함해야 하는데, 특히 점점 더 (포스트) 식민주의, 금융화, 신자유주의와 같은 글로벌 세력에 의해 형성되고 있는 (정부 부채, 국가 부채, 공공 부채로 알려져 있는) 국가 부채의 경우 더더욱 그렇다. 자메이카의 채무 위기는 전형적인 사례다. 자메이카는 세계에서 가장 빚이 많은 나라 중 하나이며, 교육과 의료 지출액을 합한 금액의 2배를 부채 상환에 지출한다.[1] 현재 자메이카의 국가 부채는 GDP(gross domestic product, 국내 총생산)의 140퍼센트에 달하는데, 이는 세계 최고 수준이다. 정부 지출의 약 55퍼센트는 국가

---

1   Nick Dearden, "Jamaica's Decades of Debt Are Damaging Its Future," *Guardian*, April 16, 2013.

부채 상환에 사용되며, 25퍼센트는 인건비로 사용됨으로써 교육, 안보, 의료 등 나머지 모든 분야에 쓸 돈은 겨우 20퍼센트만 남게 된다.[2] 2013년 IMF(International Monetary Fund, 국제통화기금)는 자메이카가 거액의 빚을 상환할 수 있도록 10억 달러를 대출해주겠다고 발표했지만, 여느 때처럼 이 대출은 4년간 실질 임금 20퍼센트 삭감과 같은 긴축을 동반했다.[3] 이미 2007-2008년의 금융 위기에 의해 심하게 망가진 경제에 이러한 긴축이 적용되었다.

왜 자메이카가 40년이 넘도록 경제 긴축에 시달리고 있는지 의아할 수도 있다. 자메이카는 1962년 독립하기 전에 300년이 넘도록 영국의 식민 지배를 받았다. 자메이카는 독립 후 처음 10년 동안은 강력한 경제 성장을 구가했지만, 1970년대의 석유위기와 그에 뒤이은 세계 경제 침체로 외채에 의존하게 되었다. 1980년대 초에 이자율이 상승하기 시작하자, 1977년에는 수출액의 16퍼센트였던 부채 상환액이 1986년에는 35퍼센트로 급상승했다.[4] IMF와 세계은행은 대규모 채무 재조정 정책을 부과해서 많은 사람들에게 경제적으로 파괴적인 영향을 끼쳤다. 과거 민주적 사회주의자였던 마이클 노먼 맨리가 1989년에 수상으로 복귀했지만, 그가 이끄는 정부는 그의 첫 번째 정권(1972-1980)이 시행했던 개입주의 경제 정책과 현격하게 대조되는 신자유주의 정책들을 받아들였다. 신자유주의 세계경제에 대한 자메이카의 문호 개방은 이 나라에 도움이 되지 않은 것으로 드러났다. 오히려 문호

---

2   "Jamaica in Crisis Debt-Swap Plan," *BBC News*, February 12, 2013.

3   Dearden, "Jamaica's Decades of Debt."

4   Dearden, "Jamaica's Decades of Debt."

개방은 이 나라의 경제 상황을 악화시켰다. "기아 감축, 기본적인 물과 위생 공급 증가에서도 아무런 진전이 없었다. 1990년에는 97퍼센트의 아동이 초등학교를 졸업했는데, 2013년 현재 73퍼센트만 초등학교를 졸업했다. 1990년에는 10만 명당 59명의 산모가 출산 중 사망했는데, 현재는 110명이 사망한다."[5]

로마 가톨릭 예수회 신부인 로버트 F. 드리난은 자메이카를 방문하고 그 나라 국민들의 암울한 경제 전망을 목격한 뒤 그의 1993년 논문에서 이렇게 말한다. "왜 선진국들에게 그들이 자원을 약탈하고 그 국민들의 교육 기회를 박탈했으며, 이제 그들의 미래가 천문학적 비율의 빚에 저당 잡혀 있는 사람들에게 보상과 손해 배상을 지급하도록 요구할 수 없는가?"[6] 자메이카의 문제들은 훨씬 뒤로 거슬러 올라간다는 점을 고려하면 드리난의 비판적 논평은 더욱더 일리가 있다. 닉 디어든은 다음과 같이 올바르게 지적한다. "이 섬의 경제는 수백 년 동안의 폭력, 약탈, 노예제도에 의해 형성되었다. 수십만 명의 삶이 영국 '거대 도시 산업의 수레바퀴들이 계속 굴러가게 해준' 설탕 플랜테이션 농장에서 허비되었다."[7] 자메이카의 국가 부채에 관해서, 2013년까지 이 나라가 이미 자신이 빌린 금액(185억 달러)보다 많은 돈(198억 달러)을 갚았음에도, 높은 이자율 때문에 이 나라 정부는 아직도 78억

---

5   Dearden, "Jamaica's Decades of Debt."

6   Robert F. Drinan, "Jamaica, Entire Third World in Bondage to American Banks,"
     National Catholic Reporter 30, no. 8 (1993): 18.

7   Dearden, "Jamaica's Decades of Debt."

달러의 빚이 있다는 중요한 사실을 놓치지 않아야 한다.[8] 자메이카는 영어를 사용하는 카리브해 국가들 중 가장 인구가 많은 중상위 소득 국가로 분류되기 때문에, 한 번도 채무 면제 대상이 될 자격을 얻지 못했다. 우리는 몇몇 다른 카리브해 국가들도 자메이카처럼 깊이 빚에 찌들려 있고 한때는 유럽 식민주의의 희생자들이었다는 공통된 역사를 공유하고 있음을 주목해야 한다. 또한 IMF는 자신의 대출 프로그램을 "구조 꾸러미"(rescue package)라고 부르지만, 그것은 훨씬 열악한 긴축을 겪었던 가난한 사람들이 아니라 자메이카의 채권자들을 위한 구제라는 점도 똑같이 중요하게 주목해야 할 점이다. IMF가 후원한 경제 프로그램 가동 3년차인 2015년 4월 현재, 자메이카는 세계 최고의 긴축 예산을 운영해서 기초 재정수지 흑자(primary surplus)가 GDP의 7.5퍼센트를 기록하고 있는데,[9] 이는 일반적으로 "정치적으로 지속가능하지 않다"고 여겨진다. 경제 및 정책 리서치 센터(Center for Economic and Policy Research)의 제이크 존스턴은 자메이카에 대한 다자간 채무 면제가 신규 대출보다 더 많은 자원을 풀어줄 것이라는 제안과 함께 자메이카의 부채에 관한 자신의 보고서를 마무리한다. "자메이카 국민들의 삶의 수준을 계속되는 긴축으로 더 떨어뜨리기보다는, 다국적 개발은행들은 자메이카 및 기타 채권자들과 협력해서 의미 있는 채무 면제를 제공하고 이 나라의 미래에 투자하는 데 필요한 자원

---

8   Dearden, "Jamaica,s Decades of Debt."

9   Jake Johnston, "Partners in Austerity: Jamaica, the United States and the International Monetary Fund." Center for Economic and Policy · Research (CEPR). 기초 재정 수지 흑자는 정부 수입에서 정부 유지(임금, 사회적 지출 및 일반 지출) 비용을 지출하고 난 뒤에 부채를 지급할 수 있도록 남겨진 금액이다.

을 풀어줘야 한다."[10]

　자메이카의 국가 부채 사례는 세계의 다수 지역에서 계속되는 세계적 채무 위기의 중요한 측면을 보여준다. 무엇보다 부채, 특히 국가 또는 정부 부채는 역사적일 뿐만 아니라 매우 구조적이다. 많은 제3세계 빈국(貧國)들이 과거에 부유한 선진국들의 식민지들이었고, 이전의 역사적·경제적 의존성이 신자유주의와 금융화라는 세계적 맥락에서 갱신되고 재가동되었다는 점에 비춰볼 때, 부채 윤리를 개발하기 위한 노력은 확실히 이런 구조적 측면을 다뤄야 한다. 보다 구체적으로, 선진국의 채권자들은 가난한 제3세계 채무자들에게 그들의 빚을 갚으라고 요구하기 전에 먼저 자신들이 과거 식민지들에 대한 빚을 완전히 갚았는지 스스로 물어봐야 한다. 불행히도 식민주의의 유산이 21세기에도 생생하게 살아 있으며, 선진국들의 강력한 금융기관들이 이 유산의 최전선에 서 있다.

　계속되는 세계 금융 위기의 역사적·구조적 성격을 효과적으로 다루기 위해서는, 새로운 부채 윤리가 각국의 정치 지도자들에게뿐만 아니라 다양한 국제 금융기관들과 기타 상업은행 및 투자 은행들과 같이 세계적 규모로 금융기관을 운영하는 사람들에게도 도덕적 원칙과 윤리적 가이드라인을 제공할 수 있어야 한다. 아래의 몇몇 부분에서 나는 칼 마르크스 및 마르크스주의자들의 정치·경제 비평을 비판적으로 검토해서 새로운 부채 윤리를 개발한다. 이 비판적 검토를 통해, 나는 부채 문제를 오로지 사법적-경제적 문제로만 간주하는 신자

10　Johnston, "Partners in Austerity."

유주의적 축소주의 견해를 무너뜨리고자 한다. 널리 확산된 신자유주의적 부채 남용으로 인해 세계 시민들의 도덕적-철학적 관여가 요구되기 때문에, 나는 부채는 단지 사법적-경제적 문제에 불과한 것이 아니라고 주장한다. 신자유주의의 부채 남용에 대처하기 위해서는 채무자, 채권자, 정책 입안자, 규제 당국 등 이해관계자들의 다양한 목소리를 비판적으로 검토해야 한다. 이처럼 비판적이고 포괄적인 검토를 통해 부채 경제는 **정치적인** 부채 경제로 전환되며, 부채는 더 이상 채무자-채권자 관계에 한정되지 않게 된다.

궁극적으로, 이번 장은 부채 경제의 신자유주의적 착취에서 나오는 부채의 해방에 대한 도덕적-정치적 해법을 제공한다. 다음 부분에서는 먼저 세계 경제의 특징이 된, 과거 40년 동안의 가장 중요한 경제적 변화인 금융화를 살펴본다.

금융화, 지대 소득자 자본주의와 남용적인 부채 경제

금융화는 무엇인가? 학자들은 금융화의 정의에 대해 서로 견해를 달리한다. 예를 들어, 그레타 크립너는 이를 다음과 같이 정의한다. 금융화는 "이익이 주로 교역과 상품 생산을 통해서가 아니라 금융 채널을 통해서 발생하는 축적 패턴이다. 여기서 '금융'은 미래의 이자, 배당금 또는 자본 이익에 대한 기대로 유동 자본을 공급(또는 이전)하는 것과 관련된 활동들을 일컫는다."[11] 도날드 토마스코빅 데비와 켄 휴 린

---

11   Greta Krippner, "The Financialization of the American Economy," *Socio-Economic*

은 관련이 없는 두 개의 프로세스들을 분석함으로써 금융화를 다음과
같이 설명한다. "첫 번째 프로세스는 미국 경제에서 금융 기관들이 경
제적·사회적·정치적인 면에서 중요성이 점점 더 커지는 과정이다. 두
번째 프로세스는 비금융회사들이 금융 활동에 점점 더 많이 관여하게
된 여정과 연결되어 있다."[12]

제럴드 엡스타인에 의하면, 일부 저자들은 "금융화"를 자본 시장의
금융 시스템이 은행 기반의 금융 시스템보다 점점 더 우세해지는 현
상을 가리키는 것으로 보는 반면, 이를 수많은 금융 신상품과 금융거
래의 폭발적 증가를 가리키는 것으로 사용하는 사람들도 있다.[13] 그는
이 용어를 "국내 경제 및 국제 경제에서 금융상의 동기, 금융 시장, 금
융 행위자들과 금융 기관들의 역할이 점점 증대하는 것"으로 정의한
다.[14] 금융화의 부상(浮上)은 세계 경제와 정치를 근본적으로 변화시켰
으며 부채 문제는 많은 나라들과 그 국민들에게 가장 중요한 사회문
제 및 구조 문제들 중 하나가 되었다. 크립너가 올바르게 지적하듯이,
우리가 금융의 세계에서 살고 있다는 인상을 피하기는 어렵다.[15] 금융
화는 또한 "지대 소득자"라 불리는 새로운 경제 계급이 탄생하게 했다.

Review 3 (2005): 174-75.

12   Donald Tomaskovic-Devey and Ken-Hou Lin, "Income Dynamics, Economic Rents,
      and the Financialization of the U.S. Economy," *American Sociological Review* 76, no. 4
      (2011): 539.

13   Gerald A. Epstein, "Introduction: Financialization and the World Economy,"
      Financialization and the World Economy, Gerald A. Epstein 편 (Cheltenham, UK:
      Edward Elgar, 2005)에 수록된 글, 3.

14   Epstein, "Introduction," 3.

15   Krippner, "Financialization of the American Economy," 174.

존 메이너드 케인스는 자신의 저서 『일반 이론』(*General Theory*)에서 지대 소득자를 가리켜 자본의 "희소가치"를 활용함으로써 자본 소유를 통해 소득을 창출해내는 "기능이 없는 투자자"라고 부른다.[16]

경제학자 제임스 크로티는 신자유주의 및 세계화와 결합한 금융화는 자신이 "신자유주의의 역설"이라고 부르는 현상 때문에 미국의 비금융회사들의 운영에 중대한 부정적 영향을 주었다고 주장한다. 크로티는 역설적인 경제 상황을 다음과 같이 분석한다. 1970년대 및 그 이후에 세계 총수요 성장률의 정체와 시장 경쟁 격화, 그리고 장기 성장을 추구하는 "인내심 있는" 금융에서 실질 이자율을 올린 "인내심 없는" 금융 시장으로의 이동이라는 두 가지 주요 변화가 비금융회사들의 실적에 부정적인 영향을 주었다. 이처럼 환경이 변한 결과로 비금융회사들은 그들의 현금 흐름 중 점점 더 많은 몫을 금융기관에 지불해야 했다.[17] 크로티는 이러한 부정적인 변화 동향을 이렇게 요약한다. "두 부문의 변화가 결합한 결과로 비 금융회사들의 이익률이 낮아졌

---

16   John Maynard Keynes, *General Theory of Employment, Interest and Money* (London: Macmillan, 1936), 24장. 그러나 케인스는 지대 소득자 자본주의는 과도기로서 "제 할 일을 다 하고 나면" 사라질 것으로 생각했다. 마르크스는 그들을 "기생충 계급", "폭력배", "강도"라 부름으로써 훨씬 더 혹독하게 비판한다. *Capital*, vol. 3 (New York: International Publishers, 1967), 33장.

17   예를 들어, 금융시장에 대한 지불은 1950년대에는 비교적 낮은 수준이었으나 1960년대 중반부터 1970년대 말까지는 평균적으로 현금 흐름의 약 30퍼센트로 상승했다. 그러나 1984년부터 2000년까지, 비금융회사들은 1990년대 초의 3년을 제외하고는 금융기관들에 자신의 현금 흐름의 절반이 훨씬 넘는 금액을 지불했다. 금융 시장에 대한 비금융회사들의 지불은 1989년에 76퍼센트로 최고에 달했으며 1998년에 또 다시 74퍼센트를 기록했다. James Crotty, "The Neoliberal Paradox: The Impact of Destructive Product Market Competition and 'Modern' Financial Markets on Nonfinancial Corporation Performance in the Neoliberal Era," Epstein, *Financialization and the World Economy*에 수록된 글, 99를 보라.

고, 차입 의존도가 높아졌으며, 자본 축적률이 낮아졌고, 비금융회사들의 최고 경영진은 황금시대의 장기 목표와 '상생'적 노사 관계를 추구하던 데서 탈피하여 사무직 및 생산직 노동자들과 회사의 핵심 공급자들을 공격하는 단기 '생존주의' 전략으로 전환하게 되었다."[18] 점증하는 금융화는 비금융회사들에게 노동자들의 임금과 복지를 삭감하도록 압력을 가했을 뿐 아니라, 외관상의 이익을 늘리기 위해 사기와 기만에도 관여하게 했다.[19] 따라서 크로티는 신자유주의 프로젝트를 거절하라는 요구로 자신의 분석을 마무리한다.

> 신자유주의 프로젝트가 거절되지 않는 한 비금융회사들은 선진국이건 개발도상국이건 어느 나라도 안정적이고, 평등하며, 장기적인 번영으로 인도하지 못할 것이다.…새로운 "황금시대"를 창조하려면 21세기 상황에 적절한, 사회적으로 내재된 경제 제도와 국가가 인도하는 경제 성장이라는 새로운 모델이 요구된다.[20]

그렇다면 점증하는 금융화가 국내 및 세계적인 부채 경제의 남용과 착취와 어떤 관계가 있는가?

간단히 말하자면, 점증하는 금융화는 본질적으로 위험한 부채 확산, 취약한 채무자에 대한 체계적인 착취, 금융 지대 소득자들에게로의 해로운 부의 집중이라는 부채 경제의 조종과 관련이 있다. 첫째, 금

---

18   Crotty, "Neoliberal Paradox," 78.

19   Epstein, "Introduction," 7.

20   Crotty, "Neoliberal Paradox," 107.

융화는 지난 수십 년간 세계적인 규모로 부채가 매우 급격히 증가하도록 자금을 대줌으로써 경제 전체가 와해될 가능성을 초래했는데, 2007-2008년에 실제로 이러한 일이 일어났다. 파생상품 시장의 기하급수적 성장은 점증하는 금융화로 인해 부채가 어떻게 위험하게 늘어났는지 보여준다. 파생상품이란 무엇인가? 파생상품은 "기초 상품, 자산 또는 사건의 변화에 대한 시장 가격 노출을 만들어내기 위해 고안된 금융 계약"이다.[21] "파생상품"이라는 말은 그 상품의 가치가 유가증권, 상품, 이자율, 환율 또는 심지어 사건(사건 파생상품으로 알려져 있음)까지 포함하는 기초물(underlying entity)의 실적으로부터 도출됨을 일컫는다. 파생상품들은 헤지와 리스크 관리에 유용하고 중요한 역할을 할 수 있지만, 랜달 도드가 말하듯이 금융시장의 안정성에 몇 가지 위험을 부과할 수 있으며, 이를 통해 경제 전반을 위험에 빠뜨릴 수 있다.[22] 렉스 A. 매켄지에 의하면, "파생상품 거래는 투기 자본이 경제 체제를 허약함(fragility)과 주기적인 위기로 내모는 위험한 비즈니스 거래에 관여하게 하는 주요 수단으로 부상한다."[23] 오늘날 파생상품 시장의 규모는 천문학적이다. 국제결제은행이 수집한 데이터에 의하면 2014년 12월 현재 장외 파생상품 잔액 총액은 630조 1천억 달러가 넘고, 장외 외환 파생상품 잔액 총액은 75조 8천억 달러가 넘는다.[24]

---

21   Randall Dodd, "Derivatives Markets: Sources of Vulnerability in US Financial Markets," Epstein, *Financialization and the World Economy*에 수록된 글, 149.

22   Dodd, "Derivatives Markets."

23   Rex A. McKenzie, "Casino Capitalism with Derivatives: Fragility and Instability in Contemporary Finance," *Review of Radical Political Economics* 43, no. 2 (2011): 201.

24   "Table 19: Amounts Outstanding of Over-the-Counter (OTC) Derivatives," http://

서브프라임 모기지 대출 사례에서 볼 수 있는 바와 같이, 파생상품은 구조적으로 부채와 연결되어 있다. 보다 구체적으로 말하자면, 은행들이 대출을 해주고 이 금융자산을 대출 유통 시장에 매각해서 (자산 담보부 증권이라는) 파생상품들이 만들어진다. 이후에 이 자산들은 커다란 풀(pool)로 모아져서 이자를 낳는 새로운 종류의 금융 자산을 만들어내는데, 이 프로세스를 유동화(securitization)라 한다. 카알 바이텔에 의하면, 유동화 프로세스는 비상장 모기지 회사 또는 주요 은행과 같은 모기지 대출업자들이 가계에 신규 대출을 해주고, 동시에 그 대출을 패니 매(Fannie Mae), 프레디 맥(Freddie Mac)과 같이 정부 지원을 받는 기관이나 정부가 지급을 보장하는 지니 매(Ginnie Mae) 또는 월가 투자 은행(골드만삭스, 메릴린치 등)에 매각할 때 시작된다.[25] 모기지 회사들과 은행들이 자격이 없거나 부족한 채무자들의 부채를 유통시장에 파생상품으로 매각할 목적으로 그들에게 더 많은 대출을 해주도록 동기가 부여되어 있음을 어렵지 않게 짐작할 수 있다. 언젠가는 주택 시장의 거품이 터져서 세계적인 규모로 전체 금융 시장에 큰 재앙을 가져올 수밖에 없었다.

둘째, 점증하는 금융화는 민간 및 공공 부채의 기하급수적 증가를 촉진할 뿐만 아니라, 이로 인해 많은 채무자들이 벌처 펀드(부실 자산을 싼 값에 사서 가치를 올린 뒤 되팔아 차익을 내는 것을 목적으로 하는 투자 신탁 기금. 다음 사전에서 인용함—역자 주)와 같은 파렴치한 금융기관들에 의

---

www.bis.org/ statistics/dt1920a.pdf.

25 Beitel, "Subprime Debacle," 28.

한 부채 경제의 금융 남용과 착취에 취약해지기 때문에 큰 문제가 되고 있다. 그들은 대개 거액의 이익을 내기 위해 유통시장에서 싼 가격으로 대출을 매입하여 재정적으로 어려움에 처한 채무자들을 약탈한다. 그들은 그 과정에서 많은 경우에 채무자들이 이전보다 더 나쁜 상황에 빠지게 된다는 점은 아랑곳하지 않는다. 예를 들어, 1995년에 미국에 본부를 둔 벌처 펀드 엘리엇은 2,070만 달러어치의 부도가 난 페루에 대한 대출을 대폭 할인된 1,140만 달러에 매입한 뒤 페루와 페루 은행을 상대로 대출 원금과 이자를 납부하도록 뉴욕 법원에 소송을 제기했다. 엘리엇은 이 소송에 이겨서 5,800만 달러를 받아 4,700만 달러의 이익을 남겼는데, 이는 약 400퍼센트에 해당하는 수익률이다. 엘리엇은 아르헨티나에도 똑같은 전술을 구사했다. 엘리엇은 아르헨티나가 2001년에 부도를 내려 하자 6억 3천만 달러어치의 채권을 (액면가의 약 7퍼센트에 지나지 않는) 4,800만 달러에 매입했다. 엘리엇은 아르헨티나에게 미지급 이자를 포함해서 23억 달러를 지급하도록 요구했다. 엘리엇은 또다시 뉴욕 법원에서 16억 달러에 대해 승소했지만, 아르헨티나 정부는 지급을 거절했다. 엘리엇은 2012년에 가나 소재 자회사 NML 캐피탈을 통해 아르헨티나의 해군 함정 아라 리버타드 (ARA Libertad)를 압류했다. 엘리엇은 2008년에 또다시 콩고를 상대로 벌처 전술을 구사했다.[26]

매켄지에 의하면, 금융화 시대의 주요 혁신인 파생상품은 1970년대 말 이후 월가 혁명을 이끈 주역이었으며, 그 결과 사실상 우리 모두

---

26   "Elliott Has 'Vulture Picnic' in Korea Inc.," *Korea Times*, June 12, 2015.

를 도박꾼으로 만든 "투기 자본주의"가 나타났다.[27] 1997년에 일어난 동남아시아/동아시아 금융 위기는 월가 혁명의 최종 결과가 세계의 순진한 많은 사람들에게 어떻게 피해를 줄 수 있는지 보여준다. 매켄지에 의하면 동남아시아/동아시아의 금융 위기는 월가 금융기관들에 의해 태동되었고, 그들에게 악용되었다. 월가의 부서들은 먼저 이 지역에 대한 투기 포지션에 기름을 끼얹은 파생상품들을 만들어서 다양한 형태의 파생상품에 투기 자본의 홍수가 밀려들어올 수 있게 했다. 이 금융 상품들은 고객의 주문에 맞춰 만들어지고 통합되었으며, 투기자들은 예를 들어 일본에서 저금리로 자금을 빌리고 일본 엔화 공매도를 통해 태국의 채무 증서에 더 많이 돈을 걸 수 있었다.[28] 월가의 부서들이 의도한 대로, "이러한 파생상품 포지션들의 해소(unwinding)로 기초 통화와 유가증권에 대한 대량의 매도가 이어졌고, 시장이 유동성이 말라 얼어붙게 되었다. 이 지역 전체에서 파생상품과 관련해 강제된 매도로 통화 시장, 유가증권 시장, 금융 시스템 및 경제가 사실상 붕괴되었다."[29]

월가의 투자자들은 자신의 거대한 금융 이익을 자축했을지 모르지만, 동남아시아/동아시아의 많은 순진한 사람들은 갑작스러운 금융 손실로 고통을 겪어야 했다. 브리스톨 대학교와 대만 연구자들의 합동 연구 팀은 아시아 경제 위기가 자살률에 미친 영향에 관한 최초의 광범위한 연구를 수행했는데, 그들은 둘 사이에 뚜렷한 연결 관계가

---

27   McKenzie, "Casino Capitalism," 205.

28   McKenzie, "Casino Capitalism," 207.

29   McKenzie, "Casino Capitalism," 207.

있음을 발견했다. 이 연구에 의하면, "자살률은 1980년대 말과 1990년대 초에는 하락했지만, 그 이후에는 연구 대상 기간 동안 꾸준히 자살률이 감소한 싱가포르를 제외한 모든 국가에서 현저하게 상승했다."[30] 또한 그들은 "그 경제 위기는 일본, 홍콩, 한국에서 1997년에 비해 1998년에 10,400 건의 자살이 증가한 사실과 관련이 있었다"는 사실도 발견했다.[31]

셋째, 점증하는 금융화는 점점 심화되는 부의 집중과 깊은 관련이 있다. 옥스팜의 2014년 새 보고서는 우리의 세계화된 세상에서 어떻게 극단적인 경제 불평등이 굳어짐으로써 경제 성장과 빈곤 감축에 부정적인 영향을 주는지 보여준다. 다음과 같은 몇 가지 놀라운 사항들이 발견되었다.

- 현재 인구의 겨우 1퍼센트가 세계의 부의 거의 절반을 보유하고 있다.
- 세계에서 가장 부유한 사람 1퍼센트의 부는 110조 달러에 달한다. 이 금액은 세계 인구 하위 절반이 보유하고 있는 총액의 65배에 해당한다.
- 세계에서 가장 부유한 사람 85명이 세계 인구 하위 절반이 보유하고 있는 부의 양과 같은 금액의 부를 보유하고 있다.

---

30   Shu-Sen Chang, David Gunnell, Jonathan A. C. Sterne, Tsung-Hsueh Lu, and Andrew T. A. Cheng, "Was the Economic Crisis 1997-1998 Responsible for Rising Suicide Rates in East/Southeast Asia? A Time-Trend Analysis for Japan, Hong Kong, South Korea, Taiwan, Singapore and Thailand," *Social Science &Medicine* 68, no. 7 (2009): 1322.

31   Chang 외 다수, "Was the Economic Crisis 1997-1998 Responsible for Rising Suicide Rates?" 1322.

- 10명 중 7명이 지난 30년 동안 경제 불평등이 심화된 국가에서 살고 있다.
- 가장 부유한 사람 1퍼센트는 1980년부터 2012년 사이의 데이터를 구할 수 있는 26개 국가 중 24개 국가에서 자신의 몫을 늘렸다.
- 미국에서는 가장 부유한 사람 1퍼센트가 2009년 이후 금융위기 뒤의 성장의 95퍼센트를 가져간 반면, 하위 90퍼센트는 더 가난해졌다.[32]

세계 인구 최상위 1퍼센트와 최하위층의 부의 엄청난 차이는 단지 경제 문제만이 아니다. 이 보고서가 명확히 지적하듯이, 거부들의 부는 정책 결정과 같은 핵심적인 정치 기제를 "장악"하기 마련이기 때문에 이러한 경제적 불평등은 불가피하게 정치적 퇴보와 연결된다. "부가 정부의 정책 결정을 장악하면, 규칙이 때로는 다른 모든 사람들에게 피해를 주면서까지 부자들에게 유리한 방향으로 치우친다. 그 결과 민주적 지배가 침식되고, 사회 결속이 와해되며, 모든 사람에 대한 평등한 기회가 사라진다."[33]

과거 30년 동안의 믿을 수 없는 부의 집중 심화는 세계적 규모의 금융화 증가와 동시에 발생했음을 주목할 필요가 있다. 이처럼 건강하지 않고 안정을 저해하며 해롭기까지 한 추세의 중심에는 프랑스 경제학자 토마 피케티가 그의 최근 저서(『21세기 자본』)에서 법칙과도

32　Oxfam, "Working for the Few: Political Capture and Economic Inequality," 브리핑 문서, January 20, 2014, 1.

33　Oxfam, "Working for the Few," 2.

같은 공식 $r > g$(r은 자본의 평균 연 수익률을 나타내며, g는 연간 소득 또는 산출 증가율과 같은 경제 성장률을 나타낸다[34])로 간단히 파악한 현상이 놓여 있다. 피케티에 의하면, 점점 더 심화되고 있는 부의 집중에는 "구조적 성격"이 있다. 그의 경제 데이터 분석을 통해 이 구조적 추세를 간략히 살펴 볼 수 있다. 예를 들어, 1970년대 말부터 2010년까지 상위 10퍼센트의 몫은 비교적 꾸준히 증가해왔다(1980년대에는 35퍼센트였는데, 1990년대에는 40퍼센트였고, 2000년대에는 45퍼센트였다). 놀랍게도 이처럼 심화되는 불평등은 2007-2008년에 발생한 금융 위기의 영향을 받지 않았다. 피케티가 보여주는 바와 같이, 2010년의 불평등 정도는 이미 2007년의 불평등 정도보다 유의미하게 높아져서 불평등 증가는 지금도 계속되고 있음을 입증한다.[35]

이처럼 증가하고 있는 부의 집중의 구조적 성격은 부채와 깊은 관련이 있다. 피케티에 의하면, 불평등 심화의 불가피한 결과 중 하나로 미국의 저소득층과 중산층의 구매력이 사실상 정체되었고, 이에 따라 보통 가계들이 빚을 지게 되었을 가능성이 크다. "특히 규제로부터 풀

34　Thomas Piketty, *Capital in the Twenty-First Century*, Arthur Goldhammer 역, (Cambridge, Mass.: Belknap Press of Harvard University Press, 2014), 25. 몇몇 경제학자들과의 10년이 넘는 연구에 기초해서, 피케티는 20세기 초반의 충격(대공황과 두 번의 세계 대전) 뒤에 부는 1970년대 말 이후 점점 더 스스로 입지를 강화해왔다는 중요한 금융 지형을 보여준다. 이는 매우 불평등했던 18세기와 19세기의 서유럽을 상기시킨다. 피케티에 의하면, " 19세기가 시작될 때 부의 계층의 상위 10퍼센트가 이미 모든 부의 80퍼센트에서 85퍼센트를 보유했다. 20세기가 시작될 무렵에는 상위 10퍼센트가 부의 거의 90퍼센트를 보유했다. 최상위 1퍼센트가 1800-1810년의 국가의 부의 45-50퍼센트를 보유했다. 이들의 부는 1850-1860년에는 50퍼센트를 넘었고, 1900-1910년에는 60퍼센트에 도달했다"(339).

35　Piketty, *Capital in the Twenty-First Century*, 295-296.

려나 부자들에게서 수취한 막대한 저축액에 대해 양호한 수익을 올리기에 혈안이 된 파렴치한 은행들과 금융 중개기관들이 점점 더 관대한 조건으로 신용을 제공하기 때문에" 가계 부채의 증가는 거의 불가피하다.[36] 부의 집중 심화의 구조적 성격으로 1980년 이후 미국의 국민 소득은 가장 가난한 10퍼센트에게서 가장 부유한 10퍼센트에게 옮겨졌다. 이 이전(移轉) 기제의 중심에는 부채의 확산과 채무자들에 대한 조종이 놓여 있다.[37]

다른 경제학자들도 점증하는 금융화가 금융 지대 소득자들에 대한 부의 집중이라는 폐해와 깊이 관련되어 있다는 피케티의 주장에 동의한다. 예컨대 마리나 아찌몬티와 그의 동료들 같은 경제학자들은 "지난 30년 동안 대다수 선진국의 공공 부문 부채 잔액이 증가했는데, 또한 이 시기는 국제 자본 시장의 광범위한 자유화로 특징지어졌으며", 이 시기는 "소득 불평등이 계속 심화된" 시기와 일치했다고 증언한다.[38] 조지프 스티글리츠는 그의 저서 『불평등의 대가』에서, 사회경제적 불평등은 미국 경제에 나쁠 뿐만 아니라 미국의 민주주의에도 해로운 영향을 준다는 논지를 전개한다. 그는 특히 미국 경제를 왜곡시키는 중요 요인 중 하나인 "지대 추구" 문제에 초점을 맞춘다. 스티글

---

36   Piketty, *Capital in the Twenty-First Century*, 297.

37   피케티에 의하면, "1977년부터 2007년까지, 가장 부유한 10퍼센트가 성장의 3/4을 차지했다. 이 기간 동안 가장 부유한 1퍼센트가 미국 국민 소득 증가 총액의 거의 60퍼센트를 가져갔다. 그래서 하위 10퍼센트에게는 소득 증가율이 연 0.5퍼센트도 되지 않았다." Piketty, *Capital in the Twenty-First Century*, 297.

38   Marina Azzimonti, Eva de Francisco, and Vincenzo Quadrini, "'Financial Globalization, Inequality, and the Rising Public Debt," *American Economic Review* 104, no. 8 (2014): 2300.

리츠에 의하면, 지대 추구는 "정부로부터의 감춰진 형태 및 공개된 형태의 이전 소득과 보조금, 시장 경쟁을 줄이는 법률, 기존 경쟁 법의 느슨한 집행, 회사들이 다른 사람들을 이용하거나 비용을 사회의 나머지 부문에 떠넘기도록 허용하는 법규"와 같은 다양한 형태를 띤다.[39] 통계 수치가 확인해 주는 바와 같이, 금융화는 과거 수십 년 동안의 지대 추구와 깊이 관련되어 왔다. 예를 들어 2005년의 소득 상위 1퍼센트에 속하는 사람들의 구성은 임원, 매니저, 감독자(비금융부문) 31퍼센트, 의료인 15.7퍼센트, 경영진을 포함한 금융 전문가 13.9퍼센트, 그리고 변호사 8.4퍼센트였다. 이들 중 금융 전문가의 비중은 1979년에 7.7퍼센트였는데 2005년에는 13.9퍼센트로 거의 배로 증가했으며, 이 통계 수치들은 자본 이득을 제외한 소득 측정에 기초하고 있음을 주목할 필요가 있다. 자본 이득이 고려될 경우, 모든 자본 이득의 약 절반이 최상위 0.1퍼센트에게 돌아가며, 상위 400명의 소득자의 수입의 60퍼센트는 자본 포인트(capital point. 증가된 자본 이득률) 형태다.[40] 이처럼 심화되는 불평등은 우리 사회가 경제적 소득에 의해서 얼마나 심각하게 나눠져 있는지뿐만 아니라, 금융화가 불평등 심화와 얼마나 깊이 관련되어 있는지도 보여준다.

위에서 우리는 점증하는 금융화가 위험한 부채 확산, 취약한 채무자들에 대한 체계적인 착취, 금융 지대 소득자들에게로의 해로운 부의 집중이라는 세 가지 측면에서 부채 경제의 조종과 본질적으로 관

---

39   Joseph Stiglitz, *The Price of Inequality: How Today's Divided Society Endangers Our Future* (New York: Norton, 20 13), 48.

40   Stiglitz, *Price of Inequality*, 402.

련이 있음을 보았다. 2007-2008년의 극적인 금융 와해는 신자유주의 세계 부채 경제와 이 경제가 견인한 금융화에 내재된 구조적 문제에 대한 세계적인 경고 신호였다. 비판적이고 강력한 민주적 법의 지배가 확립되지 않는 한, 그 체계적인 문제들이 정부, 공공 정책, 국제 법률들에 의해서만 억제되고 규제될 수 있는 세계적인 금융화 시대에 인류 전체가 지속적인 금융 리스크와 위기에 계속 노출되리라는 점이 명백해 보인다. 부채 윤리가 감당할 수 있고 또 감당해야 하는 핵심 역할 중 하나는 모든 이해관계자들, 특히 금융 시장과 금융업자의 한계를 정하고, 그들을 규제할 책임이 있는 당국과 금융 시스템을 관리 및 모니터할 책임이 있는 기관에게 윤리적 가이드라인을 제공하는 것이다. 물론 보통 시민들도 윤리적 가이드라인이 영감을 고취하는 법률과 감독 규정에 의해 직접 영향을 받기 때문에, 이들에게도 필요한 윤리적 가이드라인을 알려줘야 한다. 다음 부분에서는 두 개의 영역에 초점을 맞춤으로써 부채 윤리를 위한 토대를 닦을 것이다. 먼저 자본주의 경제 및 금융화에 대한 그들의 비판에 관해 칼 마르크스와 신마르크스주의자들을 비판적으로 검토할 것이다. 둘째, 새로운 권리 이론을 전개하고, 그 핵심 조건들을 정의함으로써 채무자들의 정당한 부채에 대한 권리라는 새로운 개념을 제안한다.

마르크스, 신마르크스주의자들과 자본주의 부채 경제 비판

왜 칼 마르크스와 그의 제자들을 살펴봐야 하는가? 그들은 이번 장의 주제와 어떤 관련이 있는가? 마르크스와 그의 추종자들은 두 가지 이

유로 인해 부채 윤리 개발에 중요하다. 첫째, 부채 문제는 자본주의 국가들에서 가장 심각한 경제 문제들 중 하나가 되었다. 둘째, 마르크스와 신마르크스주의자들은 신자유주의적 자본주의 경제 체제에 대한 가장 중요한 비판자들이라 할 수 있을 것이다. 실로 오늘날 산업화 이후의 (postindustrial) 자본주의 시스템은 부채 경제와 반드시 연결되어 있다. 마르크스와 신마르크스주의자들의 자본주의 부채 경제 비판을 분석할 때, 먼저 마르크스와 신마르크스주의자들을 구분할 필요가 있다. 마르크스에게는, 자본주의 경제에 대한 그의 비판의 핵심 주제는 법칙과도 같은 "이익률 하락"에 의해 촉발된 서구 자본주의의 불가피한 몰락에 놓여 있다. 이와 대조적으로 신마르크스주의 학자들의 주요 관심은 주로 계속 성장하는 금융화에 의해 야기된 자본주의 경제의 불가피한 붕괴다. 마르크스와 신마르크스주의 학자들은 자본주의 경제에는 그 자체 논리에 의해서는 해결될 수 없는 고유한 모순이 내재되어 있다는 중요한 진단에 동의한다.

먼저 마르크스가 확장기 동안에 발생하는 자본주의 회사들의 부채 증가와 그 이후의 이익률 하락이라는 진퇴양난을 알고 있었음을 주목해야 한다. 마르크스는 이렇게 쓴다.

화폐 자본 축적은 한편으로는 민간 화폐 자본가들과 다른 한편으로는 국가, 공동체, 그리고 늘어나는 차주들 사이의 중개인으로 행동하는 은행가들(직업적인 자금 대출자) 수중의 부의 축적을 의미할 수도 있음을 지적하자. 왜냐하면 방대한 전체 신용 시스템과 모든 신용 일반이 민간 자본으로서의 은행가들에 의해 착취되기 때문이다.[41]

『자본론』에서 인용한 이 구절은 마르크스가 산업 자본 축적과 부채/신용 시스템을 통한 금융 자본 축적 사이의 차이를 알았을 뿐만 아니라, 후자에 대해 비판적이었음도 보여준다. 그러나 마르크스는 증가하는 부채 문제에 대한 비판을 충분히 전개하지 않았다. 자본주의 시스템에서 증가하는 부채에 대한 충분한 비판은 (몇 명만 거명하자면) 프레드 모슬리, 존 벨라미 포스터, 프레드 맥도프같은 신마르크스주의 경제학자들에 의해 가능해졌다. 그래서 나는 여기서 마르크스와 현시대 마르크스주의 학자들의 중요한 연구들을 통합하고, 증가하는 부채라는 자본주의의 난제(難題)에 대한 마르크스주의의 견해를 분석하고자 한다.

마르크스에 의하면, 기술 변화(생산 수단 변화)로 인해 이익률이 하락하는 **경향이 있을** 것이다. 그러나 마르크스에게 이익률 하락은 우연도 아니고 외부의 원천에 의해 야기된 결과도 아니다. 이익률 하락은 그보다는 노동자들을 기계로 대체하는 노동 절약 기술의 발달을 추진하는 자본주의에 내재된 기제의 결과다. "노동 강도를 강화하는 방법이 많이 있는데, 이는 노동자에게 더 많은 기계를 가동하게 하는 등 자본이 고정된 상수가 아니라 계속 증가하고 따라서 이익률이 하락하게 됨을 시사한다."[42] 마르크스는 기술 변화가 시작 단계에서는 노동 생산성을 향상시키지만, 각각의 노동자에 의해 산출된 이익 증가의 내재적 한계 때문에 노동을 절감하는 기술 변화는 궁극적으로 이익률을

---

41   Marx, *Capital*, vol. 3, 478.

42   Marx, *Capital*, vol. 3, 232.

하락시킬 것이라고 주장한다. 그래서 마르크스는 자본주의 경제 체제에는 내적 모순이 있기 때문에 궁극적으로 자본주의의 붕괴로 이어진다고 주장한다. 마르크스에게는 이처럼 불가피한 자본주의에 대한 전망의 중심에는 그러한 자본주의의 내적 역설이 놓여 있음이 분명하다. 이 점에 대해 마르크스는 이렇게 말한다. "자본주의 생산의 **진정한 장애는 자본 자체**다.…수단(사회의 무조건적인 생산력 발달)이 기존 자본의 자기 확장이라는 제한된 목적과 계속 갈등을 빚는다."[43] 마르크스에게는 자본주의 생산 형태(주요 생산 수단들을 발달시키는 역사적인 방법)가 이에 상응하는 사회적 생산 관계들(자본가와 자본의 관계 및 노동자와 자본가의 관계)과 갈등을 빚는다는 점이 명백하다.

여기서 마르크스의 정치적 경제 비판은 증가하는 부채 위기에 초점을 맞춘다기보다는 생산 수단과 사회적 생산 관계들 사이의 내재적 갈등에 보다 더 초점을 맞춘다는 점을 주목해야 한다. 마르크스는 그의 저서『자본론』(특히 3권 5부)에서 부채 문제를 다루기는 하지만, 우리 시대의 마르크스주의 경제학자들은 자본주의 경제 체제에 대한 마르크스의 주요 비판을 글로벌 자본주의에서 점증하는 부채 문제와 연결시킨다. 당대의 마르크스주의자들은 **산업 시장**에서의 이익률 하락은 **금융 시장**의 확산을 통해 일시적으로 해결되지만, 금융 시장 역학에 의해 주입된 점증하는 부채에 대한 부담 때문에 그런 형태의 자본주의 경제 체제는 우리들 대부분이 2007-2008년의 금융 위기에서 경험했던 것처럼 갑작스러운 몰락을 맞을 수밖에 없다고 주장한다.

---

43   Marx, *Capital*, vol. 3, 250, 강조는 원저자의 것임.

예를 들어 폴 바란과 폴 스위지의 『독점 자본』(1966)에 의해 제공된 이론 틀을 출발점으로 하는 존 벨라미 포스터와 프레드 맥도프는 1974-1975년의 경제 침체기에 최초로 출현한 자본 축적 프로세스의 금융화 프로세스에 초점을 맞춘다. 포스터와 맥도프에 의하면, **산업** 시장에서의 수익성 있는 투자를 제한시키는 장애(이익률 하락)에 직면한 자본 소유자들을 위한 해법은 그들의 화폐 자본을 유지하고 확대하는 역할을 할 **금융** 상품에 대한 수요를 확대하는 것이었다. 금융 기관들은 다양한 신상품(선물, 옵션, 파생 상품, 헤지 펀드 등)을 도입했고, 그 결과 수십 년간 금융 투기가 급증했다.[44] 따라서 신마르크스주의자의 관점에서 보면, 금융화는 자본 축적의 법칙에 의해 이끌릴 때 자본주의가 반드시 사용해야 하는 불가피한 프로세스다. 그러나 금융화 프로세스는 자본 소유자들에 대한 궁극적인 해법이 될 수 없다. 왜 그런가? 포스터에 의하면, 그것은 자본 축적 프로세스의 금융화가 투기적인 신용-부채 시스템 성장과 결합하기 때문이다.

포스터는 1970년에는 GDP의 110퍼센트이던 미국 경제의 총 민간 부채가 2007년에는 293퍼센트로 높아졌음을 보여줌으로써 이 점을 입증한다.[45] 게다가 미국에서 신규 부채 1달러당 GDP 성장이 약 60센트였던 1970년대에 비해, 21세기 초에는 신규 부채 1달러당 GDP 성

---

44   John Bellamy Foster and Fred Magdoff, *The Great Financial Crisis: Causes and Con sequences* (New York: Monthly Review Press, 2009), 80.

45   2008년 이후 이 비율이 낮아지기는 했지만 2013년에 미국 경제의 총 민간 부채는 여전히 GDP의 250퍼센트가 넘었다. Thom Hartmann, "Private Debt-Not Government Debt-Will Destroy America," *Truthout*.

장이 약 20센트로 둔화되었다.[46] 자본 축적 프로세스의 금융화 시기에 미국 경제는 부채의 증가와 더불어 금융 불안정을 목격했다. 토마스 팔리(Thomas Palley)가 "부채 금융 숭배"라 부르는 금융화 프로세스는 또한 궁극적으로 터지게 되는 경제적 거품 성장이라는 특징을 가지는데, 거품 붕괴는 심화되는 경제 침체에 한층 더 파괴적인 영향을 준다. 실제로 미국 경제는 2007-2008년의 금융 위기 때 부채 금융 숭배의 재앙적인 측면을 경험했다. 포스터가 규정하듯이, 마약 중독의 경우와 마찬가지로 동일한 부양 효과를 내기 위해서는 점점 더 많은 부채가 필요하기 때문에 부채 성장은 "마약 중독"과 같다.

마르크스의 용어를 사용하자면, 금융화는 "M(money. 돈)-C(commodity. 상품)-M′(원래의 돈에 잉여 가치를 더한 금액))"에서 "M-M′"으로의 전환으로 묘사된다. 이 전환의 중요성은 상품이 더 이상 이익 창출의 중심 역할을 하지 않는다는 점이다. 대신 돈이 생산과 아무런 관련이 없이 더 많은 돈을 낳는다. 포스터와 맥도프에 의하면, 실물 경제의 침체 경향(이익률 하락)에 대한 자본의 대응으로서의 금융화는 불가피하게 선진 자본주의 경제에 고유한 근원적 침체가 재부상함을 보여준다. 금융화가 위기에 처하면 독점 금융자본에 대한 가시적인 다른 출구가 없다. 그래서 포스터와 맥도프는 이렇게 쓴다. "그렇다면 즉각적인 가치 하락 위기가 진정되고 난 뒤에도 당분간은 미미한 성장과 높은 실업, 불완전 취업 상태, 그리고 잉여 용량으로 특징지어질 것으로

---

46   John Bellamy Foster, "The Age of Monopoly-Finance Capital," *Monthly Review* 61, no. 9 (2010): 4.

예측된다."[47] 자본주의가 이익률 하락, 금융화, 그리고 스태그플레이션과 같은 자본주의의 고유한 문제들을 다룰 수 없다면, 우리의 경제 체제를 자본주의에서 사회주의로 전환해야 하는가? 자본주의는 궁극적으로 파멸되어야 하는가? 우리는 "이처럼 어렵고 위험한 시기에는, 지속가능한 인간의 발전이라는 사회주의 전략 개발 이외의 다른 대안은 없다. 이제 모든 수준에서 우리의 모든 희망을 여기에 걸어야 한다"[48]고 주장하는 포스터에 동의해야 하는가?

자본주의 부채 경제와 금융화에 대한 마르크스주의의 비판이 미국의 대중이나 학계에서는 널리 받아들여지지 않지만, 그렇다고 마르크스주의의 자본주의 진단/예측을 깡그리 무시하는 것은 부적절한 처사다. 예를 들어, 프레드 모슬리의 2003년 미국 경제 예측을 다시 읽으면 너무도 현실적으로 다가온다. "마지막으로, 마르크스의 이론은 미국 경제가 조만간, 그리고 다음 10년 이내에 심각한 경제 침체, 심지어 1930년대의 대공황에 필적할 정도의 침체를 겪을 가능성이 매우 높다고 시사한다. 낮은 수익률과 유례없는 부채 수준이 결합되어 결국 기업과 가계의 부도가 편만해질 것이고, 이로 인해 해외 자본이 빠져나갈 가능성이 있으며, 그럴 경우 더 심각한 침체를 겪게 될 것이다."[49] 신경 쓰이게 하는 모슬리의 예측은 또한 『자본론』에서 예측된 자본주의 경제의 갑작스런 중단에 대한 마르크스의 비판적인 논평을 상기시켜준다. "그래서 기업은 항상 붕괴 전날 밤에는 거의 과도할 정

---

47   Foster and Magdoff, *Great Financial Crisis*, 133.

48   Foster, "Age of Monopoly-Finance Capital," 12.

49   Fred Moseley, "Marx's Economic Theory and Contemporary Capitalism."

도로 건전해 보인다. 예를 들어 이에 대한 가장 좋은 증거가 1857년
과 1858년의 은행법에 관한 보고서(Reports on Bank Acts)에 제공되어
있다.…기업은 항상 매우 건전하고 캠페인이 한창 무르익는 시점에서
갑자기 와해된다."[50] 2007-2008년의 갑작스런 금융 붕괴는 사고라고
부르기에는 너무도 극적으로 보인다. 2007-2008년의 위기가 포스터
의 논거를 받아들일 충분한 이유가 되는가? 그럴 경우, 지속가능한 인
간 발달 추구와 관련해서 사회주의야말로 커다란 문제가 있는 자본주
의 체제에 대한 유일한 대안인가? 다른 대안은 있을 수 없는가?

수익률 하락과 부채의 금융화라는 특징을 보이는 자본주의의 내적
모순에 대한 마르크스주의의 분석과 비판을 심각하게 고려해야 하지
만, 나는 자본주의를 사회주의로 대체해야 한다는 마르크스주의의 처
방에 찬성하는 것은 너무 성급하다고 주장한다. 왜 그런가? 첫째, 사
회주의가 부채 문제를 완전히 해결할 수 있는지가 분명하지 않다. 사
회주의 체제 하에서 이익률 하락과 부채의 금융화에서 벗어날 수 있
음을 인정한다 해도, 자본주의가 그 문제들을 **정치적으로** 해결할 수 없
을 것이라는 성급한 결론에는 도달하지 말아야 한다. 부채 없는 사회
건설이 사회주의의 목표가 아님을 인정한다 해도, 능력에 따라 일하
고 필요에 따라 나눠준다는 원칙에 의해 조직된 사회에서 부채가 어
떻게 인식될 것인가? 이 원칙에 의하면 사회주의 체제에서는 사회가
구성원의 필요를 충족시켜주지 못할 때 부채가 발생하기 때문에, 만
일 채무자가 있다면 채무자는 사회 전체여야 한다. 사만다 스팍스에

---

50   Marx, *Capital*, 3:484-485.

의하면, 소비에트 사회주의 공화국 연방 및 동구권 위성 국가 시절에
도 부채가 있었는데, 1986년 말에 소비에트 연방을 포함한 동유럽 지
역이 지고 있는 부채 총액은 약 1,380억 달러였다.[51] 이는 사회주의 체
제가 인민의 다양한 필요에 부합하는 재화를 생산할 전반적인 사회적
용량을 갖추지 못했음을 보여준다.

그러나 내 의도는 자본주의에 대한 사회주의자의 비판에 맞서
서 자본주의를 방어하는 것이 아니다. 그보다 나는 고전적인 자본주
의 경제와 사회주의 경제가 공유하는 최소주의 부채 철학(minimalistic
philosophy of debt)이 우리가 다뤄야 할 주요 문제임을 지적한다. 최소주
의 부채 철학은 "채무자는 항상 채권자에게 자신의 부채를 상환해야
한다"는 단순한 규칙이다. 참으로 흥미롭게도, 부채 문제에 관한 한 자
본주의 부채 철학과 사회주의 부채 철학 사이에 근본적인 차이가 없
는 듯하다. 자본주의자와 사회주의자는 근본적으로 같은 부채 철학을
공유한다. 물론 마르크스주의 경제학자들은 자본가들에 의한 부채 남
용을 비난한다는 점에서 자본주의와 구분될 수 있다. 그러나 부채 남
용과 부채 자체를 혼동하지 말아야 한다. 부채 남용에 대한 비판과 부
채 자체에 대한 비판은 별개다. 사실, 모든 부채가 나쁘거나 해로운 것
은 아니다. 일부 부채들은 바람직하고 인류의 지속적인 번영에 필요
하기까지 하다. 마르크스주의 접근법이 자본가들에 의한 부채 남용을
지적한다는 점에서는 옳지만, 그렇다고 부채 자체를 비판하는 데까지

---

51   Samantha Sparks, "Financing East-West Trade," *Multinational Monitor* 8 (1987): 54-
55, 54.

나아가지는 않아야 한다. 따라서 나는 다음 부분에서는 부채 문제를 해결하는 방안의 하나로 성급하게 자본주의를 사회주의로 대체하려 하는 대신, 사회주의란 대안으로 돌진하지 않으면서도 자본주의의 부채 남용을 극복할 목적으로 부채 윤리를 개발하고자 한다.

도덕과 관련이 없는 부채 허물기

위에서 우리는 점증하는 금융화가 어떻게 부채 경제의 조종과 본질적으로 관련이 있는지 보았다. 또한 우리는 왜 사회주의란 대안이 부채 윤리를 개발하고자 하는 우리의 시도에 적절하고 충분한 모델이 되지 못하는지도 보았다. 그렇다면 어떻게 부채 윤리가 가능한가? 우리는 어떻게 금융화 시대의 금융 세계에서 실제로 효과를 발휘하는 부채 윤리를 개발할 수 있는가? 이 질문들에 대답하기 위해, 먼저 어떻게 그처럼 건강하지 않고 비윤리적인 금융 추세가 과거 수십 년간 금융화의 이름 하에 세계적인 규모로 편만해졌는지 조사할 필요가 있다. 이 질문에 대답하고자 함으로써 계속 확대되는 금융화와 억제되지 않은 기만적인 부채 경제에 어떻게 윤리적으로 관여할 수 있는지에 대해 보다 잘 이해할 수 있게 될 것이다.

나는 내 연구를 통해 기만적인 부채 경제의 중심에는 부채와 연결된 신용을 금융 재산으로 보는 로크의 견해가 놓여 있음을 발견했다. 내가 말하는 부채와 연결된 신용을 금융 재산으로 보는 로크의 견해란 부채와 연결된 신용을, 마치 그것이 제한 없이 매입, 보유, 축적할 수 있는 다른 상업 재산과 다르지 않은 것처럼 재산화하는 것을 의미

한다. 데이빗 하비가 파악한 바와 같이, 존 로크[52]에게 "개인 재산은 개
인들이 자신의 노동을 토지와 배합함으로써 창출할 때 발생하는 자연
권이다. 그들의 노동의 결실은 그들에게 그리고 그들에게만 속한다."[53]
금융 재산은 상업 재산과는 질적으로 다름에도 불구하고 금융가들과
지대 소득자들은 부채와 연결된 금융 재산을 상업 재산 형태로 전환
함으로써 이들을 같은 범주에 두기 때문에, 부채와 연결된 신용을 금
융 재산으로 보는 로크의 견해에는 문제가 있다. 부채와 연결된 금융
재산은 상업 재산과 질적으로 어떻게 다른가? 로크의 노동 가치 이론
에 따라 생산자의 가시적인 노동에 의해 가치가 결정되는 상업 재산
과 달리, 부채와 연결된 금융 재산의 가치는 주로 신용도나 신뢰도 같
은 발행자의 "상징 자본"에 의해 규율된다. 사람이 돈으로 돈(채권과 같
은 금융 재산)을 매입할 때, 구매자는 자신이 투입하는 자금이 지금보다
더 커질 것으로 믿는다. 우리는 자신이 신뢰할 수 없는 사람에게는 돈
을 빌려주려 하지 않지만, 전혀 만나본 적이 없는 사람에게서 상업 재
산은 기꺼이 사려 한다. 상점에서는 우리의 신용 점수를 보여줄 필요
가 없지만 은행에서 돈을 빌릴 때에는 신용 점수를 보여줘야 한다. 게
다가 자동차 및 휴대용 컴퓨터 같은 상업 재산들은 스스로 증식하지
않지만, 부채와 연결된 금융 재산은 이자를 통해 스스로 증식할 수 있
다. 상업 재산과 부채와 연결된 금융 재산 사이의 이러한 질적 차이에

---

52   로크는 이렇게 쓴다. "노동은 그것들과 공통적인 것을 구분했다. 노동은 그들에게 모
든 사람의 공통의 어머니인 자연이 해 준 것보다 더 많은 뭔가를 더해 줬다. 그래서
그것들은 그의 개인의 권리가 되었다." John Locke, *Two Treatises of Government*, Peter
Laslett 편 (Cambridge: Cambridge University Press, 1988), 288.

53   David Harvey, "The Future of the Commons," *Radical History Review* 109 (2011): 104.

도 불구하고 이들이 시장에서 거래될 때에는 모두 재산이라는 같은 범주로 포장된다. 이 재산들은 자유로운 자본주의 경제 체제에서 제약 없이 매입, 보유, 축적될 수 있는 사유 재산일 뿐이다.

윤리적 관점에서 보면, 부채와 연결된 신용을 금융 재산으로 보는 로크의 견해의 진정한 문제는 이 견해가 부채 문제를 **도덕과 관련이 없는** 문제로 만들었다는 점이다. 로크의 견해에 의해 부채의 도덕적 측면이 대체로 제거되었으며, 이처럼 도덕이 제거된 결과 부채는 금융시장에서 도덕적으로 중립적인 실체로 효율적으로 전환된다. 물론 사람들은 여전히 좋은 부채 또는 나쁜 부채가 있다고 말할 수 있지만, 좋다 또는 나쁘다는 평가는 좋은 자동차 또는 나쁜 자동차와 같은 범주와는 다르다. 이 평가는 대체로 도덕과 관계없는 평가다. 부채와 연결된 신용을 금융 재산으로 보는 로크의 견해 때문에, 1990년대와 2000년대에 파생상품 시장의 큰 부분이 기하급수적으로 성장했는바, 이 금융 호황의 중심에 흔히 서브프라임 모기지라고 불리는 것이 놓여 있었다. 그 기간 동안 아무도 서브프라임 모기지를 도덕적으로 열등한 부채라고 부르지 않았다. 서브프라임 모기지는 단지 "위험한" 금융 재산으로 여겨졌지만 확실히 비도덕적인 금융 재산으로 여겨지지는 않았다. 매우 흥미롭게도, 자동차 회사들은 자사의 차량들에서 리스크 요인을 발견하면 그 차량을 리콜하지만, 어떤 은행이나 금융업자도 리스크 요인 때문에 (파생 상품과 같은) 금융 상품을 리콜하지 않았다. 로크의 견해는 부채와 연결된 금융 재산을 도덕과 관련이 없는 실체로 만들었으며, 이러한 금융재산의 도덕과의 관련성 없애기는 모든 리스크들의 도덕적, 법적 측면들을 성공적으로 중립화해서, 이들에 경제적 또는 금융상의 의미만 남게 했다.

그렇다면 부채 윤리의 재구성을 향한 첫 걸음은 도덕과의 관련성이 없어진 금융 재산을 도덕과 관련이 있는 것으로 인식된 금융 실체로 전환하는 것이다. 이 전환이 가능해진다면, 리스크 개념도 경제적 또는 금융상의 의미뿐 아니라 도덕적이고 법적인 측면도 갖게 될 것이다. 그러나 내가 부채와 연결된 신용을 금융 재산 자체로 변경시킨다는 아이디어에 반대하지 않는다는 점을 알아둘 필요가 있다.[54] 나는 단지 부채와 연결된 금융 재산의 비도덕적인 전용과 비윤리적인 금융 시장 관리에 반대할 뿐이다. 자신들의 금융상의 이해관계에만 관심을 기울이는 사람들에 의해 부채와 연결된 금융 재산 및 금융 시장이 어떻게 훼손되고, 착취되며, 심지어 파괴되기까지 하는지 예를 보여 주겠다.

2011년에 세계 최대 투자 은행 골드만삭스는 호주의 헤지 펀드 베이시스 일드 알파 펀드로부터 10억 달러가 넘는 피해 배상을 요구하는 소송을 제기 당했다. 베이시스 펀드는 골드만삭스가 자신들에게 판매한 두 종의 모기지 담보 증권(9,300만 달러)의 기대 수익률에 관해 거짓말해서 바가지 씌웠다고 주장했다. 베이시스 펀드는 골드만삭스가 2007년에 이 증권들을 판매한 당시에 자신들은 이 증권들의 가격 하락에 적극적으로 돈을 걸고 있다는 사실을 공개하지 않아서 이 펀

---

54 이 점에서 나는 "파생 상품들은 리스크 관리에 유용한 도구가 될 수 있기 때문에 금지되지 않아야 하지만, 적절하게 사용될 수 있도록 담보하기 위해 규제되어야 한다"고 말하는 조지프 스티글리츠를 따른다. *Free Fall: America, Free Markets, and the Sinking of the World Economy* (New York: Norton, 2010), 174.

드 회사를 붕괴하게 했다고 주장했다. 베이시스 펀드는 골드만삭스가 고객에게 떠넘기고 있는 증권들이 쓰레기가 되리라는 점을 알았음에도 그 증권들을 매각함으로써 이익을 취했다고 주장했다. 골드만삭스는 이 소송을 각하시키려 했지만, 로이터에 의하면, 뉴욕주 항소 법원은 2014년 1월 30일에 이 소송을 각하하기를 거부해서 골드만삭스를 상대로 한 소송이 진행되게 했다.[55] 2016년 6월 14일 현재, 골드만삭스는 비도덕적인 모기지 연계 증권 매도에 관해 베이시스 펀드와 합의로 해결하기로 최종적으로 동의했다.

로크가 부채와 연결된 신용을 금융 재산화한 것과 더불어, 규제 완화적인 신자유주의 정계(政界)도 지난 수십 년간 건강하지 않고 위험한 금융 관행의 성행에 중요한 역할을 했다. 이러한 금융화와 불평등 심화기에 정계는 금융화 경향과 금융업자의 과도한 금융 이익에 대한 엄청난 식욕을 억제하기보다는 금융업자들과 그들의 정치적 로비에 흔들리고 그들에 의해 길들여졌다. 정치가 신자유주의 금융화와 그 강력한 기관들을 견제하지 못함으로써 미국 사회에 사회경제적 불평등이 심화되었다. 예를 들어 1990년대에 은행 이익 감소에 대응해서 두 가지 은행 규제완화법(1994년 리글-닐 주간 은행업 및 지점 설치법과 1999년 금융서비스 현대화법)이 도입되었는데, 이 법률들은 국가의 이익 중 은행과 은행 지주회사들이 축적한 비율이 급등할 수 있게끔 해줬다.[56] 도날드 토마스코빅 데비와 켄 휴 린에 의하면, "금융화는 1980년에서 2008년

---

55   Karen Frefield, "NY Court Lets Lawsuit against Goldman over Timberwolf CDO Proceed," Reuters, January 30, 2014.

56   Tomaskovic-Devey and Lin, "Income Dynamics," 549.

사이에, 2011년 달러 가치 기준으로 약 5조 8천억 달러에서 6조 6천억 달러의 수입을 금융부분으로 이전시켰는데, 이 액수는 금융 부문 이익의 약 3분의 2에 해당한다."[57] 그렇다면 어떻게 이 규제완화가 가능했는가? 스티글리츠가 말하듯이, "은행업자들은 규제에 일익을 담당하는 사람이라면 누구에게든 은행이 규제되지 않아야 한다고 설득하기 위해 많은 로비스트들을 풀었는데, 하원의원 1인당 로비스트 2.5명꼴로 달라붙은 것으로 추정된다."[58] 금융 시장의 규제가 정치적으로 완화된 결과 경제의 과도한 금융화가 성공적으로 안착되어서 "2008년 위기 전에 모든 회사 이익의 40퍼센트가 금융 부문에 귀속되는 지경"에까지 이르렀다.[59] 윤리적 관점에서 보면, 불평등 심화와 금융부문으로의 부의 집중은 사회 단합과 유대에 방해가 되고 이를 해체할 뿐 아니라 생산적인 산업 또는 실물 경제에 부정적인 영향을 주기 때문에 문제가 있다. 실로 "금융화는 실제로 비 금융회사들의 새로운 생산적 자산에 대한 자본 투자를 감소시켰고, 그들의 현금흐름 중 더 많은 몫이 금융부분으로 흘러 들어가 금융부분의 이익이 증가했다."[60]

정당한 부채에 대한 국민의 사회경제적 권리

위에서 본 바와 같이, 부채 윤리를 개발하기 위해서는 먼저 도덕과 관

---

57   Tomaskovic-Devey and Lin, "Income Dynamics," 553.

58   Stiglitz, *Price of Inequality*, 60.

59   Stiglitz, *Price of Inequality*, xxxi쪽.

60   Tomaskovic-Devey and Lin, "Income Dynamics," 553.

련이 없는 부채 개념을 도덕과 관련 있는 개념으로 바꿔 놓아야 한다. 이 접근법은 부채 자체의 도덕적 성격에 대해서는 별로 말하지 않은 채 채무자 또는 채권자의 도덕적 책임에만 초점을 맞추는 경향이 있는 전통적인 부채 윤리의 정의 방법과 다르다. 그렇다면 이 전환이 어떻게 가능한가? 실제로 도덕 중립적인 부채를 도덕적으로 인지된 금융 실체로 전환시킬 동기 부여 요인은 무엇인가? 역설적이게도, 그것은 다름 아닌 금융화 현상 자체다. 왜 그런가? 금융화가 초래한 가장 중요한 변화들 중 하나는 (주택 모기지와 같은) 누군가의 부채는 파생상품 시장이라는 금융 기제를 통해 다른 사람의 금융 자산이 될 수 있다는 점이다. 달리 말하자면, 부채는 더 이상 원래의 채무자와 채권자 사이의 배타적인 계약 문제가 아니다. 이제 투자자, 금융 상담사, 기타 채권자들과 같은 다른 금융 이해관계자들이 부채의 계약 조건에 의해 큰 영향을 받는다. 이 깨달음은 새로운 도덕 관점을 발생시키는데, 이 관점에 의하면 계약 개념은 채무자가 자신의 부채를 상환할 도덕적 의무에 대한 필요조건일 뿐 충분조건은 아니다. 이 깨달음의 도덕적 함의(含意)는 계약상의 모든 부채들이 도덕적으로 정당화될 수 있는 것은 아니라는 점이다. 단지 계약이 실제로 체결되었다는 사실 자체가 금융화 시대에 정당화될 수 있는 부채가 확립되기 위한 완전한 도덕적 조건이 되어서는 안 된다. 그렇다면 부채의 도덕적 성격을 결정할 도덕 기준은 무엇인가? 어떤 기준에 의거하여 정당한 부채 개념을 정의할 수 있는가? 나는 이 질문에 대한 답으로 유용성, 상환 가능성, 그리고 분담 가능성이라는 세 가지 원칙을 제시하고자 한다.

정당한 부채가 되기 위한 첫 번째 조건은 유용성이다. 이 원칙이

의미하는 바는 무엇인가? 부채는 이를 사용하고 난 뒤 상환할 사람을 위해 직접 또는 간접적으로 사용될 때에만 정당하다. 따라서 이 원칙에 의하면, 채권자가 대출금이 채무자를 위해 사용되지 않으리라는 점을 알면서도 채무자에게 돈을 빌려주기로 결정하면, 그 대출은 부당한 부채로 간주된다. 예를 들어, 어느 국가의 독재자가 IMF와 같은 국제 금융기관에서 돈을 빌릴 때, 그 국제 금융기관이 그 독재자가 차입금을 국민을 위해 사용하지 않고 이를 횡령해 착복하리라는 점을 알았다면 이 차입금은 부당한 부채가 된다. 희년 부채 캠페인(Jubilee Debt Campaign)이 배포한 2015년 보고서에 의하면, 영국에 빚지고 있는 수출 부채의 75퍼센트는 불법적이며, 이 중 많은 부분이 억압적인 정권에 대한 무기 판매를 위한 과거의 대출에서 비롯되었다. 또한 이 보고서는 영국 정부는 이 대출의 원래 용도를 파악할 수 없었다고 말했지만, 영국 국가 문서 보관소는 "영국의 대출에 관한 다소 거북한 (scandalous) 정보(인도네시아의 독재자 수하르토 장군이 자국 백성들에게 사용한 탱크, 1970년대에 아르헨티나 군사정권에 매각된 전함과 헬리콥터들이 말비나스[포클랜드 제도] 침공에 사용된 사례)를 담고 있다고 기록한다.[61] 시간 사이의 관계에서도 부당한 부채를 찾아낼 수 있다. 예컨대 (소비를 위한 국가 부채의 경우에 볼 수 있는 바와 같이) 최초에 부채를 계약한 사람들과 나중에 이를 갚을 사람들이 동일인이 아닐 경우 이 부채는 거의 정당한 부채가 될 수 없다. 부채가 정당하고 공정하려면, 빌린 돈이 나중에 갚

---

61   Tim Jones, "A Legacy of Dodgy Deals: Auditing the Debts Owed to the UK," Jubilee Debt Campaign, June 2015.

을 사람들에게 유용해야 한다.

정당한 부채의 두 번째 원칙은 상환 가능성이다. 부채가 도덕적이려면, 먼저 채무자가 갚을 수 있어야 한다. 2015년 6월 25일, 인도에서 당시 61세이던 닌지 가우다가 수확 때가 다 된 사탕수수 밭에 불을 지르고 그 속으로 뛰어들어 스스로 목숨을 끊었다. 그는 카르나타카주 남부의 만디아 설탕 지구 주민으로서 판다바푸라에 0.2헥타아르를 소유하고 있었다. 구아다의 사례만 있는 것이 아니다. 6월 1일부터 7월 20일 사이에 같은 주에서 108명의 다른 농부들이 자살했다.[62] 그들의 비극적인 죽음의 주요 원인 중 하나는 부채였다. 가우다는 한 대부업체로부터 36퍼센트라는 과도한 이율로 2,265달러에 해당하는 금액을 빌렸었다. 사탕수수 가격이 상당히 하락하고 빚을 갚지 못하자 그는 치솟는 부채의 압박을 견딜 수 없었다. 가우다에게 적용된 36퍼센트나 되는 높은 이자율이 부채를 갚을 수 없게 만든 중요한 요인들 중 하나였다. 그런 이자율 때문에 그의 부채는 출발부터 해로울 수밖에 없으며, 이는 궁극적으로 그의 죽음으로 귀결되었다. 일부 부채들은 비록 계약이 체결되기는 했지만 뻔뻔할 정도로 해롭고 따라서 비도덕적이다.

일레인 스턴버그는 자신의 논문 "윤리적 비행과 글로벌 금융 위기"에서 서브프라임 모기지는 그 자체에 도덕적 지위가 부여될 수 있는 종류의 상품이 아니라고 주장한다. "서브프라임 모기지는 수저나 온도계보다 더 윤리적이거나 비윤리적일 수 없다. 도덕적 판단의 적절

---

62   M. Suchitra, "Crop of Debt," *Down to Earth* (August 1, 2015): 18-21.

한 대상은 인공물이 아니라 사람들과 그들의 행동이다."[63] 부채를 도덕적으로 중립적인 인공물로 보는 스턴버그의 견해는 큰 문제가 있다. 수저나 온도계는 살인자가 무기로 쓰지 않는 한 사람을 죽일 수 없지만, 해로운 부채는 그 자체로 사람을 죽일 수 있다. 최근 사회과학자 제이슨 N. 휼과 마이클 T. 라이트는 2005년부터 2010년까지 국가 차원의 담보권 실행과 자살률 사이에 통계적 관련이 있음을 발견했다.[64] 이 기간 동안 미국의 자살률은 10만 명당 11.0명에서 12.4명으로 거의 13퍼센트 상승했는데, 특히 자살률이 거의 30퍼센트나 상승한 중년층의 상승률이 뚜렷했다. 결과적으로 중년층의 자살률이, 전통적으로 다른 모든 연령층에 비해 자살률이 높았던 노년층보다 더 높아졌다.[65] 카리브해 국가들의 채무 위기에서 볼 수 있는 바와 같이, 수저나 온도계처럼 도덕과 관련이 없는 인공물과 달리 일부 부채들은 그 부채의 역사적 배경과 사회적 배경에 비춰 맥락화하지 않으면 적절히 이해될 수 없다. 실로 모든 부채들에는 자신의 독특한 이야기들이 있으며, 이들의 도덕적 지위 수준도 다르다. 부채가 도덕적이려면, 채무자가 상환할 수 있어야 한다.

정당한 부채 개념에 부합하기 위한 세 번째 원칙은 분담 가능성이다. 간단히 말하자면, 분담 가능성은 예기치 않은 사건으로 부채를 상

---

63   Elaine Sternberg, "Ethical Misconduct and the Global Financial Crisis," *Economic Affairs* 33, no. 1 (2013): 22.

64   Jason N. Houle and Michael T. Light, "The Home Foreclosure Crisis and Rising Suicide Rates, 2005 to 2010," *American Journal of Public Health* 104, no. 6 (2014): 1073.

65   Houle and Light, "Home Foreclosure Crisis," 1073.

환할 수 없게 되고 지불불능이 되면 채권자들이 지불불능이 된 대출
에 대해 최소한 부분적인 책임이나마 채무자들과 함께 부담해야 함을
의미한다. 쿠니버트 래퍼는 그의 논문 "대출의 리스크와 대출자의 책
임"에서 "'약속은 지켜져야 한다(*pacta sunt servanda*)'는 명제는 법적·경
제적·윤리적으로 근본적인 원칙이지만, 모든 법률 시스템은 계약상의
권리가 더 이상 집행되지 못하거나 존재하지 않게 되는 상황을 인정
한다"고 말한다.[66] 채무자는 자신의 부채를 상환할 일차적 책임이 있지
만, 외부 충격, 예기치 않은 재앙, 또는 예측할 수 없는 사건들이 채무
자의 상황을 극적으로 변화시켜 지불불능 상태를 초래할 수도 있다.
실로 금융시장에는 언제나 (잠재적) 리스크들이 있으며, 이러한 리스크
들이 실제 상황이 되면 채권자 측에 아무런 잘못이 없어도 원래의 부
채 계약의 조건들이 이행되지 못한다. 래퍼는 지불불능 상태에서 모
든 책임을 채무자들에게 지우는 것은 경제적으로 건전하지 않을 뿐
아니라 윤리적으로 잘못이기도 하다는 입장을 취한다.[67] 그러나 불행
하게도, 1970년 이후 수십 년 동안 OECD(경제협력개발기구) 정부들과
다자간 기관들(multilateral institutions)은 남측의 국가 채무자들에게 불
리한 차별을 가하면서 그들의 상업은행에 대한 대출자 책임을 제거하
기 위해 노력했다. 그는 이렇게 말한다. "리스크를 제거하고 민간 채권
자들에게 명백히 그릇된 신호를 보내 시장을 조작한 공적 부문(official

---

66   Kunibert Raffer, "Risks of Lending and Liability of Lenders," *Ethics & International Affairs* 21, no. 1 (2007): 85.

67   Raffer, "Risks of Lending," 86.

sector)에 글로벌 부채 와해 사태에 대한 큰 책임이 있다."[68] 리스크와
책임(liability)은 대출 의사 결정에 대해 채권자들에게 보다 더 많은 책
임을 지게 하며, 분담 가능성 원칙은 양측(채무자와 채권자)에 리스크와
책임이 공정하게 배분되도록 해주기 때문에 이 원칙은 정당한 부채의
필수적인 측면이 된다.

위에서 우리는 유용성, 상환 가능성, 분담 가능성이라는 세 가지
조건을 간략히 설명함으로써 부채 또는 부채 계약을 도덕적으로 만드
는 요소들을 살펴보았다. 부채가 도덕적으로 확립되려면 이 조건들이
충족되어야 한다. 그러나 새로운 권리 개념, 즉 부채 계약을 맺을 때
정당한 부채에 대한 채무자들의 사회경제적 권리 개념을 개발하지 않
는 한 부채 윤리를 완전하게 구축하지 못할 수도 있다. 정당한 부채에
대한 채무자들의 권리 개념에 관해 다음과 같은 세 가지 질문을 할 수
있다. 첫째, 왜 정당한 부채에 대한 권리 개념을 개발할 필요가 있는
가? 둘째, 그 개념을 어떻게 개발할 수 있는가? 셋째, 채무자에게 정당
한 부채에 대한 권리가 있다는 것은 무슨 뜻인가? 로널드 드워킨이 주
장한 권리와 목표 사이의 구분이 이 질문들에 답하기 위한 유용한 안
내를 제공하는 듯하다. 드워킨에 의하면, 권리 개념은 주로 자격 부여
(entitlement) 개념과 관련이 있는 반면, 목표 개념은 사안의 상태와 관
련이 있다. 드워킨은 권리에 대해 언급하면서 이렇게 말한다. "예를 들
어, 시민들은 정치적 도덕성 문제로서의 표현의 자유에 대한 **자격이
부여되어 있기** 때문에 표현의 자유를 목표가 아니라 권리로 보는 것이

---

68   Raffer, "Risks of Lending," 89.

자연스러워 보인다."[69] 다른 한편, 그는 목표에 관해서는 이렇게 말한다. "목표는 개인화되지 않은 정치적 목표, 즉 그 명세(specification)가 특정 개인을 위해 특정 기회나 자원 또는 자유를 요구하지 않는 사안의 상태다."[70]

드워킨의 유용한 구분을 채택할 경우, 정당한 부채에 대한 채무자들의 권리는 부채 계약을 체결할 때의 사회경제적 자격 부여인 반면, 행복과 복지 증진은 채무자들이 이를 위해 애쓰는 바람직한 사안의 상태다. 정당한 부채에 대한 채무자들의 권리가 정치적으로 제정된다면, 이와 관련된 정치적 의사결정들은 채무자들이 그 권리를 향유할 수 있는 사안의 상태를 보호하는 방식으로 이루어진다. 드워킨은 이렇게 쓴다. "개인은 어떤 정치적 의사 결정이 자신의 권리를 향유할 수 있는 사안의 상태를 증진시키거나 보호할 가능성이 있는 경우, 그 결정이 다른 정치적 목표에 도움이 되지 않거나 그에 의해 다른 정치적 목표가 방해를 받는다 해도 그 결정에 찬성할 특정 기회, 자원 또는 자유에 대한 권리가 있으며, 정치적 의사 결정이 그 사안의 상태를 방해하거나 위험에 빠뜨릴 경우 그 결정에 의해 다른 정치적 목표가 도움을 받는다 해도 이에 반대할 권리가 있다."[71] 그러나 우리가 왜 이 권리를 정치적으로 비준해야 하는지 의아해할 수 있다.

이 질문에 대한 대답은 사실상 전 세계의 많은 사람들에게 영향을

---

69 Ronald Dworkin, *Taking Rights Seriously* (Cambridge, Mass.: Harvard University Press, 1978), 90, 강조는 첨가된 것임.

70 Dworkin, *Taking Rights Seriously*, 91.

71 Dworkin, *Taking Rights Seriously*, 91.

준 대침체(Great Recession)의 경험에 대한 비판적이고 공동체적인 성찰로부터 나온다. 서브프라임 모기지 위기와 이 위기가 촉발한 2007-2008년 금융 위기에 의해 야기된 대침체는 제2차 세계대전 이후 최악의 세계적인 경기침체였다.[72] 세계 인권 선언은 제2차 세계대전에 대한 인류의 비판적이고 공동체적인 대응으로 1948년에 만들어졌음을 기억할 필요가 있다. 세계 공동체에서 나치 독일에 의해 시작된 조직화된 인간의 재난에 대한 대응으로서 개인의 권리에 대한 보다 구체적인 목록이 세계적으로 비준되어야 한다는 합의가 이루어졌었다. 계속 확대되는 금융화 시대에 세계 시민들은 다양한 형태의 기만적인 부채경제에 점점 더 취약해지기 때문에, 정당한 부채에 대한 채무자(집단 및 개인)의 권리를 보호하는 것은 도덕적으로 정당화될 수 있을 뿐만 아니라, 규제되지 않은 채무 부도에 의해 야기된 원치 않은 금융 위기와 동요로부터 금융 시장을 더 잘 보호해줄 수 있기 때문에 사회경제적으로 필수적이기도 하다. 나는 금융화가 거의 모든 세계 시민들, 특히 남측 사람들의 사회·경제 생활에 영향을 주며, 그들 중 많은 이들이 실제 또는 잠재적 채무자이기 때문에, 나는 채무자의 공정 부채 권리가 (1966년에 서명된) 경제적·사회적·문화적 권리에 관한 국제규약과 같은 다자간 조약에 의해 인정되어야 한다고 제안한다. 이 규약의 핵심 조항들은 아직 이 권리를 인정하지 않지만, 세계 경제, 특히 금융 부문의 급격한 변화는 확실히 이 권리를 고려해야 할 시급하고 적법한 의제가 되게 한다.

---

72   Bob Davis, "What's a Global Recession?" *Wall Street Journal*, October 16, 2015.

채무자의 공정 부채 권리는 채권자와 채무자 각자에게 의무에 대응하는 각각의 권리가 존재하기 때문에 채권자들에게 채무자와 부채 계약을 맺을 때 정당한 부채를 제공하도록 요구된다고 규정한다. 권리 및 이에 상응하는 의무 사이의 관계에 대한 오노라 오닐의 선구적인 연구는 채무자들의 정당한 부채에 대한 권리 및 이에 대응하는 채권자들의 정당한 부채 제공 의무의 관계에 대해 보다 비판적인 견해를 갖도록 도움을 준다. 오닐에 의하면, 과거 수십 년 동안 서구 세계에서 권리 이론의 윤리적 전개는 대체로 제공자의 의무를 적절히 고려하지 않은 채 수령인의 권리를 지나치게 강조했다는 특징이 있다. 예를 들어, 세계 인권 선언(1948) 등 다양한 국제 헌장과 선언은 대체로 제공자의 관점에서보다는 수령인의 관점에서 제정되었다. 오닐은 "우리는 이러한 보편적인 권리가 보편적인 의무에 의해 대응되고 확보되는지, 또는 일부의 의무이기는 하지만 모든 사람들과 모든 기관들의 의무는 아닌 의무에 의해 대응되고 확보되는지 아직 모르"[73]기 때문에 이런 접근 방식에는 문제가 있다고 생각한다. 그녀는 곧바로 이렇게 덧붙인다. "이 선언이 정의의 의무 배분에 관해 그처럼 모호한 것은 큰 유감이다."[74] 그래서 그녀는 권리보다 의무가 더 중요하다는 윤리적 입장을 전개한다.

오닐은 보편적 의무 대 특수한 의무, 완전한 의무 대 불완전한 의무라는 두 가지 구분에 기초해서 의무 개념을 네 개의 범주로 나눈

---

73   Onora O'Neill, "Agents of Justice," *Metaphilosophy* 32, nos. 1–2 (2001): 184.

74   Onora O'Neill, "Agents of Justice," 185.

다. 전자는 누구에게 의무가 있느냐에 관한 것인 반면, 후자는 누구에게 의무를 부담하느냐에 관한 것이다. 그렇다면 정당한 부채를 제공할 채권자의 의무는 **특수하고 완전한 의무**로 분류되는데, 이 의무는 "특수한 행위자를 행위의 특정 수령인에게 연결하는 사회 구조 또는 관행을 요구하고, 행위자는 이에 상응하는 특수한 권리 보유자인 수령인에게 그 행위를 할 의무와 함께 그 수령인을 위해 행동할 의무가 있다."[75] 실로 채무자–채권자 관계는 그 안에서 특정 의무 부담자가 그에 상응하는 권리 보유자와 대응되는 특수한 조건으로 맺어진다. 오닐은 이렇게 쓴다. "특수한 의무들은 항상 그에 의해 행위자들이 수령인들에게 할당되는 특수한 관계들을 전제하기 때문에, 그 의무들은 항상 두 수준의 윤리적 변호 또는 질문을 받게 된다."[76] 그렇다면 부채 윤리는 채권자의 의무 및 채무자의 권리에 비춰 지속적으로 "윤리적 변호 또는 질문"의 프로세스를 수행할 수 있게 해주는 방식으로 확립된다.

"채무자의 의무와 채권자의 권리는 어떻게 되는가?"라는 질문을 제기할 수도 있다. 나는 부채 윤리 구축과 관련해 채무자의 권리와 채권자의 의무라는 윤리 개념 개발에 초점을 맞추고 있지만, 물론 그렇다고 해서 제안된 부채 윤리가 쌍을 이루는 이 도덕 개념들을 무시하는 것은 아니다. 간단히 말하자면, 새로운 부채 윤리에 의하면, 채무자의 (부채를 상환할) 의무는 (정당한 부채를 제공할) 채권자의 의무와는 달리 외관상의(*prima facie*) 의무다. 마찬가지로, (부채 상환에 대한) 채권자

---

75   Onora O'Neill, *Towards Justice and Virtue: A Constructive Account of Practical Reasoning* (Cambridge: Cambridge University Press, 1996), 147.

76   O'Neill, *Towards Justice and Virtue*, 148.

의 권리는 (정당한 부채에 대한) 채무자의 권리와는 달리 외관상의 권리다. 앞 장에서 논의한 바와 같이, 부채의 궁극적인 목적은 주로 자신을 위해 부를 집중하려고 취약한 채무자들을 속이거나, 남용하거나, 착취하기보다는 인간을 섬기는 것이어야 한다.

결론

과거 수십 년 동안 인류는 이전 세대들에게는 알려지지 않았던 금융화라는 새로운 세계 금융 질서의 부상을 목격했는데, 이 현상은 세계적인 규모의 가공할 파괴력과 함께 도래했다. 2007-2008년의 금융 위기는 금융 시스템을 운영하는 사람들이 자신의 부를 집중시키기 위해 금융 시스템을 불공정하게 조종할 경우 계속 확대되는 금융화가 어떻게 모든 인간에게 해로울 수 있는지를 보여주는 세계적인 사례였다. 이 장에서는 재구축론자의 관점에서 이 새로운 세계 금융 질서와 이 질서의 조종 가능성에 대한 비판적-성찰적 반응으로서의 부채 윤리가 개발된다. 이 새로운 부채 윤리를 개발하는 목적은 오닐이 "피할 수 있는 직간접 피해"라고 부르는 피해를 예방하기 위함이다. 부채 문제는 생존뿐 아니라 사회의 도덕적 기초 및 그 사회적 구조(fabric)에도 깊이 영향을 주기 때문에 단지 돈과 부만의 문제가 아니라는 점을 깨달을 필요가 있다. 이 점에서 부채 문제는 근본적으로 사회 정의 문제다.

3장

갚을 수 없는 부채와
부도 윤리 및 파산 윤리

서론

나는 앞 장에서 내가 말하는 정당한 부채의 세 가지 조건인 유용성, 상환 가능성, 분담 가능성에 대해 설명했다. 나는 이 조건들을 신자유주의 부채의 **형식적인** 법률 요건, 즉 계약과 대조되는 **실질적인** 도덕적 조건으로 묘사했다. 나는 신자유주의 부채가 대체로 도덕과 관련이 없어진 금융 단위(financial unit)에서 도덕적으로 인식된 금융 실체(financial entity)로 전환하기 위해서는 이 두 가지 조건들이 필요하다고 주장한다. 그러나 정당한 부채 개념을 확립하기 위한 시도는 부채 윤리를 완전히 재구축하기 위한 작은 걸음일 뿐이다. 도덕적으로 정당화될 수 있는 부채를 포함한 모든 부채는 개인의 사고나 경제 구조의 변화와 같은 예기치 못하고 통제할 수 없는 상황으로 인해 지불불능 상태가 되어 부도를 낼 수 있음을 주목할 필요가 있다. 그래서 이번 장의 목적은 다음과 같은 질문들에 답하는 것이다. 금융화 시대에 채무 부도, 파산 또는 구제 등과 같은 필요한 조치들을 고려해야 할 때 윤리적 가이드라인은 무엇인가?[1] 갚을 수 없는 부채에 의해 영향 받는 사람들에게 어떻게 정의를 제공할 수 있는가?

채무 부도, 파산 또는 구제는 몇 가지 이유로 인해 중요한 도덕적 문제다. 첫째, 채무 부도와 파산의 경우 다수의 채권자들이 그들의 회수 금액을 극대화하는 데 관여하면 그들이 부도에 의해 야기된 금융 손실을 극복하기 위해 노력할 때 잔여 재산을 그들 사이에서 어떻게 **공정하게** 나눌 것인가라는 불가피한 문제에 직면하지 않을 수 없다. 부도된 부채에 의해 야기된 분배적 정의의 추구는 영향 받는 채무자들 사이에서도 일어날 수 있다. 예를 들어, 정부 또는 국가가 그 차입금을 지불할 수 없게 되어 해당 채무국을 상대로 IMF나 세계은행과 같은 국제 금융기관들에 의해 소위 긴축 조치가 도입되면, 부도를 낸 국가의 시민들은 갑자기 부과된 금융 부담을 자신들 사이에서 어떻게 공정하게 나눌 것인가라는 불가피한 질문에 직면하게 된다. 따라서 갚을 수 없는 부채를 공정하게 다루고자 할 때 분배적 정의의 추구는 중요한 문제가 된다.

둘째, 채무자, 채권자, 그리고 영향을 받은 기타 당사자들이 금융상의 피해를 극복하기 위해 애쓸 때 처벌, 보상, 또는 갱생 같은 까다로운 문제들이 수반되기 때문에 채무 부도는 불가결한 사회 윤리 문제가 된다. 이전 장들에서 언급한 바와 같이, 고대 유럽에서 19세기 중반

---

1   파산은 "빈털털이(broke)"와 다르다. 파산은 파산법을 통해 채권자로부터의 보호를 요청하기 위해 연방 법원에 소를 제기하는 것을 의미한다.

의 유럽까지, 그리고 현대의 인도에서 미국까지 도처에 존재하는 채무자들은 빚을 갚지 못해서 채권자들로부터 다양한 인권 침해를 당해 왔다. 다행히도 대부분의 현대 민주 국가들은 "처벌할 권리"를 채권자들의 손에서 법과 규정의 이름으로 공공기관 또는 사법당국으로 이전했다. 이 구조 전환을 통해 인류는 부도를 낸 채무자들에게 가해지는 부당한 인권 침해를 상당히 줄였다. 이러한 도덕적·법률적 발전에도 불구하고 인류에게는 아직 할 일이 많이 남아 있는데, (오늘날의 신자유주의 금융 시스템에서는 특히 위반자라기보다는 희생자라고 부르는 편이 더 나을) 부도를 낸 많은 채무자들에 대한 회복적 또는 재생적 정의의 제공과 관련해서 특히 할 일이 많다. 채무자와 채권자 사이의 힘의 불균형, 금융 매니저들의 뻔뻔스러운 조종, 금융 시스템 전체에 대한 적절한 법적 감독의 결여로 인해 부도를 낸 채무자를 위반자로 보고 채권자를 희생자로 보는 일반적인 등식은 점점 더 지지할 수 없게 되어 가고 있다. 따라서 부채의 사회 윤리는 부도난 채무의 다양한 도덕 및 법률적 측면들에 대한 분배적 정의뿐 아니라, 회복적 또는 재생적 정의도 다룰 수 있어야 한다.

이 장에서, 나는 각각의 범주에 따라 다른 윤리적 원칙을 개발하기 위해 채무가 부도날 수 있는 경우를 개인, 정부, 회사의 세 가지로 나눈다. 이번 장의 목적은 파산법의 역사를 검토해서 몇 가지 가능한 도덕적 원칙을 얻어내는 것이 아님을 주의해야 한다. 채무 부도 또는 파산에 관한 완전히 새로운 일련의 윤리적 원칙들을 개발하는 것도 이번 장의 목적이 아니다. 미국에서는 1849년에 파산 법률 통합법이 권한을 부여한 이후 파산 법률이 150년 넘게 발전해왔으며, 이 법률들은 주어진 역사적 맥락에서의 도덕 및 윤리적 관점을 반영한다. 그래서 내 윤리 조사와 성찰은 주로 증가하는 글로벌 금융화에 의해 형성되고 영향을 받은, 보다 최근 혹은 현대의 맥락에 제한된다. 전반적으로, 나는 이번 장에서 채무 부도 및 파산에 관한 미국 법률 전통의 귀중한 도덕적 지혜를 비판적으로 물려받을 뿐 아니라, 우리의 금융 세계라는 글로벌 맥락을 염두에 두는 새로운 윤리적 접근법도 구축하고자 한다.

개인 채무 부도 및 파산의 경우

개인 채무 부도의 경우와 관련하여, 가장 근본적인 윤리 문제는 파산 개념 자체를 어떻게 도덕적으로 정당화할 수 있느냐다. 고대 그리스와 같은 사회에서는 파산이 존재하지도 않았다. 최초의 파산 법규는 "채무 회수의 효율성을 개선하고 채권자들 사이에 정의를 도입할" 목적으로 1542년 헨리 8세에 의해 도입되었다.[2] 주카 킬피에 의하면, 채무자들의 이해관계가 부상하기 시작했는데, 가장 주목할 만한 이정표는 1705년의 파산법 제정이었다. 이 법은 최초로 채무 면제를 파산 절차의 일부가 되게 했다. 미국에서는 연방 차원에서 1898년에 채무자의 부담 경감을 매우 강조하는 중요한 파산법이 제정되었다.[3] 미국 현행법에 의하면, 채무자들은 파산법 7장과 13장 사이에서 선택하도

---

2   Jukka Kilpi, *The Ethics of Bankruptcy* (London: Routledge, 1998), 10.

3   Kilpi, *Ethics of Bankruptcy*, 11.

록 허용된다. 가처분 소득이 거의 또는 전혀 없는 사람들만 대상이 되는 7장은 일반 무담보 채무를 없애기 위해 고안된 청산 파산인 반면, 13장은 정기적인 수입이 있는 채무자들이 상환 계획을 통해 최소한 자기 채무의 일부라도 갚도록 고안되었다.

임마누엘 칸트의 의무론적 도덕 관점에서 보면, 정언 명령을 이행하기 위해서는 언제나 약속을 지켜야 하기 때문에 파산에 관한 법률 규정은 논쟁의 여지가 있는 것으로 들릴 수 있다. 칸트는 그의 저서 『도덕 형이상학의 기초』에서 부채를 상환할 정언 의무를 다음과 같이 설명한다.

자신이 어려움에 처해 있다고 믿는 모든 사람이 약속을 지킬 의도가 없이 내키는 대로 약속을 할 수 있다는 것이 보편 법칙이 된다면, 약속과 약속의 목적 자체가 불가능해질 것이다. 왜냐하면 아무도 자기에게 뭔가가 약속된다고 믿지 않고 이런 종류의 공허한 속임수 발설에 대해 비웃을 것이기 때문이다.[4]

자신의 빚을 갚으라는 도덕 명령이 절대적인 도덕법이라면, 부도를 낸 채무자가 어떤 사람의 채무를 재정비하기 위한 법적 절차로서의 파산을 활용할 수 없을 것이다. 그러나 주카 킬피는 자신의 저서 『파산 윤리』에서, 자신의 채무를 상환하겠다는 약속 지키기에 관한 칸

---

4   Immanuel Kant, *Groundwork of the Metaphysic of Morals*, H. J. Paton 역 (New York: Harper & Row, 1964), 90.

트의 의무론적 예시는 절대적인 도덕 명령이 아니라 외관상의 도덕적 의무라고 주장한다. 킬피는 이렇게 말한다.

> 그러나 이 의무는 실로 **외관상의**(*prima facie*) 의무다. 채무를 상환하겠다는 약속을 받은 다른 상대방이 우리가 그 약속을 지키기를 원할지라도 그 의무가 공허해지는 상황이 있다. 나는 요구되는 행동을 이행하기 불가능한 상황만을 의미하는 것이 아니다. 해낼 수 없는 행동을 수행할 의무는 본질적으로 모순이기 때문에 불가능한 행동에 대해서는 **외관상의 의무**조차 없다.[5]

그렇다면 채무자들의 사기, 무모함, 부주의(negligence)의 경우는 어떤가? 이런 상황들은 대체로 채무자의 지불불능이 자초되었음을 보여준다. 그런 채무자가 파산을 신청함으로써 채무를 재정비하기 위한 자격이 있어야 하는가? 킬피에 의하면, 사기의 경우는 명백하다. 사기의 뚜렷한 속성은 돈을 빌려준 사람에게 의도적으로 금융상의 피해를 주는 것이기 때문에, 사기는 처벌받아 마땅하다. 처벌에는 사기친 채무자를 채무면제에서 제외하는 것이 포함될 수 있다. 왜냐하면 "위반자의 자율을 침해할 수도 있다는 것이 처벌이 지닌 본질의 일부기 때문이다."[6] 위험한 사업으로부터 고수익을 추구하는 것이 반드시 비난받을 일은 아니기 때문에 무모함의 경우는 보다 더 복잡하다. 그러나

---

5   Kilpi, *Ethics of Bankruptcy*, 76-77.

6   Kilpi, *Ethics of Bankruptcy*, 108.

채무자 자신이 채권자가 믿게 한 바대로 처신하지 않았다면, 달리 말하자면 의도를 속였다면 채무자는 처벌 받을 책임이 있다. 킬피에 의하면, 채무자가 계약의 맥락에서 합의된 주의 기준을 어겼거나 의도적으로 리스크를 잘못 전했다면 과도한 리스크는 무모함에 대해 도덕적으로 비난받기에 충분할 수도 있다.[7] 능력이 없고 충분히 신중하지 못하다는 이유만으로 계약 당사자들을 비난하기가 어렵기 때문에 부주의의 경우는 앞의 두 경우들과 다소 다르다. 그 경우 파산이 "고통을 끝내고 그 고통을 그에 대한 익스포져를 취한 자에게 한정하기"[8] 때문에 파산이 허용된다. 킬피는 경험상의 증거는 정직한 채무자들에게 가해진 곤경은 어떤 추가적인 유익도 가져오지 않음을 보여주기 때문에, 파산은 피해를 야기하기를 원하지 않았던 정직한 부도 채무자의 금융상의 불행을 경감해주는 방향으로 마련되어야 한다는 말로써 처벌할 수 있는 부채에 대한 도덕적 조사를 마무리한다.[9]

개인 파산에 관한 킬피의 철학의 기본 입장은 그가 "칸트의 온건한 자율 개념"이라고 부르는 개념에 기초하고 있다.[10] 위에서 본 바와 같이, 갚을 수 없는 부채를 공정하게 다루기 위한 그의 노력은 대체로 개인 행위자들의 도덕적 책임(moral liability) 및 법적 귀책(legal culpability)에 초점을 맞추기 때문에, 이 책임들은 자율 개념과 불가결하게 연결되어 있다. 자율에 기반한 개인 파산 윤리는 각각의 개별 채무자들에

---

7   Kilpi, *Ethics of Bankruptcy*, 113.

8   Kilpi, *Ethics of Bankruptcy*, 114.

9   Kilpi, *Ethics of Bankruptcy*, 124.

10   Kilpi, *Ethics of Bankruptcy*, 162.

게 공정성, 평등, 존중의 도덕적 기준에 따라 자신의 행동에 책임을 지게 하는 등의 몇 가지 이점이 있다. 그러나 그의 접근법은 개별 채무자들이 자신의 재정 문제에 대해 전적인 책임이 있음을 전제한다. 금융화의 심화와 복잡하게 얽혀 있기도 한 신자유주의적 세계화의 부상(浮上)으로 인해 이 전제는 점점 더 옹호될 수 없게 되어가고 있다. 지난 수십 년 동안, 수없이 많은 세계 시민들이 부채액과 채무 부도 증가를 유발한 세계적인 구조 변화의 결과로 재무적 고통의 희생자로 전락했다. 아래에 설명되는 펠리치아노의 사례는 사람들이 빚지고, 부도내고, 파산하는 다른 시나리오를 제공하는데, 이는 킬리가 말하는 칸트의 온건한 자율 개념과 신칸트주의의 자유주의 정의의 패러다임으로는 포착하지 못한다.

내 이름은 펠리치아노다. 나는 시골 마을에서 자랐다. 내가 살고 있는 공동체의 많은 사람들처럼 우리는 많이 공부할 수 없었다. 나는 겨우 1년 남짓 학교에 다녔다. 그러나 나중에 아내와 나는 와하카라는 대도시로 이사했다. 나는 건설 일자리를 얻었다. 나는 열심히 일했고 운이 좋은 사람들 중 하나였다. 나는 건설 감독자가 되었다. 나는 노동자들을 감독했다. 나는 노동자들이 작은 건물들과 민간 가정 주택을 건설할 때 그들을 감독했다. 모든 사람이 열심히 일하게 하고 건물들이 잘 지어지게 하는 데에는 많은 책임이 따랐다. 처음부터 완공될 때까지 건물이 지어져 가는 모습을 보는 것은 내게 큰 즐거움이었다. 우리가 와하카에서 살기 시작했을 때 우리는 양철 판잣집의 한 구획에서 살았다. 1994년에 우리는 작은 벽돌집을 지었고, 집과 세 자녀를 위한 미래를 갖게 되어 행복했다. 그러나 우리에게 진정한 전환점은 1994년 12월에 시행된 우리나라 화폐 페소의 평가절하였다. 며칠 사이에 1페소의 가치가 국제 시장에서 0.5페소가 되었다. 건축이 중단되었고 많은 노동자들이 정직되었다. 나는 6개월 동안 일을 하지 못했다. 건설비용은 3배가 되었다. 가격은 날마다 널뛰기했다. 1995년 상반기 건설물량은 전년 동기 대비 85퍼센트 줄어들었다. 일을 한 사람들은 전보다 낮은 급여를 받았다. 전에 나는 전체 일을 감독하는 위치에 고용되었다. 이제 나는 일용직으로 일하고 있다. 지난 1년 동안 자재 값은 안정되었다(자재를 파는 사람들 사이의 경쟁이 그렇게 만들었다). 지난 3년 동안 급여는 오르지 않았지만 생계비는 매월 계속 올랐다. 지금은(1997년) 와하카의 건설 물량은 늘어났지만, 그것들 대부분은 대기업이 차지한다. 그들은 자체적으로 건축가와 감독자들을 데려오며 많은 노동자들은 와하카 외부 출신이다. 그들은 자재를 공장이나 기초 생산자에게서 구매하며, 따라서 지역의 중간상들은 소외된다. 공무원이나 대기업 직원들만 건축되고 있는 집을 살 여유가 있다. 교육비는 계속 오른다. 교복 값은 3년 전에 비해 2배가 되었다. 식료품, 전기, 수도, 버스 요금, 기타 생계비가 계속 오르고 있다.[11]

먼저 펠리치아노의 재무적 고통은 다국적 기업과 프랜차이즈 기업들의 지배가 증가한 것뿐 아니라 국제 자유무역협정(예컨대 북미 자

---

11   Bill Bigelow and Bob Peterson, 편, *Rethinking Globalization: Teaching for Justice in an Unjust World* (Milwaukee, Wis.: Rethinking Schools Press, 2002), 84-85.

유무역협정) 및 변동이 심한 환율(멕시코 페소 평가절하)과 같은 세계적인 구조 변화에 깊이 영향을 받았다는 점을 주목해야 한다. 보호를 못 받고 권리를 빼앗긴 펠리치아노는 주로 전 세계적으로 강력한 국가들과 특권을 지닌 민간 부문들에 의해 운영되는 세계경제의 불공정한 구조 변화에 대처할 수 없었다. 그가 빚을 지게 된 것은 킬피가 위에서 제시했던 사기, 무모함, 또는 부주의와는 아무 관계가 없다. 펠리치아노의 사례는, 칸트의 온건한 자율 개념은 더 이상 그러한 파산을 공정하게 처리하는 효과적인 개념일 수 없음을 보여준다. 너무도 많은 세계 시민, 특히 저개발 국가의 국민들이 펠리치아노가 겪었던 것과 같은 종류의 재무적 고통에 취약하다는 점에 비춰볼 때, 계속 증가해가는 세계화와 금융화의 재무상 희생자들을 보다 더 공정하게 다루기 위한 다른 개념적 틀이 필요하다.

우리는 칸트의 자율 개념에 봉사하기보다는 부도를 낸 채무자들의 손상된 능력과 존엄성 회복에 초점을 맞추기 때문에, 새로운 패러다임은 오늘날의 신자유주의 세계 경제에서 희생되어 부도를 낸 사람들을 보다 더 공정하게 다룰 수 있어야 한다. "역량 접근법"(capabilities approach)으로 알려진, 정의를 개념화하는 새로운 방법을 전개하는 마사 누스바움의 연구들에서 이 새로운 틀을 발견할 수 있다. 정의에 대한 역량 접근법이란 무엇인가? 누스바움에 의하면, 역량 개념은 품위 있는 인간 생활의 불가결한 측면이며, 정의에 대한 역량 접근법의 정치적 목표는 인간 사회에서 각각의 개인들에게 중심적인 아래와 같은 열 가지 인간 역량 각각에 대한 "임계점 수준"(threshold level)을 확보하는 것이다. (1) 생명; (2) 신체의 건강, 영양 및 주거지; (3) 신체의 완전성; (4) 감각, 상상력, 사고(思考)의 사용; (5) 감정의 애착 및 발달; (6) 실용적 추론; (7) 자기 존중과 굴욕감을 주지 않는 소속감 및 사회적 기반 ; (9) 놀이와 여가; (10) 자신의 정치적·물질적 환경에 대한 통제.[12]

그렇다면 누스바움의 정의에 대한 역량 접근법이 갚을 수 없는 부채를 공정하게 다루기 위한 우리의 추구와 무슨 관계가 있는가? 펠리치아노처럼 희생자가 된 많은 채무자들에게 갚을 수 없는 부채는 참으로 존엄한 인간 생활에 대한 최대의 사회경제적 장애물이다. 갚을 수 없는 부채에 의해 종종 그들의 인간으로서의 자존감이 심각하게 훼손되고 침해된다. 그렇다면 희생된 이 채무자들을 공정하게 다루기 위해서는, 그들의 훼손된 역량을 회복할 목적으로 누스바움의 역량 접근법을 활용해야 한다. 그래서 나는 누스바움의 통찰력을 활용해서 "새로 시작할" 권리가 핵심적인 인간 역량의 하나가 되어야 하며, 희생된 채무자들은 갚을 수 없는 부채의 부담에서 벗어날 수 있는 사회경제적 권리를 가져야 한다고 주장한다.

누스바움은 최소한의 핵심적인 사회적 권리에 대한 설명으로 이 열 가지 핵심 인간 역량을 지정했지만, 이 중 어느 항목도 구체적으로 새로운 시작 개념을 언급하지는 않는 듯하다. 열 번째 항목인 "자신의 환경에 대한 통제"가 가장 가까운 항목일 수도 있지만, 그녀가 지정한 항목들은 이를 직접 다루지는 않는 듯하다. 이런 한계에도 불구하고,

---

12   Martha Nussbaum, *Frontiers of Justice: Disability, Nationality, Species Membership*, (Cambridge, Mass.: Belknap Press, 2006), 77-78.

그녀는 이 목록 자체는 "제한이 없으며, 사회의 가장 근본적인 권리들에 대한 설명이 항상 보완(또는 삭제)되는 방식으로 지속적으로 개정 및 재고되어야 한다"[13]는 점을 분명히 한다. 위에서 논의한 바와 같이, 세계화와 금융화의 증대로 특히 세계경제의 불공정한 구조적인 힘들에 의해 희생될 사람들의 새로 시작할 권리가 특히 중요한 법적 권리가 된다. 다시 시작할 권리가 어떻게 가장 중요한 인간 역량들 중 하나가 되는가?

두 가지 이유 때문에 다시 시작할 권리가 가장 중요한 인간 역량들 중 하나가 되어야 한다. 첫째, 누스바움이 지적하듯이, 이 권리에 대한 접근권이 없으면 "인간의 존엄성으로 여겨질 가치가 있는 삶이라는 직관적인 아이디어"가 불가능하다.[14] 갚을 수 없는 부채 때문에 계속되는 괴롭힘과 가난 아래서는 아무도 존엄한 인간으로서 적절히 기능을 발휘하지 못하기 때문에, 펠리치아노 같은 채무자들이 영원히 빚을 지고 있는 상황에서는 적절하게 기능을 발휘하지 못하리라고 상상하기가 어렵지 않다. 특히 이 상황이 채무자 자신의 잘못 때문이 아니라 세계경제와 정책의 구조적 불공정의 결과로 부과된 경우, 새로 시작할 권리는 그 채무자의 훼손된 존엄성을 회복하기 위한 법적 권리로 간주되어야 한다. 역설적으로 보일 수도 있지만, 신자유주의적 세계경제와 금융화는 실제로 이 권리를 시급하고 필수적인 권리로 만든다. 둘째, 갚을 수 없는 부채는 희생자가 된 채무자뿐 아니라 그들과 관련

---

13   Nussbaum, *Frontiers of Justice*, 78.

14   Nussbaum, *Frontiers of Justice*, 78.

이 있는 다른 사람들에게도 영향을 준다는 점을 인식해야 한다. 카렌 그로스는 이러한 사람들을 채무자의 "공동체"라고 부르는데, 이에는 채무자의 "가족, 친구, 동료들"이 포함된다.[15] 그녀는 파산 상황에서는 "채무자의 공동체가 숙주 공동체(host community)로서 채무자와 가장 큰 결합 관계를 맺고 있기 때문에 이 공동체에 가장 큰 관심을 기울여야 한다"고 주장한다.[16] 펠리치아노의 사례로 돌아가면, 가장 큰 영향을 받은 공동체 구성원은 무고한 그의 자녀들이다. 그들의 부친이 새로 시작할 권리가 차단되면 이 자녀들의 미래에 부정적인 영향을 주고, 부당함이 부당함을 낳는 악순환이 심화된다. 이 악순환을 잘라내기 위해서는, 인간의 핵심 역량의 하나로서 새로 시작할 권리가 확립되어야 한다.

새로 출발할 권리와 관련해, 기하급수적으로 증가하고 있는 학자금 대출은 현재 미국에서 직면하고 있는 가장 시급하고 중요한 문제들 중 하나다.[17] 학자금 대출의 기하급수적 증가는 개인의 잘못이라기보다는 구조적 원인과 더 큰 관련이 있다는 설득력 있는 증거가 있다. 「이코노미스트」에 의하면 2015년 현재 미국의 학자금 대출 잔액은 총 1조 2천억 달러(모기지 다음으로 가장 큰 소비자 대출)로서, 이 금액은 10년

---

15   Karen Gross, *Failure and Forgiveness: Rebalancing the Bankruptcy System* (New Haven, Conn.: Yale University Press, 1997), 21.

16   Gross, *Failure and Forgiveness*, 20.

17   학자금 대출은 채무자가 "브루너 테스트"에 의해 결정된 과도한 곤란을 입증하지 못하는 한 판사의 재량에 의해 면제될 수 없다. 그러나 이 테스트는 갱생 또는 채무자의 품위 있는 삶보다는 "최소 생활수준"에 더 초점을 맞춘다.

전 잔액보다 세 배가 넘는다.[18] 「월 스트리트 저널」도 거의 7백만 명의 미국 시민들이 최소 1년 동안 연방 학자금 대출을 상환하지 못하고 있다고 보도하는데, 이는 점점 더 많은 가계들이 학자금 대출을 상환할 능력이나 의사가 없음을 시사한다. 또 이는 모든 연방 대출 차주들의 약 17퍼센트가 심각하게 연체 중임을 의미한다. 아직 상환하도록 요구받지 않는 재학생 차주들을 포함하면 이 수는 더 많아진다. 몇 개월 동안 지불하지 못하고 있지만 정부가 부도로 정의하는 360일 기준에는 이르지 않은 수백만 명의 다른 차주들도 있다.[19] 조디 소피아(45세)의 사례는 이처럼 대규모로 악화되는 현상이 이에 의해 영향을 받은 사람들에게 실제로 어떤 의미가 있는지에 대해 어렴풋이나마 알 수 있도록 해준다. 조디는 플로리다 코스탈 로스쿨에서 학위를 받기 위해 92,500달러를 빌렸지만, 현재 부도 상태다. 이자 때문에 그녀의 대출 잔액은 거의 144,000달러로 급증했고, 그녀는 매일 정부와 계약을 맺은 채무 추심업자들에게서 걸려온 전화를 처리하느라 시간을 보내고 있다. 자신의 질병과 또 병에 걸린 부모를 돌보는 일로 인해 정상 궤도를 이탈한 그녀는 변호사 시험을 치르지 못했고, 2004년에 플로리다 코스탈 로스쿨을 졸업한 뒤 한 번도 법률 관련 일을 얻지 못했다. 민간 회사들이 이 돈을 회수하지 못하면 재무부가 사회보장 급여, 세금 반환금액, 또는 임금을 차압하는데, 재무부는 소피아의 세금 반환

---

18   "College Debt: More Is Less," *Economits*, August 15, 2015. 2016년 10월 현재 학자금 대출 총잔액은 1조 3,500억 달러로 늘어났다.

19   Josh Mitchell, "School-Loan Reckoning: 7 Million Are in Default," *Wall Street Journal*, August 21, 2015.

금액으로부터 거의 2만 달러를 차압했다. 소피아가 학자금 대출을 상환할 수 있는 소득에 근거한 상환 프로그램을 활용한다면, 그녀의 대출은 최소 20년 뒤에는 면제될 수도 있다. 그녀는 이렇게 말했다. "이 시스템은 뭔가가 정말 잘못되었다.…정부는 이 모든 돈을 계속 전화를 해대는 사람들에게 지출하고 있다. 그것이 정말 효과적인가?"[20]

학자금 대출 잔액의 2/3를 30세가 넘은 차주들이 보유하고 있으며, 2004년부터 2014년 사이에 차주 수는 89퍼센트 증가했고, 4,300만 명이 넘는 차주들이 평균 거의 27,000달러의 빚을 지고 있기 때문에,[21] 미국에서 왜 학자금 대출이 그토록 현저하게 증가했는지 의아해 할 수도 있다. 지난 10년 동안 기하급수적인 학자금 대출에 기름을 끼얹은 몇 가지 구조적 요인들이 있음을 주목해야 한다. 첫째 요인은 2005년에 제정된 파산 남용 방지 및 소비자 보호법(BAPCPA; The Bankruptcy Abuse Prevention and Consumer Protection Act of 2005)이다. 브루킹스 연구소의 마이클 그린스톤과 애덤 루니에 의하면, "채권자들을 보호하는 법률의 변화로 대출자들이 신용도가 낮은 보다 광범위한 차주들에게 대출을 제공하도록 장려되어서 학자금 대출을 비교적 더 쉽게 이용할 수 있게 되었을 수도 있다."[22] 둘째 요인은 금융

---

20   Janet Lorin, "Who's Profit from $1.2 Trillion of Federal Student Loans?" *Bloomberg Business*, December 11, 2015.

21   Andrew Haugwout, Donghoon Lee, Joelle Scally, and Wilbert van der Kalauw, "Student Loan Borrowing and Repayment Trends, 2015," *Federal Reserve Bank of New York*, April 16, 2015, 5-8.

22   Michael Greenstone and Adam Looney, "Rising Student Debt Burdens: Factors behind the Phenomenon," *Brookings*, July 5, 2013.

화의 영향이다. 모기지의 경우와 마찬가지로, 학자금 대출도 금융 시장에서 증권으로 만들어져 판매되었는데, 이로 인해 대출 업무를 처리하는 회사들(debt servicing companies)이 학생들에게 더 많은 돈을 빌려줬다. 켈리 홀랜드는 이렇게 쓴다. "학자금 대출 잔액은 2005년에는 559억 달러였는데 2011년에는 1,402억 달러로 급증했다. 이는 부분적으로는 SLABS로 알려진 학자금 대출을 기반으로 한 자산담보증권 시장의 성장에 의해 부추겨졌다."[23] 셋째 요인은 영리 대학 등록의 기하급수적인 증가다. 2012년 7월 30일, 건강, 교육, 노동 및 연금 위원회 위원장 톰 하킨 상원의원(민주당, 아이오와주)은 약탈적 모집, 하늘로 치솟는 등록금, 낮은 유지율, 미미한 직업 소개 활동을 상세히 기술하는 보고서를 발표했다.[24] 예를 들어 2001년에는 영리 고등 교육 기관에 766,000명의 학생이 등록했지만, 2010년에는 이 숫자가 240만 명으로 늘어났다. 평균적인 사립 비영리 대학 졸업생의 부채 중앙값은 24,600달러인 반면, 평균적인 영리 대학 졸업생의 부채 중앙값은 32,700달러였다. 이 보고서는 또한 수십억 달러의 혈세가 마케팅, 임원 급여 및 이익으로 사용되었음도 드러냈다. 2009 회계연도에 조사 대상 30개 회사들은 수입액의 22.4퍼센트(41억 달러)를 마케팅, 광고, 모집, 입학 허가 담당 직원에게 사용한 반면, 학생 교육에는 수입의 17.7퍼센트(32억 달러)만 사용했다. 그린스톤과 루니의 다음과 같은 지

---

23   Kelley Holland, "The High Economic and Social Costs of Student Loan Debt," *CNBC*, June 15, 2015.

24   미국 상원 건강, 교육, 노동 및 연금 위원회, "Harkin: Report Reveals Troubling Realities of For-Profit Schools," http://www.help.senate.gov/ranking/newsroom/press/harkin-report-reveals-troubling-realities-of-for-profit-schools.

적은 옳은 말이다. "학생들이 연방 보조와 학자금 대출에 더 많이 의존하는 영리 대학의 등록이 증가해서 학생 구성에서 학자금 대출을 받을 가능성이 보다 높은 그룹의 비중이 높아졌을 수도 있다."[25] 넷째 요인은 대출 업무를 처리하는 회사들의 지대 소득자 자본주의다. 자넷 로린에 의하면, 영리 대학을 운영하는 에듀케이션 매니지먼트(골드만삭스 그룹이 이 회사 최대 주주다)는 2015년 11월, 불법적인 학생 모집 관행 피소 사건에 대해서는 잘못을 인정하지는 않은 채 거의 1억 달러에 정부와 이 사건을 합의로 해결했다. 자넷 로린은 또한 지대 소득자 자본주의가 학자금 대출 사업에 얼마나 깊이 관여하고 있는지 알 수 있도록 도움을 준다. 예를 들어, 씨네이트 코프(Ceannate Corp.)의 한 부문인 FMS 인베스트먼트 코프는 2011년 10월부터 2015년 9월 사이에 교육부로부터 2억 2천 7백만 달러를 지급받았다. 로린에 의하면, 회사들은 대개 대출의 상태에 따라 월 수수료를 번다. 수수료는 상환 중에 있는 대출에 대해서는 2.85달러, 차주들이 재학 중일 때에는 1.05달러, 그리고 차주들이 361일 이상 연체할 경우에는 45센트다.[26]

위에서 급격한 학자금 대출 부채의 증가와 부도율 상승의 배후에 구조적 요인이 있음을 살펴보았다. 부도를 낸 학생 차주들 중 많은 이들은 금융 연체자 또는 위반자라기보다는 구조적 부정의의 희생자라고 부르는 편이 나을 것이다. 웬리 리가 말하듯이, 신용카드 부채와 같은 다른 소비자 부채와는 달리, "학자금 대출은 병원에서 구입한 MRI

---

25   Greenstone and Looney, "Rising Student Debt Burdens."

26   Lorin, "Who's Profiting?"

와 같은 물리적 자본에 대한 투자와 유사하다."[27] 따라서 학자금 대출에 대한 부도는 영향을 받은 채무자들에게 부수적인 영향을 끼쳐서 그들을 거의 영구적인 채무 상태에 빠지게 한다. 그래서 나는 희생자가 된 채무자들이 새로 시작할 권리를 인간의 핵심 역량의 하나로 인식하기 때문에 그들에게 이 권리가 주어져야 한다고 주장한다. 물론 각각의 개인들은 재정 문제를 포함한 자신의 인생에 대해 책임을 져야 한다. 그러나 그 채무자가 금융 시스템의 구조적인 부정의 또는 시대에 뒤떨어졌거나 부적정한 법률 제도에 의해 희생자가 되었다면, 그(녀)에게 새로 시작할 권리가 허용되어야 한다. 자신의 실수, 무능 또는 부주의로 인해 재무적 고통을 겪고 있는 사람들에게도 이 권리가 허용되어야 한다. 사기에 관련된 사람들에게도 그들이 처벌을 받고 난 뒤에는 새로 시작할 권리가 부여되어야 한다.

국가 채무 부도 및 파산의 경우

채무 부도는 개인 채무자들에게만 한정되지 않는다. 부도는 주권 국가를 포함한 단체들에게도 발생할 수 있다. 크리스 조크닉이 말하듯이 "국가 채무는 많은 나라들이 직면하고 있는 가장 시급한 경제 문제일 뿐 아니라 개발도상국들에서 가장 큰 인권 침해의 원인일 것이다."[28] 학자들 사이에서는 "이자 및 원금 상환에 대한 채권자들의 권리

---

27   Wenli Li, "The Economics of Student Loan Borrowing and Repayment," *Business Review* Q3 (2013): 1.

28   *Sovereign Debt at the Crossroads*, Chris Jochnick and Fraser A. Preston 편 (London:

와, 모든 문명화된 법률 시스템에서 (대출의 경우에서만 아니라) 일반적으로 인정된 인권이라는 두 가지 근본적인 법률 원칙들 사이에" 충돌이 일어나는 상황이 생기면 채무 지불보다 인권 및 인간의 존엄성에 우선순위가 주어져야 한다는 데 대해 점점 더 합의가 이루어지고 있다.[29] 예를 들어, 조크닉은 "국제법 아래에서는, 인권이 채무 지불 등 상충하는 의무에 우선한다"고 주장한다.[30] 판투 체루도 채무 지불에 의해 "음식에 대한 권리", "교육에 대한 권리", "건강에 대한 권리"와 같은 기본 인권들이 위험해질 경우, 그런 채무를 지불하도록 요구하는 것은 부당하다고 주장한다.[31] 유사한 방식으로, 크리스찬 배리도 채무 지불이 국가들이 자국의 문제를 효과적으로 관리할 능력에 중대한 제약을 가할 경우 정부의 채무는 심각한 인권상의 우려를 제기한다고 쓴다. 그는 탄자니아의 경우를 예로 드는데, 탄자니아는 160만 명의 자국 국민이 에이즈에 걸려 있음에도 불구하고 2000년에 건강에 대한 지출액보다 채무 지불액이 9배나 많았다.[32] 따라서 주권국 정부의 맥락에서 갚을 수 없는 부채를 어떻게 공정하게 다룰 것인가라는 문제에 관해,

---

Oxford University Press, 2006)에 수록된 Chris Jochnick, "The Legal Case for Debt Repudiation," 132.

29   Jochnick and Preston, *Sovereign Debt at the Crossroads*에 수록된 Kunibert Raffer, "The IMF's SDRM—Simply Disastrous Rescheduling Management?" 260.

30   Jochnick, "Legal Case for Debt Repudiation," 141.

31   Jochnick and Preston, *Sovereign Debt at the Crossroads*에 수록된 Fantu Cheru, "Playing Games with African Lives: The G7 Debt Relief Strategy and the Politics of Indifference," 41.

32   Christian Barry, "Sovereign Debt, Human Rights, and Policy Conditionality," *Journal of Political Philosophy* 19, no. 3 (2011): 284.

우리는 채무를 지불하느라 인권이 침해되어서는 안 된다는 가장 중요
한 원칙을 갖고 있다. 그러나 잭 부어맨이 주장하듯이, 보다 실제적인
의미에서 가장 중요한 원칙을 어떻게 달성할 것인가가 진정한 문제이
기 때문에[33] 정부 지불불능 사례에 관한 부채 윤리를 한층 더 심도 있
게 개발해야 한다.

제임스 뷰캐넌은 그의 논문 "채무 부도의 윤리"에서 정부가 채무를
상환할 의무를 이행해야 할 도덕적 의무는 현대 국가가 확장된 가족
이라는 의미에서 "도덕적 단위"라는 아이디어에 근거하고 있는 것이
아니라고 주장하며 현실적인 가이드라인을 제공한다. 그는 이렇게 쓴
다. " 현대 국가는 확실히 도덕적 단위가 아니다.…도덕적 공동체에 기
반을 둔 어떤 주장도 공공 부채의 계약 준수라는 전체 문제에 관해서
는 기껏해야 중립적일 뿐이다."[34] 대신에, 그는 정부의 채무 부도 윤리
에 대한 계약론적 접근법을 지지한다. 그는 정부의 채무에 관한 자신
의 입장을 전개할 때, 채무를 부담하기로 선택한 사람(처음에 정부의 채
무를 계약한 사람)이 반드시 그 결과를 부담하는 사람(나중에 그 채무를 상
환해야 할 사람)은 아니라는 점에서 개인 채무와 국가 채무 사이에는 중
요한 차이가 있음을 강조한다. 정부 채무의 경우를 위한 정의의 원칙
을 개발함에 있어 이러한 시간상의 차이를 다루기 위해, 그는 롤스의
"무지의 장막" 개념을 적용한다. 그는 이 문제를 이렇게 전개한다. "우

---

33   Jochnick and Preston, *Sovereign Debt at the Crossroads*에 수록된 Jack Boorman, "Dealing
      Comprehensively, and Justly, with Sovereign Debt," 229.

34   *Deficits*, James M. Buchanan, Charles K. Rowley, and Robert D. Tollison 편 (Oxford: Basil
      Blackwell, 1987)에 수록된 James M. Buchanan, "The Ethics of Debt Default," 364.

리는 시간상의 무지의 장막 뒤에 놓여 있어서 어떤 세대의 입장과도 동일시할 수 없는 사람을 상상해야 한다. 이런 입장에 있는 여러 사람들이 반복적인 공공 소비 자금을 조달하기 위해 공공 부채 문제에 관해 합의에 이르겠는가?"[35] 뷰캐넌은 공공 자본의 투자뿐 아니라 이례적이고 일시적인 전 국민의 수요(전쟁 및 재난 구호)와 같은 몇 가지 경우를 위한 부채 자금 조달 권한의 부여에 관해서는 세대 간 합의가 가능할 수도 있다고 주장한다. 그러나 그는 일반 공공 소비를 위한 부채 자금의 조달은 계약론적 기준에 의하면 비도덕적이라고 간주된다고 주장한다.[36] 전체적으로, 그는 채무국들은 법률의 도덕적 합법성 때문에 자신의 약속을 지켜야 한다는 계약론적 도덕 논거를 전개한다. 그는 이 논거는 "대출 이자율에 부도 리스크 가산금리가 포함되어 있을 경우 일정부분 그 힘을 잃는다"는 점을 인정한다.[37]

그러나 뷰캐넌의 계약론적 접근법은 정부 지불불능 사례를 정당하게 다루기에는 충분히 종합적이지 않다. 정부 채무 계약의 상태가 합법적이든 불법적이든 간에 정부 채무에 대한 부도가 발생할 수 있으며, 이 상황은 언제나 다음과 같은 어렵지만 실제적인 일련의 질문을 제기한다. 누가 그 부담을 질 것인가? 관련 당사자들이 각각 얼마나 많은 부담을 떠안을 것인가? 어떻게 재무상의 부담과 손실 분담에 관한 공정한 결정에 이를 수 있는가? 개인 부도의 경우와는 달리, 모든 정부 채무에는 채무 잔액 평가 및 채무재조정 시작 단계에서부터 재

---

35   Buchanan, "Ethics of Debt Default," 368.

36   Buchanan, "Ethics of Debt Default," 370.

37   Buchanan, "Ethics of Debt Default," 372.

조정된 채무를 상환하는 마지막 단계까지 이해관계가 걸려 있는 다수의 행위자들(예컨대 채무국의 국민들과 여러 채권자들)이 존재하기 때문에 정부 채무는 보다 복잡하고 많은 측면이 있을 수밖에 없다. 원하지 않는 재무 부담의 분담 문제는 국가 지불불능과 파산을 공정하게 다루기 위한 불가결한 측면이다. 그렇다면 정부 채무 부도와 채무재조정 프로세스를 위한 도덕적 지도 원리는 무엇인가?

정부 지불불능 사안을 정당하게 처리함에 있어서, 이 사안을 개인 파산 사안과 구분시키는 세 가지 관계상의 측면들을 인식할 필요가 있다. 세 가지 관계상의 측면들은 다음과 같다. 첫째, 재무 부담을 져야 할 부도국가 시민들 사이의 관계다. 둘째, 재무 손실을 부담해야 하는 채권자 그룹 구성원 사이의 관계다. 셋째, 재무위기에 어떻게 대처할지를 협상해야 하는 부도국가와 관련 채권자들 사이의 관계다. 나는 세 가지 관계상의 측면들 각자에 대해 일련의 다른 도덕 원칙들로 접근하는 정부 지불불능 윤리를 개발하고자 한다. 이어서 설명하듯이, 관계상의 측면이 다르면 다른 정의의 기준이 요구된다.

첫 번째 측면: 부도 국가 시민들 사이의 정의

2015년 6월 30일에 그리스는 IMF 대출을 지불하지 못한 최초의 선진국이 되었다. 그리스는 유로화 사용 국가들과 IMF로부터 2010년에 1,100억 유로, 2011년에 1,090억 유로, 2015년에 860억 유로, 이렇게 세 차례 구제 금융을 받았다. 이 구제 금융들에 증세, 연금 삭감, 공공 지출에 대한 엄격한 제한 등 통상적인 긴축정책들이 따라왔다. 시민들은 이들 가혹한 긴축 조치들에 항의하는 폭력 시위를 벌였다. 「가디언」 지에 의하면, 공산주의자가 주도한 의회 앞 시위에 참여한 조선 노동자인 니콜라스 대니지스(60세)는 이렇게 말했다. "최근의 이런 조치들은 외부인들에 의해 정해졌고 우리는 매우 화가 났다. 이 조치들은 부자들이 아니라 가난한 사람들을 겨냥한다. 우리는 오늘 여기서 죽을 때까지 싸울 것이다."[38] "그리스 위기에 누구를 비난할 것인가?" 라는 기사에서 모하메드 엘-에리안은 그리스 정부, 민간 채권자들, EU 정부 및 IMF가 최근의 금융 위기에 대해 비난을 받아야 하지만, 이 역사적인 비극의 진정한 희생자들은 "일자리가 사라지고, 저축액이 증발해 버리고, 생계가 망가져 현재 그리고 앞으로 여러 해를 훨씬 더 형편이 나쁘게 보내게 될 그리스 국민 중 가장 취약한 층이다"라고 주장한다.[39]

그리스의 국가 부도와 그 이후의 구제금융은 채무국 국민들 사이의 사회적·재무적 부담 배분이 국가 지불불능의 경우를 공정하게 다룸에 있어서 매우 중요한 문제가 됨을 보여준다. 나는 존 롤스의 분배적 정의 이론, 특히 그의 "차이 원칙" 개념을 비판적으로 활용함으로써 이 문제에 관한 윤리적 원칙을 만들어내고자 한다. 그의 1971년 저서 『정의 이론』에서, 롤스는 다양한 개인들이 동의할 수 있는 권리 및 가치 있는 기초 재화의 전반적 분배에 관한 공정한 정의의 원칙을 통한 개념 체계를 개발한다. 그렇게 함으로써 그는 "무지의 장막"이라고

---

38   Helena Smith, "Greece Erupts in Violent Protest as Citizens Face a Future of Harsh Austerity," *Guardian*, May 1, 2010.

39   Mohamed el-Erian, "Who Is to Blame for Greece's Crisis?" *Guardian*, May 18, 2012.

불리는 또 다른 개념에 의해 가능해진 "원초 상태"(original position)라는 가상의 상황을 고안했다. 무지의 장막은 기본적으로 원초 상태의 모든 참가자들에게 그들의 능력, 기호, 지위 등과 같은 특정 측면들을 걸러내서 이상적인 정의의 원칙을 강구해낼 수 있게 해준다. 이 기제 덕분에, 원초 상태에서 모이는 개인들은 공평한 조건 하에서 공정한 합의를 도출할 수 있다. 이 개념상의 돌파구의 창의성은 원초 상태에서는 모든 사람이 모든 사람의 관점에서 생각하며, 따라서 그 상황에서 이루어진 합의는 모든 사람에게 공정하리라는 점이다. 그러나 이 방법의 이론적 단점 중 하나는 개별 참가자들의 정서적 요소를 위한 어떤 여지도 허용하지 않는다는 점이다. 개인은 오로지 "이해관계가 없는 합리성" 개념에 기초한 원초 상태에서 이성적 토론에만 관여한다. 그래서 페미니스트 철학자 마사 누스바움은 이 측면을 다음과 같이 비판한다. "롤스의 당사자들 자체에는 자비심과 정의에 대한 본질적인 사랑이 결여되어 있다. 대신 이러한 정서들은 무지의 장막에 의해 대표된다. 이와 대조적으로 질서가 잘 잡힌 사회에서는, 사람들은 원칙에 의존하는 정서와 동기들을 배운다."[40]

롤스가 자신의 신칸트주의 개념 기제를 통해 보여주는 이들 두 가지 정의의 원칙은 무엇인가? 첫 번째 원칙은 기본적인 자유에 대한 평등한 권리이고, 두 번째 원칙은 사회경제적 불평등과 그에 대한 처리 방식들을 다룬다. 그는 사회에서 가장 취약한 사람들에게 이익이 된다는 조건으로 사회경제적 불평등을 허용하는 "차이 원칙"을 고안한

---

40   Nussbaum, *Frontiers of Justice*, 90-91.

다. 그는 이렇게 쓴다. "사회 경제적 불평등은 (a) 공정한 절약 원칙[차이 원칙]과 일치하도록, 가장 불리한 사람들에게 가장 유익이 되게 하고, (b) 공정한 기회 평등 조건 하에서 모든 사람에게 공직과 지위가 개방되게 하는 방식으로 처리되어야 한다."[41] 롤스의 차이 원칙은 개념상의 한계에도 불구하고 정부 지불불능의 첫 번째 관계 측면(부도 국가 시민들 사이의 관계)에 적용될 수 있는 통찰력 있는 아이디어다. 물론 참가자들이 사회경제적 재화를 분배하기 위한 정의의 원칙을 개발할 위치에 있는 가상의 원초 상태와 시민들이 사회경제적 부담을 자신들 사이에서 공정하게 배분할 정의의 원칙을 수립해야 할 부도 상태의 실제 세계 사이에는 중대한 차이가 있다. 나는 맥락상 혹은 개념상의 차이에도 불구하고 정부 지불불능에 의해 야기된 사회경제적 부담을 공정하게 배분할 수 있는 아래와 같은 롤스의 정의의 원칙을 개발할 수 있다고 주장한다. 나는 "책임의 차이 원칙"이라고 부르는 이 원칙을 다음과 같이 구성한다. "부채에 대한 사회경제적 책임이 가장 불리한 위치에 있는 사람들의 부담을 최소화하도록 마련된다."

책임의 차이란 원칙의 관점에서 볼 때, 그리스 정부는 그리스의 채무 위기를 공정하게 관리하지 않은 듯하다. 그리스 사회에서 가장 불리한 처지에 있는 사람들에게 가장 적은 부담이 부과되지 않고 재정 긴축이라는 미명 하에 너무 큰 재무적 부담이 부과된 듯하다. 잘 알려진 부자들의 탈세 문제는 그리스 정부가 롤스의 분배적 정의라는 통찰력을 따라 재무 부담을 어떻게 재배치했어야 했는지에 대한 좋은 예

---

41   Rawls, *Theory of Justice*, 302.

다. 「워싱턴 포스트」에 의하면, "그리스의 탈세 규모는 2008년 그리스 재정 적자의 약 절반 및 2009년 적자의 1/3에 달했다."[42] 그리스 공공 수입 사무국장 해리스 시오해리스(그는 살해 위협 때문에 사임했다)는 「가디언」과의 인터뷰에서 "문제는 계약자, 전문직 종사자 및 일부 대기업들이 그들의 수입의 전부 또는 일부를 신고하지 않기가 너무도 쉽다는 것이다"[43]라고 말했다. 또한 그는 "직간접 세수는 연 평균 500억 유로에 달해야 한다"[44]고 주장한다. 주로 가장 불리한 입장에 있는 사람들에게 가해진 긴축 조치를 완화하려는 그의 계획이 좌절되었다는 사실은 책임의 차이란 원칙이 그리스 사회에서 무엇을 요구할지를 반영한다.

두 번째 측면: 채권자 그룹 사이의 관계

정부 지불불능의 두 번째 관계적 측면(채권자 그룹 사이의 관계)에 롤스의 분배적 정의 모델을 적용할 수 있는가? 나는 채권자 그룹의 구성원들로 구성된 원초 상태에서는 그들이 다음과 같은 일련의 합의에 도달하리라고 주장하는데, 나는 이를 "동등 비례 원칙"이라 부른다. (1) 모든 채권자들이 정부 지불불능에 의해 야기된 재정 손실의 공정한 분담에 동의한다. (2) 공정한 분담은 재무 손실에 대해 채권자 그룹의

---

42   Brad Plumer, "How Greek Tax Evasion Helped Sink the Global Economy," *Washington Post*, July 9, 2012.

43   Adèa Guillot, "Greece Struggles to Address Its Tax Evasion Problem," *Guardian*, February 24, 2015.

44   Guillot, "Greece Struggles."

구성원 사이의 동등 비례 배분에 의해 결정된다. 그러나 채권자 그룹의 모든 구성원들은 해당 국가와 채무 계약을 체결할 때 이미 잠재적 이익뿐 아니라 잠재적 리스크도 알고 있었기 때문에, 정부 지불불능의 두 번째 관계 측면에는 롤스의 차이 원칙이 적용되지 않을 것이다. 롤스의 평등주의적인 분배적 정의는 두 번째 관계 측면의 두 가지 중요한 문제, 즉 채권자들의 우선순위 구조와 관련된 문제들과 소위 (채무재조정) 저항과 관련된 문제들(이 문제들에 대한 답은 아직 나와 있지 않다)에 어떻게 대응해야 할지에 대해 중요한 개념상의 이점을 제공한다.

IMF 법무부서가 주최한 국제법학회의 정부 지불불능 스터디 그룹(2007-2012) 토론을 위해 준비한 논문에서, 쿠니버트 래퍼는 다음과 같은 중요한 질문을 제기한다. "아직까지는 어떠한 법적 우선순위도 없기 때문에, 모든 채권자들을 균형 있게 다루지 않는 우선순위가 있어야 하는지 여부에 대해 질문해야 할 것이다."[45] 래퍼에 의하면 국제 금융 기관들에게 우선적 지위가 있다는 가정은 법률적으로뿐만 아니라 도덕적으로도 근거가 없다. 그는 먼저 여러 국제 금융기관들의 다양한 규정들을 조사해서 그 기관들 자체의 원래 규정은 그들에게 우선적 지위가 있다는 그들의 주장을 지지하지 않음을 보여준다. 예를 들어 그는 이렇게 쓴다. "IMF는 모든 지불불능 법원이나 지불불능 중재 절차에서 당사자가 될 수 있다. 어떤 종류의 우선권도 존재하지 않는다. IMF가 정한 대손충당금(공식적으로는 주의적 충당금으로 불린다)은

---

45   Kunibert Raffer, "Preferred or Not Preferred: Thoughts on Priority Structures of Creditors," ILA Sovereign Insolvency Study Group, 2차 회의에 제출된 논문, October 16, 2009, Washington, D.C.

경제적 관점에서 장부가액의 감액(haircut)을 허용한다."[46] 그는 이렇게 덧붙인다. "그 은행이나 국제개발 협회의 어떤 정관도 우선권을 정당화하도록 확대 해석될 수 없다. 오히려 그들의 합의 조항들은 설립자들의 의도가 이러한 청구들을 후순위에 두려는 것이었음을 보여주는 의무들을 포함하고 있다."[47] 래퍼가 국제 금융기관들의 우선적 청구를 반대하는 이유들 중 하나는 국제 금융기관들이 우선권 의해 보호될 경우 그들이 불법적 또는 비도덕적 금융 거래에 관여할 수도 있기 때문이다. 그는 두 개의 예를 보여준다. IBRD는 모든 대출의 1/3 또는 최소 1/4이 사라질 것이라는 점을 알면서도 수하르토 치하의 인도네시아에 계속 대출해줬고, IMF도 그 프로그램이 어떠한 해법도 제공하지 못한다는 것을 알면서도 아르헨티나에 대출해줬다. 그래서 그는 이렇게 쓴다. "알면서도 차주에게 피해를 준 대출에 대한 전액 상환 요구가 우선적인 채권자 지위를 향유해야 한다는 주장에 의해 '지지' 되어왔다."[48] 그러나 래퍼는 우선권을 정당화하는 한 가지 예외를 인정한다. "만약 IMF가(또는 다른 어떤 국제금융기관이) 정부 지불불능 절차가 진행되는 동안 채무국에게 자금을 지원하는 역할을 할 경우 이 돈은 (그리고 오직 이 돈만) 예외적으로 우선권이 인정되어야 한다."[49] 국제 금융기관들의 우선적 지위에 반대하는 래퍼의 논거는 타당할 뿐 아니라, 동등 비례 원칙을 만족시키기 때문에 도덕적으로 정당화될 수 있다.

---

46   Raffer, "Preferred or Not Preferred," 7.

47   Raffer, "Preferred or Not Preferred," 7.

48   Raffer, "Preferred or Not Preferred," 15.

49   Raffer, "Preferred or Not Preferred," 16.

정부 지불불능 시 채권자들을 공정하게 다룸에 있어 두 번째 문제
는 "저항"의 경우다. 2001년 12월, 아르헨티나는 930억 달러에 달하
는 국가 채무에 부도를 냈다.[50] 부도를 낸 뒤 아르헨티나는 2005년과
2010년 두 번에 걸쳐 채무를 재조정했다. 2010년의 두 번째 채무재조
정은 2001년에 부도를 낸 외채의 약 93퍼센트에 대한 채무재조정으로
귀결되었다. 그러나 나머지 7퍼센트의 저항하는 채권자들(주로 벌처 펀
드들)은 채무재조정 프로세스 참여를 거부했다. (벌처 펀드 NML 캐피털은
원금 8억 3천 2백만 달러의 채권을 유통시장에서 4,900만 달러에 사서 원금 전액
과 이자 합계액 전액[13억 달러]을 받으려 했다. 이는 1600퍼센트에 해당하는 수
익률이다.[51]) 채권자들의 대다수는 액면 금액 약 30퍼센트의 상환과 상
환 기한 연장 조건을 받아들인 반면, 채무재조정에 저항하는 채권자들
은 나중에 아르헨티나가 지불하고 있던 재조정된 채권에 대해 상환하
지 못하도록 소송을 제기했다. 뉴욕 남부 지구의 그리에사 판사는 그
벌처 펀드(엘리엇 매니지먼트의 자회사 NML 캐피털)의 손을 들어줘서 아르
헨티나에 금지명령을 내렸다.[52] 그의 판결은 미국 항소 법원과 대법원
에서 용인되었다. 이 판결 결과, 아르헨티나가 채무재조정에 찬성하지
않은 채권자들에게 동시에 그에 비례하는 지급을 하지 않는 한 재조정

---

50   James B. Stewart, "If Greece Defaults, Imagine Argentina, but Much Worse," *New York Times*, June 25, 2015.

51   Mariana Marcaletti, "Three Things to Know about the Supreme Court's Ruling on Argentine Debt-and Why It Matters to Argentina and the World," *Washington Post*, June 26, 2014.

52   Manuel Jordan Basso and Juan Pablo Hugues Arthur, "Argentina, Vulture Funds and a Sovereign Debt Convention," *Transnational Notes* (블로그), July 20, 2015.

된 채권자들에게 상환하는 것이 불법이 되었다. 2014년 7월 30일 아르헨티나는 기술적 부도 상태에 빠졌다.[53] 동등 비례 원칙의 관점에서 보면, NML 벌처 펀드의 채무재조정 저항 사례는 자신의 재무적 이익에 의해 동기가 부여된 뻔뻔한 도덕적 침해일 뿐 아니라, 국제법의 정신을 깡그리 무시하는 해로운 법률 남용이다. 그러니 국제 사회가 다자간 및 국제 협력을 통해 벌처 펀드들이 법의 지배를 계속 남용하지 못하도록 법적 가이드라인 또는 구속력 있는 국제 협약을 개발해야 한다.

세 번째 측면: 부도 국가와 채권자들 사이의 관계

위에서 국가가 지불불능에 빠진 경우의 정의 추구에 관해 우리는 채무국 시민들 사이의 관계와 채권자들 사이의 관계라는 두 가지 관계상의 측면들을 살펴보았다. 국가 지불불능의 세 번째 관계상의 측면(채무국과 채권자들 사이의 관계)에 어떻게 정의를 제공할 수 있는가? 이 질문에 관해, 페미니스트 경제학자 줄리 A. 넬슨은 국가 부채를 포함한 부채 문제는 근본적으로 이성(理性)의 문제라기보다는 **관계**의 문제라는 중요한 관점을 제공한다. 넬슨에 의하면 법학자 이안 맥닐과 스튜어트 매컬레이의 연구에서 비롯된 "관계적 계약 이론"은 계약 체결이 상호 이익을 위한 지속적인 사회적 협력 관계라는 맥락 안에서 발생하는 것으로 본다.[54] 따라서 채무 계약은 이성의 문제가 아니라 관계

---

53   Basso and Arthur, "Argentina, Vulture Funds."

의 문제로 묘사되어야 한다. 그녀는 이렇게 쓴다. "관계적 계약 이론가들은 성문 계약은 관계의 시작일 뿐이며 실제 계약 조건들은 종종 잊혀지거나 결코 완전히 이해되지 못한다고 지적한다. 이 문헌은 재협상은 예외라기보다는 규칙이라고 지적한다."[55] 따라서 다양한 정부 지불불능 사례를 공정하게 다루기 위해서는 재협상 여지가 없는 기계적 또는 수학적 정의가 아니라 관계상의 정의를 개발할 필요가 있다.

매트 피터슨과 크리스찬 배리는 국가 채무의 관계적 측면에 초점을 맞추고서 다음과 같은 질문에 답할 때 "지원과 구제 원칙" 및 "잘못에 대한 기여 원칙"이라는 두 가지 원칙을 개발한다. "특정 국가가 국민들에게 심한 고통을 야기하지 않고서는 채무를 상환할 수 없을 때 국가가 내린 차입 결정의 대가를 누가 부담해야 하는가? 그 비용을 전적으로 그 국가의 정부(그리고 궁극적으로 그 나라 국민)가 부담해야 하는가, 아니면 전부 또는 일부를 다른 곳에게 넘겨야 하는가?"[56] 첫째, 피터슨과 배리는 부유한 사람들은 세계의 가난한 사람들을 지원할 책임이 있다는 피터 싱어의 유명한 주장[57]을 상기시키는 지원과 구제 원칙을 발전시킨다. 그들에 의하면, 그 국가가 부채를 상환하거나 재무 손실의 모든 부담을 흡수한다면 그 나라 국민들이 절대적 혹은 상

54Julie A. Nelson, "Ethics, Evidence and International Debt," *Journal of Economic Methodology* 16, no. 2 (2009): 182.

55Nelson, "Ethics, Evidence and International Debt," 182.

56Matt Peterson and Christian Barry, "Who Must Pay for the Damage of the Global Financial Crisis?", Ned Dobos, Christian Barry, and Thomas Pogge 편, *Global Financial Crisis: The Ethical Issues* (New York: Palgrave-Macmillan, 2011)에 수록된 글, 164.

57Peter Singer, "Famine, Affluence, and Morality," *Philosophy &Public Affairs* I, no. 3 (1973): 231.

대적 관점에서 얼마나 무거운 짐을 지게 될지뿐만 아니라, 다른 사람들이 부도를 낸 국가의 채무를 재조정해주기 위한 대가를 상쇄하는 데 얼마나 많은 비용이 소요될지도 고려할 필요가 있다.[58] 그들은 아이리스 마리온 영의 책임의 사회 연결 모델(social connection model of responsibility)을 반영해서, 부도난 국가의 재무적 고통에 기여한 사람들도 책임을 져야 한다는 두 번째 원칙(잘못에 대한 기여 원칙)을 발전시킨다. 비록 그들이 그 이름을 언급하지는 않지만, 두 번째 원칙은 아이리스 마리온 영의 책임의 사회 연결 모델의 핵심적인 철학 교의를 반영하는데, 그녀는 이 모델을 다음과 같이 요약한다. "자신의 행동에 의해 불공정한 결과를 가져오는 구조적인 프로세스에 기여한 모든 사람들이 그 부정의에 대한 책임을 분담한다."[59] 이 두 가지 철학적 원칙에 근거해서, 피터슨과 배리는 "국가들이 무책임하게 행동했던 경우에도 그 국가의 현재 및 장래의 시민들이 모든 비용을 지불해서는 안 된다"[60]고 주장한다. 그렇다면 진정한 문제는 국가 채무 부도라는 미지의 영역에 싱어의 원조 원칙과 영의 사회관계 모델에 기초한 관계적 정의의 원칙을 실행할 수 있는가다.

나는 이 질문에 대한 답은 국가의 파산법 개발에 놓여 있다고 주장한다. 현재 국가 채무 부도 사례에 적용할 강제적인 파산 절차는 없지만 그런 아이디어를 개발하기 위한 공동의 노력을 기울여왔다. 아마도 이 중 가장 중요한 노력은 앤 크루거 IMF 수석 부총재(2001-

---

58   Peterson Christian Barry, "Who Must Pay?" 163.

59   Iris Marion Young, *Responsibility for Justice* (Oxford: Oxford University Press, 2011), 96.

60   Peterson Christian Barry, "Who Must Pay?" 170.

2006)가 2002년에 수행한 작업이었을 것이다. 그녀의 2001년 연설과 2002년의 후속 논문 "국가 부채 채무재조정에 대한 새로운 접근법"에서 크루거는 IMF에서의 금기를 깨고 국가 지불불능에 대한 IMF의 정책에 오랫동안 필요로 해왔던 변화를 가져왔다. 그녀는 먼저 "현행 국가 부채의 채무재조정 절차는 바람직한 수준보다 오래 끌고, 예측불가능하며, 해당 국가 및 채권자들에게 피해를 주고 있다는 데 합의가 이뤄져 있다"고 인정한다.[61] 그래서 그녀는 SDRM(sovereign debt restructuring mechanism, 국가 부채 채무재조정 기제)을 제안했다. 이 제안은 (벌처 펀드들과 같은) 채권자들의 능력을 제한할 공동 행동 조항과 같은 발전적인 측면들을 담고 있었지만, 이 제안은 대체로 비판받았다.

예컨대, 래퍼는 SDRM은 IMF 입장에서 강력한 자기 이익을 반영하기 때문에 그 고안은 특히 민간 채권자들과 채무자들에게 불공정하다고 주장한다. 그는 상호성이라는 절차상의 정의가 결여되었음을 지적하며 SDRM에 대한 자신의 비판을 다음과 같이 요약한다. "SDRM 하에서는 가장 중요한 사안인 지속 가능성(그리고 그에 따른 채무 감축액)과 채무자의 경제 정책의 적정성을 IMF 집행 이사회 혼자서 결정한다. 이 결정에 이의를 제기할 수 없다."[62] 그래서 래퍼는 미국 파산법 9장(지방 정부)은 부채가 과다한 지방 정부에 (회생) 계획을 제출하도록 허용한다는 점에서 보다 바람직한 국가 부채의 채무재조정은 미국 파산법 11장(회사)보다는 9장을 모델로 삼아야 한다고 제안한다. 미국 파

---

61   Anne O. Krueger, "A New Approach to Sovereign Debt Restructuring," International Monetary Fund 2002.

62   Raffer, "IMF's SDRM," 251.

산법 9장과 11장의 자세한 비교는 이번 장의 범위를 넘어가지만, 국가 파산에 관한 국제적인 법적 합의의 장래 방향은 채무국들과 채권자들 사이의 집단 교섭 과정을 허용하는 관계상의 정의 개념에 기초해야 한다는 점을 인식할 필요가 있다.

회사 채무 부도와 파산의 경우

개인 채무자들과 마찬가지로, 회사들도 종종 부도 상태로 이어질 수 도 있는 절박한 재무위기에 직면한다. 개인 채무자 부도 사례의 경우 와는 달리, 회사 부도의 경우 청산 또는 재조직 과정에 관련된 많은 관계자들의 이해가 달려 있어서 훨씬 더 복잡하다. 이러한 이해관계자 들 중에는 담보 채권자(흔히 은행들), 무담보 채권자(은행, 공급자, 채권 보유자), 주주(회사의 소유자)가 포함된다. 상상할 수 있는 바와 같이, 회사 부도에 의해 회사의 잔여 자산이 이들 이해관계자 사이에서 나눠질 때 이 당사자들 사이에 잔여 자산을 어떻게 배분할지 결정할 필요가 발생한다. 이는 회사 지불불능의 경우에 관한 핵심적인 정의 문제 중 하나다. 먼저, 회사 파산에 대해 현행법은 어떻게 규정하는가?

미국 증권거래위원회(SEC)에 의하면, 회사들에게는 파산법 11장과 7장의 두 대안이 있다. 11장은 회사의 비즈니스를 "재조직"해서 회생 하고자 할 때 사용되는 반면, 7장은 모든 영업을 중단하고 회사 자산 을 "청산"해서 채무를 상환할 때 사용된다.[63] 대부분의 상장 회사들은 파산 절차를 통제하면서 기업을 운영할 수 있기 때문에 파산법 7장보 다는 11장에 따른 파산절차를 신청한다. 11장은 회사들이 망해가는 비즈니스를 재건할 수 있게 해주며, 때로는 다시 이익을 내는 상태로 돌아가기 위한 회생 계획을 성공적으로 수행한다. 회생하지 못하면 회사는 최종적으로 자산을 청산해서 채무를 상환한다. 회사가 파산법 11장에 따른 파산을 신청하면 법무부의 파산 담당 부서인 연방 관리인(U. S. Trustee)이 채권자, 채권 보유자, 주주들과 같은 이해관계자의 이해를 대표할 복수의 위원회를 지명한다. 이 계획은 이해관계자들에게 수용되고 법원의 확인을 받아야 한다. 채권자들이나 주주들은 투표로 이 계획을 거부할 권리가 있다. 하지만 법원은 이 계획이 주주들뿐 아니라 채권자들에게도 공정하다고 인정할 경우 이러한 투표를 무시할 권한이 있다.[64] SEC의 역할은 일반적으로 다음 두 가지 과제로 제한된다는 점을 주목할 필요가 있다. (1) 공시 문서를 검토해서 그 회사가 투자자들과 채권자들에게 그들이 알 필요가 있는 중요한 정보를 알려주고 있는지 판단한다. (2) 주주들이 공식적인 위원회에 의해 적절하게 대변되도록 한다.[65]

회사들이 심각하게 빚을 지고 있고 사업을 계속 영위할 가능성이 없을 경우 7장에 따른 파산을 신청해서 회사의 자산을 청산한다. 그 경우, 관리비 및 법률 비용이 먼저 지불되고 잔액은 채권자들에게 돌아간다. 담보 채권자들에게 돌아갈 담보 가치가 충분하지 않을 경우, 담보 채권자들은 (담보물을 처분해서 변제받고 남은) 잔여 채권으로 다른

---

63   U.S. Securities and Exchange Commission (SEC), "What Every Investor Should Know …Corporate Bankruptcy," http://www.sec.gov/investor/pubs/bankrupt.htm.

64   SEC, "What Every Investor Should Know …Corporate Bankruptcy."

65   SEC, "What Every Investor Should Know …Corporate Bankruptcy."

미담보 채권자 그룹에 참여한다. 채권 보유자들과 기타 미담보 채권자들은 일부라도 지급받을 돈이 남아 있을 경우 채권을 청구해야 한다. 가장 순위가 낮은 주주들은 일반적으로 투자 대가를 조금도 반환받지 못한다. 채권자들이 전액을 상환 받고도 남은 돈이 있을 경우 주주들에게 통보해서 청구할 기회를 준다.[66] 이 지급 순서를 보통 "절대적 우선순위 규칙"(APR; absolute priority rule)이라고 부른다.

그렇다면 회사 지불불능 사안을 공정하게 다룬다는 것은 무슨 뜻인가? 회사 지불불능의 맥락에서 윤리가 갚을 수 없는 부채와 무슨 관계가 있는가? 회사 지불불능의 경우에 가장 영향력 있는 윤리 이론은 공리주의 접근법인 듯하다. 예컨대 자크 보트허와 그의 동료들은 이렇게 쓴다. "전체적으로 파산 윤리는 회사의 이해관계자들이 전반적으로 어느 정도로 이익을 보고 그들에게 최소의 피해가 가해지는가라는 **공리주의** 기준을 사용해서 판단된다."[67] 그들은 계속해서 이렇게 말한다. "따라서 우리는 **공리주의** 규범(언제 어떤 행동이 그 결과에 이해관계가 있는 모든 사람들에게 최대의 이익과 최소의 피해를 입히는가)을 사용해서 회사 지불불능이 윤리적으로 정당화되는지 결정한다."[68] 그러므로 보트허와 그의 동료들은 공리주의 관점에 기초해서 소위 기업 파산의 이해관계자 이론을 발전시킨다. 이해관계자 이론 개념은 밀턴 프리드

---

66   SEC, "What Every Investor Should Know ...Corporate Bankruptcy."

67   Jacques Boettcher, Gerald Cavanagh, S.J., and Min Xu, "Ethical Issues That Arise in Bankruptcy," *Business and Society Review* 119, no. 4 {2014}: 479, 강조는 추가된 것임.

68   Boettcher, Cavanagh, and Xu, "Ethical Issues That Arise in Bankruptcy," 478, 강조는 추가된 것임.

먼의 주주 이론을 대체하기 위해 에드워드 프리먼에 의해 최초로 개발되었다. 프리먼에 의하면 회사의 매니저들은 이해관계자들에게 신임 관계(fiduciary relationship)가 있다. 그는 이해관계자들을 "공급자, 고객, 종업원, 주주, 지역 공동체 및 이 그룹들을 위한 대리인 역할을 하는 경영진"으로 정의한다.[69]

보트허와 그의 동료들은 프리먼의 이해관계자 이론을 공리주의 윤리와 통합해서 우선 인간적인 비용이 일반적으로 훨씬 크고 청산 시 회사의 분해된 부분들은 대개 온전한 회사보다 가치가 적기 때문에 파산 재조정은 기업이 종업원, 공급자, 채권자, 주주 및 공동체라는 이해관계자들의 최상의 이익에 도움을 주는 윤리적인 방법이 될 수 있다는 논거를 전개한다.[70] 그들은 또한 이렇게 주장한다. "윤리적인 파산은 다양한 이해관계자들에게 최대의 이익과 최소의 피해를 제공할 수 있는 파산이어야 한다. 파산 제도는 정직한 채무자에게 두 번째 기회를 주는 시도로서 윤리적으로 정당화될 수 있다."[71] 윌리엄 피츠패트릭과 새무얼 디룰로도 이해 관계자 개념을 받아들여서 회사 지불불능 관리 문제를 다룬다. 그들에 의하면, 파산은 채권자의 권리 보호에 초점을 맞춰왔지만, 현대 파산 법규의 변화로 채무자들은 범죄인에서 회생할 자격이 있는 실체로 전환되었으며, 파산과 관련된 다양한 이

---

69   Edward R. Freeman, "Stakeholder Theory of the Modern Corporation," *Ethical Theory and Business*, Tom L. Beauchamp and Norman E. Bowie 편, 7th ed. (Englewood Cliffs, N.J.: Prentice Hall, 2003)에 수록된 글, 39.

70   Boettcher, Cavanagh, and Xu, "Ethical Issues That Arise in Bankruptcy," 476.

71   Boettcher, Cavanagh, and Xu, "Ethical Issues That Arise in Bankruptcy," 492.

해관계자들의 법적 권리와 투자 보호 수단에 변화가 일어났다.[72] 다이너 페인과 마이클 호그도 회사 지불불능의 이해관계자 이론을 지지한다. "기업이 도산할 때 어떤 전략을 따라야 할지에 관한 결정은, 특히 경영진이 신의에 따라 행동하고자 할 경우에는 어려운 결정이다. 파산법 11장에 따라 파산을 신청할 때의 도덕적 고려사항을 검토할 때, 이해관계자 분석을 수행해서 그 결정이 관련 이해관계자 그룹들에 끼칠 영향을 판단해야 한다."[73]

윤리적 관점에서 보면, 회사 지불불능의 이해관계자 이론을 법률에 적용하는 것은 특히 갚을 수 없는 부채를 공정하게 다루기와 관련해서 확실히 긍정적인 움직임이다. 나는 회사 지불불능 사건을 보다 더 공정하게 다루기 위해서는 회사 지불불능의 이해관계자 이론이 현재 공리주의와 맺고 있는 철학적 제휴를 떼어냄으로써, 위르겐 하버마스의 담론 윤리(discourse ethics)와 같이 절차적으로 보다 정당화할 수 있는 윤리 이론들과 재정렬되고 이러한 이론들에 의해 재구축되어야 한다고 주장한다. 왜 그런가? 왜 담론 윤리인가? 이러한 철학적 재구축이 어떤 실제적 결과나 의미 있는 변화를 가져올 것인가?

---

72   William M. Fitzpatrick and Samuel A. DiLullo, "Bankruptcy: A Stakeholder Analysis," *Advances in Competitiveness Research* 20, nos. 1-2 (2012): 24.

73   Dinah Payne and Michael Hogg, "Three Perspectives of Chapter 11 Bankruptcy: Legal, Managerial and Moral," *Journal of Business Ethics* 13, no. 1 (1994): 27. 카렌 그로스도 그녀의 저서 *Failure and Forgiveness: Rebalancing the Bankruptcy System*에서 회사 지불불능의 이해관계자 이론을 언급한다. 그녀는 이렇게 쓴다. "파산은 또한 보다 광범위한 공동체, 즉 해당 기업이 위치하고 있는 공동체, 파산 사건에서 채무자의 자산이 매각될 경우 채무자의 자산이 재위치할 수 있는 공동체, 특정 산업 내의 공동체, 세금 수입이 감소되거나 늘어나 영향을 받는 공동체들에도 영향을 준다." Gross, *Failure and Forgiveness*, 197을 보라.

간단히 말하자면, 이러한 철학적 재구축은 회사 지불불능 사건을 보다 공정하게 처리할 것이다. 공리주의 이해관계자 이론과 이해관계자 이론의 담론 윤리 전용 사이의 가장 큰 차이는 전자가 최종 결과(잔여 자산의 공리주의적 분배)에 초점을 맞추는 경향이 있는 반면, 후자는 정의의 절차적 측면(영향 받는 모든 당사자들이 의사 결정 과정에 참여하는지 여부)을 강조한다는 데 놓여 있다. 공리주의 이해관계자 이론의 결정적인 약점은 결과를 강조하는 방법론으로 인해 정의의 대리인적 측면이 충분히 행사되지 않을 수도 있다는 점이다. 결과로부터 특정한 행동의 도덕적 정당화를 이끌어내는 공리주의 이론들과는 달리, 하버마스의 담론 윤리는 영향을 받는 모든 당사자들이 대화에 참여해서 합의를 도모한다는 사실로부터 도덕적 정당화를 이끌어내려 한다. 여기서 하버마스의 담론 윤리의 기본 견해가 무엇인지 살펴볼 가치가 있다.

하버마스에 의하면, 서구 사회와 같이 철저한 다원 사회에서는 전통적인 도덕규범들이 도덕적 정당성을 얻는 새로운 방법에 의해 대체로 해체되고 재구축되어왔다. 보다 구체적으로 말하자면, 오늘날의 후(後)전통사회(postconventional society)에 사는 사람들은 전통적 또는 형이상학적 개념에 의존하는 대신 그들의 행동에 의해 영향을 받는 사람들과 공개적으로 대화함으로써 그들의 도덕적 정당화를 이끌어낸다. 하버마스는 도덕적 정당화에 이르는 이 새로운 방법을 담화 원칙(discourse principle; "D")이라 부르며, 이를 다음과 같이 정의한다. "영향 받는 모든 사람들이 실질적인 대화에 참여할 수 있고, 대화 참여자들의 승인을 받은 (또는 받을 수 있는) 규범들만 타당하다고 주장할 수 있다."[74] 나중에 그의 저서 『사실과 규범 사이』에서, 그는 자신의 도덕 이론을 법률 및 정치 분야로 확장한다. 예컨대, 법률상의 대화는 이제 정치적으로 경쟁하던 그룹들 사이에 절차적으로 규제되는 협상에 주의해야 한다. 그래서 그는 이렇게 말한다. "보다 구체적으로는, 타협 협상은 모든 이해당사자들에게 동등한 압력 기회, 즉 실제로 협상할 때 서로에게 영향을 줄 동등한 기회를 줘서 영향을 받는 모든 이해관계자들이 자기주장을 하고 그 주장을 반영시킬 동등한 기회를 갖게 하는 절차를 따라야 한다."[75] 토론을 통한 의견 및 의지의 형성 과정을 통해 영향을 받는 모든 시민들에게 이성적으로 받아들여진 일련의 법 규범만이 정당하다고 여겨진다는 점을 이해할 필요가 있다.[76]

그렇다면 하버마스의 절차적 정의가 공리주의 이해관계자 이론보다 회사 지불불능의 경우를 보다 공정하게 다루는가? 왜 회사 지불불능 사안을 공정하게 처리하는 문제와 관련해서 결과에 기반을 둔 공리주의의 정의보다 행위자에 초점을 맞춘 절차적 정의를 선택해야 하는가? 먼저 현행 파산법(11장과 7장)은 파산 담당 판사의 역할을 매우 강조한다는 사실을 주목해야 한다. 보트허와 그의 동료들은 이렇게 쓴다. "**판사**가 파산 프로세스에서 유일한 결정자이며, 그(녀)에게 그 사건에 대한 상당한 권한이 있다.…윤리적 관점에서 보면, 파산 프로세

---

74   Jürgen Habermas, *Moral Consciousness and Communicative Action*, Christian Lenhardt and Shierry Weber Nicholsen 역 (Cambridge, Mass.: MIT Press, 1990), 66.

75   Jürgen Habermas, *Between Facts and Norms: Contributions to a Discourse Theory of Law and Democracy*, William Rehg 역 (Cambridge, Mass.: MIT Press, 1996), 166-67.

76   Ilsup Ahn, "Deconstructing the Economy of Debt: Karl Marx, Jürgen Habermas, and an Ethics of Debt," *Trans-Humanities* 6, no. 1 (20 13): 20.

스의 많은 참가자들 중 한 명인 **판사**도 가까운 장래뿐 아니라 장기적으로 대부분의 이해관계자들의 최대의 이익을 보호하고 그들에게 최소의 피해를 입히기 위한 노력을 기울여야 한다."[77] 회사 지불불능 사건에서는 파산 담당 판사의 결정에 의해 그들의 이해가 직간접적으로 영향을 받는 사람들이라기보다는 그 판사가 공리주의적 결과를 만들어내는 주요 행위자다. 물론 판사는 이해관계자들의 다양한 이해를 대표하기 위해 선정된 관리인들(trustees)들의 도움을 받는다. 그러나 『파산법 7장에 따른 관리인을 위한 핸드북』(미국 법무부 발행)에 의하면, "관리인들의 주요 의무는 파산 회사의 재산을 추심 및 청산해서 그 수령액을 **채권자들**에게 분배하는 것이다. 7장 사건은 **채권자들**에 대한 분배를 극대화하고 촉진시키도록 관리되어야 한다."[78] 이 『핸드북』은 회사 지불불능의 경우 채무자들의 목소리는 채권자들의 목소리와 동등한 가치가 있지 않다는 점을 보여주는 듯하다. 실로 여기서 공리주의가 정의의 행위자 측면에 대해 관심을 두지 않는 것과, 현행 파산법이 파산 판사의 역할 및 관리인의 미리 정해진 역할에 크게 의존한다는 사실 사이에 거의 논리적인 연결 관계가 있음을 알 수 있다.

그래서 나는 파산 법률들이 **모든** 관련 이해관계자들의 이익에 더 잘 기여하려면, 판사가 그들을 대신해서 결정하게 할 것이 아니라 이해당사자들이 보다 열린 대화를 통해 청산 과정에 관여하게 함으로써

77　Boettcher, Cavanagh, and Xu, "Ethical Issues That Arise in Bankruptcy," 483, 강조는 추가된 것임.

78　U.S. Department of Justice, *Handbook For Chapter 7 Trustees*, October 1, 2012, http://www.justice.gov/ust/file/handbook_for_chapter_7_trustees.pdf/download, 강조는 추가된 것임.

그들이 보다 적극적이고 참여적인 역할을 하게 해야 한다고 주장한다. 이것이 바로 대화적이고 절차적인 정의가 요구하는 내용이다. 이 새로운 정의의 틀(paradigm)에 의하면, 판사의 역할은 절대적 우선순위 규칙과 같은 법규에 비추어 이해관계자들의 최대의 공리주의적 결과를 계산하는 것이 아니라 절차적 정의를 이행할 목적으로 대화를 촉진하는 것으로 재정의되어야 한다. 현대 사회과학 연구도 철학 틀이 (공리주의 정의에서 절차적 정의에 대한 접근법으로) 바뀔 필요가 있다는 사실을 정당화한다. 보트허와 그의 동료들에 의하면, 파산 절차 및 파산법 규칙들 안에 불법적이고 비윤리적으로 행동할 많은 기회들이 있으며, "파산 신청 중 판사 또는 관리인이 상당한 재량권을 갖고 있기" 때문에 판사의 비리나 판단 착오가 특히 문제가 된다.[79] 제안된 회생 계획의 타당성 평가는 판사의 책임이지만, 이 일은 해당 판사로부터 많은 시간과 자원을 요구하기 때문에, 판사는 파산 계획을 주의 깊게 분석하지 않고 승인하는 경향이 있다.[80]

회사 지불불능 사건에서 가장 중요한 원칙, 즉 절대적 우선순위 규칙은 실제로는 그 이름이 내포하는 것만큼 "절대적"이지 않다는 점도 명심해야 한다. 예컨대 법학자 마크 로우와 프레드릭 통은 "채권자들과 그들의 전문가들이 기존의 배분 규칙을 놓고 겨루고 자신들의 사적인 파산 수익률을 향상시키기 위해 범주의 변화를 추구하므로 파산 절차는 사실은 지대 추구로 가득하기" 때문에 절대적 우선순위는 누

---

79 Boettcher, Cavanagh, and Xu, "Ethical Issues That Arise in Bankruptcy," 484.

80 Boettcher, Cavanagh, and Xu, "Ethical Issues That Arise in Bankruptcy."

구에게나 열려 있다고 주장한다.[81] 유사한 맥락에서, 릴리야 그리첸코도 절대적 우선순위 규칙은 전통적으로 개인과 회사의 회생에 적용된다고 인식되어왔지만, 2005년의 개정법은 이 규칙을 개인 파산 11장에 적용할 수 있는지에 관해 의문을 제기한다고 주장한다.[82] 핵심 문제는 파산법 11장에 따라 파산을 신청하는 개인들에게 절대적 우선순위 규칙이 사실상 폐지되었는지 여부다. 2005년의 개정 내용을 어떻게 해석하는지에 따라 법원은 "넓은 견해"와 "좁은 견해"로 나뉜다. 전자는 이 법의 개정된 부분들에 근거해서 2005년 BAPCPA(파산 남용 방지 및 소비자 보호법)는 절대적 우선순위 규칙을 완전히 제거할 의도라는 입장을 취하는 반면, 후자는 채무자의 행동을 보다 강하게 통제함으로써 이 법의 남용을 억제하려는 의회의 의도 때문에 절대적 우선순위 규칙은 여전히 파산 신청 전의 자산(prepetition assets)에 적용된다는 입장을 취한다.[83] 제시카 엘리스도 이 절대적 우선순위 규칙을 무너뜨리는 이러한 법학자들 대열에 가세한다. "그 이름에도 불구하고, 절대적 우선순위 규칙은 결코 절대적이었던 적이 없으며, 법원들은 이 규칙이 존재해왔던 내내 예외를 인정해왔다."[84] 많은 회사들이 반드시 경영상의 실수 및 실패 때문이 아니라 통제할 수 없는 외부 요

---

81   Mark J. Roe and Frederick Tung, "Breaking Bankruptcy Priority: How Rent-Seeking Upends the Creditor's Bargain," *Virginia Law Review* 99, no. 6 (2013): 1237.

82   Liliya Gritsenko, "Everybody Wins! Elimination of the Absolute Priority Rule for Individuals under BAPCPA: A Middle Ground," *Cardozo Law Review* 35, no. 3 (2014): 1257.

83   Gritsenko, "Everybody Wins!" 1257.

84   Jessica R. Ellis, "The Absolute Priority Rule for Individuals after *Maharaj, Lively*, and *Stephens*: Negotiations or Game Over?" *Arizona Law Review* 55, no. 4 (2013): 1148.

인 때문에 파산한다는 점에 비춰볼 때, "절대적 우선순위 규칙"의 이름과 지위를 "상대적 우선순위 규칙"으로 대체하는 방안을 고려해야 한다.

결론

위에서 나는 다양한 채무 부도 및 그에 따른 파산 사례를 공정하게 다루고자 했다. 개인, 정부, 회사의 채무 지불불능이라는 세 가지 범주들을 비판적으로 고찰함으로써, 나는 다양한 채무 지불불능 사례를 공정하게 다루기 위해서는 공정성과 징벌을 뛰어넘어 희생자가 된 채무자들과 영향을 받는 채권자들을 위한 회복적이고 관계적인 정의가 필요하다는 주장을 펼쳤다. 어떤 채무자도 영원히 빚진 상태로 남겨지지 않아야 하며, 파산은 부도낸 채무자들에게 다시 시작할 수 있는 기회를 주는 방식으로 고안되어야 한다.[85] 또한 어떤 채무자도 자신의 재무상의 의무를 만족시킬 만한 충분한 자산을 갖고 있을 경우 자신의 빚을 갚아야 한다는 근본적인 윤리적 의무를 위반하지 않아야 한다. 다양한 채무 부도 사례들을 보다 공정하게 다루기 위해서는, 채무 및 부도 문제는 단지 채권자와 채무자 사이의 계약상의 문제만이 아니라는 점도 고려해야 한다. 점점 더 심화되는 세계경제의 금융화는 이미 부채 문제를 구조적으로나 사회적으로 중대한 문제가 되게 했으므로, 이 문제는 민주적인 법의 지배에 의해서만 관리될 수 있다. 이 점

---

85   Boettcher, Cavanagh, and Xu, "Ethical Issues That Arise in Bankruptcy," 473.

에서 영향 받는 모든 이해관계자들이 부채 경제를 공정하고 인간적인 도덕적 아이디어에 따라 갱신하기 위해 계속 정치적인 대화를 해야 한다.

4장

이슬람 금융 윤리와 지대 소득자 부채 경제에 대한 반대 논거

서론

이슬람 금융 경제학자들에게는 2007-2008년의 미국 금융위기가 중요한 시험 사례의 하나였으며, 그들의 주요 관심사는 이슬람 금융 서비스 산업의 복원력이었다. 예컨대 M. 카비르 하산과 라셈 카예드 같은 학자들은 "현재의 세계 금융 위기는 대체로 이슬람 금융 서비스 산업의 복원력, 그리고 자신을 보다 전통적인 금융 시스템보다 신뢰할 수 있는 대안으로 제시할 수 있는 능력에 대한 진정한 시험으로 보인다"고 주장한다.[1] 비슷한 맥락에서, 폴커 닌하우스는 "이슬람 금융과 이슬람 경제 옹호자들은 한 걸음 더 나아가 이슬람 은행들은 전통적인 은행들보다 최근의 위기에서 보다 더 큰 복원력을 과시했는데 이

---

1   M. Kabir Hassan and Rasem Kayed, "The Global Financial Crisis and Islamic Finance," *Thunderbird International Business Review* 53, no. 5 (2011) : 551.

는 윤리 기준 및 특정 금지사항들을 준수했기 때문이라고 주장한다"고 말한다.[2] 그는 이슬람 금융 및 이슬람 경제 옹호자들의 주요 주장을 다음과 같이 간략하게 요약한다. "간단히 말해서, 세계 금융 위기는 이슬람 금융이 보다 효율적이고, 안정적이고, 공정함을 증명했다."[3]

이번 장의 목적은 이 주장을 확인하기 위함이 아니다. 아마도 이에 대해 판단을 내리는 것은 너무 성급한 처사일 것이다. 이슬람 금융과 은행 산업은 아직도 "발전하는" 단계에 있기 때문에 그처럼 결정적인 판단을 내리기에는 좀 더 시간이 필요하다.[4] 이번 장의 목적은 보다 총체적인 부채 윤리를 구축함에 있어서 핵심적인 도덕적 통찰력을 도출하기 위해 이슬람 금융과 은행 산업의 윤리적 토대를 비판적으로 조사하는 것이다.

서구에서 부상하고 있는 이슬람 금융 시장에 구애한다는 비즈니스 목적을 넘어서 이슬람 금융과 은행 산업의 윤리를 진지하게 탐구해야 할 강력한 이유가 있다. 이슬람 금융과 은행 산업도 세계 금융 위기 여파로 상처를 입기는 했지만, 이슬람 금융은 어둡고 변동성이 큰 세계 금융 환경에도 불구하고 비교적 복원력이 있는 재무적 힘과 효과성을 보여주었다.[5] 일부 이슬람 학자들은 세계의 은행업 관행들이 "기업가 정신" 및 "투명성"과 같은 이슬람 금융 원칙들을 고수했더라면 세계

---

2   Volker Nienhaus, "Islamic Finance Ethics and Shari'ah Law in the Aftermath of the Crisis: Concept and Practice of Shari'ah Compliant Finance," *Ethical Perspectives* 18, no. 4 (2011): 592.

3   Nienhaus, "Islamic Finance Ethics," 592.

4   Hassan and Kayed, "Global Financial Crisis and Islamic Finance," 551.

5   Hassan and Kayed, "Global Financial Crisis and Islamic Finance," 558.

금융 위기가 예방되었거나 그 여파가 상당히 줄어들었을 것이라고 강하게 주장해왔다. 예컨대 하산과 카예드는 금융 위기가 주로 "서브프라임 모기지, 부적정한 리스크 평가, 리스크를 옮기기 위한 복잡한 금융상품, 투기와 공매도, 과도한 레버리지, 느슨한 규제 틀과 과도한 대출"과 같은 요인들에 의해 야기되었기 때문에, 이슬람 자본 시장에서는 금융 위기 발생이 불가능했을 것이라고 주장한다.[6]

이슬람 금융과 은행 산업은 샤리아 법과 같은 종교 규정들에 연계되어 있을 뿐만 아니라 금융 거래는 공정성, 정의, 투명성과 일치하도록 요구하는 윤리적 원칙과 도덕적 이상에 깊이 젖어 있음도 주목해야 한다. 그처럼 윤리를 강조하는 덕분에 이슬람 금융업자들과 투자자들은 위험하고, 과도하며, 투기적인 금융 거래에 관여하지 않도록 동기가 부여된다. 이번 장은 세계 금융 및 은행 시스템에 대한 보다 총체적인 부채 윤리를 개발하기 위해 그러한 이슬람의 윤리적 통찰력을 밝히는 데 할애된다. 하산과 카예드가 말하듯이, 이슬람의 이러한 윤리적 통찰력은 이슬람 금융계뿐 아니라 비이슬람 금융계에서도 널리 수용되고 있으며, 교황청도 2009년에 공식 기관지(*L'Osservatore Romano*)를 통해 전통적인 은행들이 이슬람 금융의 윤리적 규칙을 고려하도록 촉구함으로써 이슬람의 윤리 금융을 인정했다.[7]

---

6   Hassan and Kayed, "Global Financial Crisis and Islamic Finance," 558.

7   Hassan and Kayed, "Global Financial Crisis and Islamic Finance," 558. *The World Bulletin*은 "이슬람 금융이 근거하고 있는 윤리적 원칙들은 은행들을 그들의 고객 및 모든 금융 기관들의 특징이 되어야 하는 진정한 정신에 보다 가까워지게 할 수도 있다"고 말한다. "Vatican Offers Islamic Finance System to Western Banks," *World Bulletin*, http://www.worldbulletin.net/index.php?aType=haber&ArticleID=37814.

이슬람 은행, 샤리아 법, 경제 정의

잘 알려진 바와 같이, 쿠란은 이슬람교도들에게는 그들의 국적에 관계없이 거룩한 책이다. 이슬람 법 또는 샤리아는 쿠란 및 선지자 무함마드의 말과 가르침(하디스와 순나)에 기초를 두고 있는데, 이는 세계 인구의 20퍼센트가 넘는 사람들이 개인 생활에서 뿐만 아니라 사업과 직업에서도 샤리아 법의 원칙에 따라 살아야 함을 의미한다. 이슬람 은행업과 금융을 이해하기 위해서는, 먼저 이슬람 세계관의 정수(精髓)를 이해할 필요가 있다. 하비브 아흐메드에 의하면, "이슬람 세계관의 정수는 신(알라)의 유일성과 주권을 의미하는 **타우히드**다."[8] **타우히드** 개념은 금융과 경제를 포함한 이슬람교도들의 삶의 모든 측면에 관련된 함의가 있기 때문에 이 개념의 도덕적 중요성은 매우 광범위하다. 신(알라)이 가치와 규범의 유일한 원천이기 때문에, 모든 금융 거래 유형을 포함한 법률 및 도덕성에 관한 모든 논의는 이 개념에서부터 생겨난다. 그래서 아흐메드는 이렇게 쓴다. "이슬람 경제와 금융은 이슬람 세계관을 반영하게끔 되어 있으며, 따라서 경제 거래와 관련된 이슬람 법과 도덕에 의해 견인된다."[9]

이슬람 교도들은 신(알라)이 선을 명령하는 이유는 선이 공동체의 복지를 확보하기 때문이며, 신이 악을 금지하는 이유는 악이 공공의 유익을 해치기 때문이라고 믿기 때문에, 그들은 이슬람 법과 도덕성의 주된 목표는 공공의 복지와 공동선(마슬라하)에 긍정적으로 기여

8　　Habib Ahmed, "Defining Ethics in Islamic Finance: Looking Beyond Legality," *New Horizon: Global Perspective on Islamic Banking & Insurance* 184 (2012): 21.

9　　Ahmed, "Defining Ethics in Islamic Finance," 21.

하는 것이라고 믿는다. 아흐메드는 이슬람의 법과 도덕의 구분은 "의무(와지브 또는 파르드), 권고(만두브), 비난(마크루흐), 허용(무바흐), 금지(하람)라는 다섯 개 유형의 인간 행동의 예를 통해 가능하다고 주장한다.[10] 이러한 행동들 중 첫 번째와 마지막 유형의 행동들, 즉 "와지브"와 "하람"은 법적 효력이 있는 반면 나머지 유형들은 법원에서 재판할 수 없는 도덕적 영역에 속한다. 그렇다면 이 구분이 상거래 및 금융 거래와 무슨 관계가 있는가? 일반적으로, 상거래 또는 금융거래의 기본 원칙은 구체적인 금지 명령이 없는 한 모든 상거래나 금융 거래는 허용할 수 있다는 허용 가능성 원칙이다. 그렇다면 특히 금융 거래와 관련한 구체적인 금지 명령은 무엇인가?

우리는 이 금지 명령을 샤리아 법에서 발견한다. 제인 폴라드와 마이클 사머스는 이슬람 금융과 은행 산업의 구조에 관해 샤리아 법이 관심을 보이는 두 개 영역이 있다고 주장한다. "첫째, 리바(증가)는 착취적이고 불공정하다고 여겨지기 때문에 금지된다.…이슬람 은행업 및 금융(IBF; Islamic banking and finance)에 영향을 주는 두 번째 관심사는 과도한 리스크 또는 불확실성(가라르)의 금지다."[11] 이슬람 교도들 사이에는 리바(고리대금) 금지에 관해 어떠한 의견 차이도 없음을 주목할 필요가 있다. 이에 대해 무하마드 아유브는 이렇게 말한다. "모든 이슬람 종파들은 리바에 기초한 거래에 탐닉하는 것을 심각한 죄로

---

10   Ahmed, "Defining Ethics in Islamic Finance," 21.

11   Jane Polland and Michael Samers, "Islamic Banking and Finance: Postcolonial Political Economy and the Decentring of Economic Geography," *Transactions of the Institute of British Geographers*, n.s. 32, no. 3 (2007): 314.

여긴다."[12] 왜 그런가? 이렇게 금지하는 가장 명백한 이유는 샤리아 법의 주요 원천인 쿠란과 순나가 리바 관행을 강력하게 비난하기 때문이다. 리바를 금지하는 쿠란의 몇몇 핵심 구절들은 다음과 같다.

> 신자들이여, 신을 조심하라. 네가 참 신자라면 고리대금으로부터 받을 잔액이 있어도 그것을 포기하라. (알 바카라 2:278)
>
> 신자들이여, 고리 이자, 원금을 두 배로 늘리고 그것을 또 두 배로 늘리는 것을 사용하지 마라. 신에게 신경을 쓰면 번성할 것이고(신을 무시하는 자를 위해 준비된 불을 조심하라), 신과 선지자에게 순종하면 긍휼을 입을 것이다. (알 임란 3:130-32)
>
> 고리 취하기가 금지되었음에도 고리를 취하는 자들과 다른 사람의 재산을 불법으로 삼키는 자들, 진리를 거절하는 자들을 위해 극심한 고통을 준비해뒀다. (알 니사 4:161)[13]

그렇다면 왜 이슬람 전통에서는 리바 관행이 금지되는가? 왜 이슬람에서 신(알라)은 거래는 허용하면서도 리바는 금지하는가?[14] 이 질문에 답하기 위해서는 대출을 받는 목적은 소비 또는 사업에의 투자일 수 있음을 고려할 필요가 있다.

---

12 Muhammad Ayub, *Understanding Islamic Finance* (West Sussex: John Wiley & Sons, 2007), 44.

13 이 쿠란 구절들은 M. A. S. Abdel Haleem이 번역한 Oxford World's Classics (2010) 버전에서 인용되었다.

14 유대교, 기독교, 이슬람, 불교 및 힌두교 등 모든 주요 종교들은 한결같이 고리대금을 비난함을 주목해야 한다.

시디크 누르조이에 의하면, 두 경우 모두 리바는 불법이다. 누르조이는 이렇게 논증한다. "소비 목적의 대출에 대한 리바를 금지하는 명령의 토대는 그런 대출을 받을 필요가 있는 사람들은 최소 생활수준을 유지하기 위한 목적이라고 가정된다는 점이다."[15] 달리 말하자면, 리바는 궁핍한 사람들에 대한 착취를 야기할 수도 있다. 불행하게도, 궁핍한 사람들에 대한 이러한 유형의 착취가 현대에도 존재한다. 예를 들어, 1992년 정책 연구원(Policy Studies Institute) 보고서는 "가난한 사람들은 그들이 살 여유가 없는 사치품을 살 자금을 마련하기 위해서라기보다는 절대적으로 필요한 항목들을 위한 대출만 받음에도 그 대출 금액에 대해 절대적인 관점에서 더 많이 지불한다"고 결론을 내린다.[16] 그래서 다른 사람에게 리바 없이 대출해 주는 것은 자선 행위가 된다. 반면에 궁핍한 사람에게 리바를 받고 대출해 주는 것은 "이기심, 인색함, 몰인정, 금융상의 탐욕을 주입시키기" 때문에 사회악의 한 형태가 되어 동료 시민들의 고통으로 귀결된다.[17] 그래서 누르조이는 이슬람 전통에서는 "소득이 높고 따라서 저축(잉여 자금)을 많이 하는 사람들은 궁핍한 처지에 있는 수입이 낮은 사람들에게 리바를 부과하

---

15   M. Siddieq Noorzoy, "Islamic Laws on Riba (Interest) and Their Economic Implications," *International Journal of Middle East Studies* 14, no. 1 (1982): 6. 누르조이는 계속해서 이렇게 지적한다. "소비 대출에 대한 리바의 금지는 확실히 부자로부터 가난한 사람들로의 구매력 재분배도 겨냥한다." (6).

16   Wayne A. M. Visser and Alastair Mcintosh, "A Short Review of the Historical Critique of Usury," *Accounting, Business and Financial History* 8, no. 2 (1998): 183.

17   Muhammad Farooq, "Interest , Usury and Its Impact on the Economy," *Dialogue* 7, no. 3 (2012): 274.

지 말고 돈을 빌려주도록 요청된다"고 주장한다.[18]

리바는 사업을 위한 투자 목적 대출의 경우에도 수용될 수 없다. 그 근거는 무엇인가? 사업을 위한 투자 목적 대출에 대한 리바 금지의 근본 이유는 리바가 대출자 측의 노동(일) 없이 소득을 만들어낼 수 있기 때문이다.[19] 명백히 알 수 있는 바와 같이, 이익(profit)은 제조업이나 유통업과 같은 명확한 가치 창출의 결과지만, 고리는 그렇지 않다. "이자[리바]의 경우, 수익(return)이 얼마인지 알 수 있고 그에 대해 확신할 수 있다. 이익의 경우 이를 확보하기 위해 노력해야 한다."[20] 리바는 생산적인 경제 활동에 종사하거나 상품 공급을 증가시키지 않으면서 부를 창출하기 때문에 이슬람은 이를 "불공정하고, 불의하고, 정당화될 수 없다"고 여긴다.[21] 누르조이가 신랄하게 지적하듯이, 비즈니스 및 산업 투자에서 리바 금지는 "돈 그 자체로는 생산성이 없음"을 시사한다.[22] 두 경우의 대출(소비 목적 및 투자 목적)에 대한 리바를 금지함으로써, 이슬람 전통은 화폐의 시간 가치는 존재하지 않는 것으로 인식되어야 한다고 규정한다.

리바 금지에 관해 이슬람 학자들은 이념 논쟁을 벌이고 있다. 이 논쟁의 핵심은 리바를 어떻게 해석할지에 관한 것이다. 리바는 보다 좁게 "고리"(高利)를 의미하는가, 아니면 보다 넓게 "이자"를 의미하는

---

18 Noorzoy, "Islamic Laws on Riba (Interest) and Their Economic Implications," 6.

19 Noorzoy, "Islamic Laws on Riba (Interest) and Their Economic Implications," 6.

20 Visser and McIntosh, "Short Review," 181에서 인용함.

21 Hassan and Kayed, "Global Financial Crisis and Islamic Finance," 557.

22 Noorzoy, "Islamic Laws on Riba (Interest) and Their Economic Implications," 6.

가? 누르조이는 이 논쟁을 다음과 같이 요약한다. "따라서 이슬람에서 이자 교리에 관한 논쟁의 근본적인 측면은 이자율이 0퍼센트인가(그 경우 리바는 이자 자체를 의미하는 것으로 해석된다.), 아니면 양수인 이자율이 허용되는가(그 경우 리바는 고리를 의미하는 것으로 해석된다) 여부다."[23] 누르조이는 한층 더 나아가 쿠란의 리바 금지 명령을 다르게 해석할 여지는 이슬람 시대 초기의 하드흐라티 오마르 시대로 거슬러 올라갈 수 있다고 말한다.[24] 그가 이렇게 말했다고 인용된다. "마지막으로 계시될 내용은 고리 구절이었는데, 그 예언자는 이를 설명하지 않고 사망했다. 그러니 고리나 이와 유사한 모든 것을 포기하라."[25] 누르조이는 이어서 이 번역에서 "이자"라는 단어 대신 "고리"라는 단어가 사용됨을 지적한다. 따라서 그는 "오마르가 리바라는 말로 고리를 의미했는가 아니면 이자를 의미했는가?"라는 질문을 제기한다.[26]

대부분의 전통적인 이슬람 학자들은 리바를 이자로 해석하겠지만 일부 학자들은 고리로 본다. 오마르가 그의 진술에서 리바를 이자로 간주했다면, 0퍼센트를 넘는 모든 이자는 리바가 될 것이다. 예를 들어 무하마드 아유브는 "전통적인 이자가 리바다"라고 주장한다.[27] 아유브는 모든 수입과 소득, 급여, 임금, 보상과 이익, 고리와 이자, 지대와 고용 등은 다음과 같은 두 가지 유형으로 분류될 수 있다고 주장한다.

---

23 Noorzoy, "Islamic Laws on Riba (Interest) and Their Economic Implications," 3.

24 Noorzoy, "Islamic Laws on Riba (Interest) and Their Economic Implications," 4.

25 Noorzoy, "Islamic Laws on Riba (Interest) and Their Economic Implications," 4.

26 Noorzoy, "Islamic Laws on Riba (Interest) and Their Economic Implications," 4.

27 Ayub, *Understanding Islamic Finance*, 47.

- 책임이 수반되는 교역과 비즈니스로부터의 이익. 이는 허용된다.
- 현금 또는 자본이 사용된 결과, 책임 부담이 없이 현금 또는 현금이 전환된 형태에서 나오는 대가. 이는 금지된다.[28]

아유브에게는 리바가 대출과 채무 원금을 넘는 모든 금액뿐 아니라 대출과 채무로부터 발생하는 모든 이득을 포함할 터이므로 리바는 "상업 대출 또는 개인 대출에 대한 모든 형태의 '이자'"를 포함할 것이다.[29] 그럴 경우 이자율이 0퍼센트여야 한다는 해석을 반대하는 사람들은 아유브의 전통적인 입장에 도전한다. 그들의 주요 논거는 "그런 대출[기업 대출에 대한 0퍼센트 이자]은 대출자가 그 자금을 비즈니스에 투자했더라면 벌게 되었을 상실된 이익에 의해 결정된 기회비용을 수반한다"는 점이다.[30] 물론 비즈니스 투자가 항상 높은 이익을 가져다주리라는 보장은 없다. 그러나 이 논거는 투자와 같이 돈을 빌려주는 행위에도 어느 정도 리스크가 있음을 시사한다. 이 반대자들 중에서 저명한 쿠란 번역자인 유스프 알리가 가장 두드러진다. 현대 신용 및 은행업 시스템의 구조 안에서 양수의 이자율을 찬성하는 알리는 리바를 고리로 번역하면서 이렇게 말한다. "[고리에 대한] 내 정의는 모든 종류의 부당한 이익 취하기를 포함하겠지만, 현대 은행업과 금융의 산물인 경제적 신용을 제외한다."[31] 유사한 방식으로, 마흐무드

---

28   Ayub, *Understanding Islamic Finance*, 47.

29   Ayub, *Understanding Islamic Finance*, 47.

30   Noorzoy, "Islamic Laws on Riba (Interest) and Their Economic Implications," 4.

31   Noorzoy, "Islamic Laws on Riba (Interest) and Their Economic Implications," 5에 인용됨.

A. 엘 가말도 리바는 이자와 다르다고 주장한다. "대부분의 현대 이슬람 금융 법학자들과 학자들은 이 주제에 대한 논의, 정확하게는 '리바'와 '이자'를 계속 일대일로 대응시키기를 배제하길 원한다. 사실 두 용어를 동등시하는 것은 전혀 적절하지 않다."[32]

위에서 이슬람 금융 전통에서 리바가 어떻게 인식되는지 살펴보았다. 그러면 이슬람의 리바 금지에서 어떤 도덕적 통찰력을 이끌어낼 수 있는가? 나는 첫 번째 통찰력은 대출 이자율을 단지 채권자와 채무자 사이의 계약 문제가 아니라 핵심적인 사회 정의 문제로 보는 점이라고 주장한다. 이자율이 사회 정의와 무슨 관계가 있는가? 이자율은 소수의 수중에 부를 집중시킬 수도 있기 때문에 단지 금융업자와 대출자 사이의 공정성 문제에 그치지 않는다. 다음과 같은 무하마드 파루크의 말은 옳다. "이자율 때문에 돈이 소수의 수중에 부를 집중시키는 상품으로 취급된다. 그 결과 전체 경제가 고통당한다."[33] 1980년대 이후 부의 집중이 우려스러운 수준으로 심화되어왔다는 점을 주목해야 한다. 옥스팜 인터내셔널 다보스 보고서인 『1퍼센트를 위한 경제』에 의하면, 2015년에 가장 부유한 62명이 세계 인구의 절반과 같은 수준의 부를 소유했다. 세계 인구 중 가장 가난한 사람들 절반이 보유한 것과 동일한 부를 소유한 가장 부유한 사람들의 수가 최근에 상당히 감소했다는 점이 우리를 더 경악하게 한다(예컨대, 그 수는 2010년에

---

32   Mahmoud A. El-Gamal, *Islamic Finance: Law, Economics, and Practice* (New York: Cambridge University Press, 2006), 51.

33   Farooq, "Interest, Usury and Its Impact on the Economy," 265.

는 388명이었고, 2013년에는 92명이었다).[34] 오늘날 우리가 목격하고 있는 극단적인 부의 집중은 이자에 바탕을 둔 글로벌 금융화와 구조적으로 관련되어 있으며, 또한 글로벌 금융화는 다양한 사회 부정의, 특히 가난한 사람들에 대한 착취를 수반하기 때문에, 대출 이자율은 사회 정의의 불가결한 측면이다. 이 점에서 마틴 루이스의 다음과 같은 주장은 일리가 있다. "사회가 가난한 사람들의 고통을 덜어주고 그들에게 경제적 자급자족을 달성할 수 있게끔 해 주는 것이 중요하다면, 비싸지 않은 대출 서비스를 가능한 정책 도구로 조사해볼 필요가 있다."[35]

이슬람의 리바 금지에서 이끌어낼 수 있는 두 번째 도덕적 통찰력은 금융 정의의 추구가 개인의 문제라기보다는 금융 시스템 전체의 문제이며, 금융 시스템의 핵심에 이자율이 놓여 있다는 점이다. 이슬람의 리바 금지는 인간은 불행하게도 이익 극대화가 좋은 것이라는 시장 경제 자본주의의 주문의 유혹을 이겨낼 만큼 강하지 않다는 인류학의 통찰력에 바탕을 두고 있다. 인간은 일단 이 자본주의의 주문의 유혹의 포로가 되면 파루크가 "이기심, 인색함, 몰인정, 금융상의 탐욕"이라고 부르는 것들에 의해 흔들릴 수 있다. 이처럼 포로가 된 사람들은 "동료 시민들의 필요에 관해 주의를 기울이지 않게 된다.…국제 관계에서도 같은 일이 일어난다."[36] 그래서 부당한 최적의 이자율 부과를 통한 이익의 극대화라는 사회 부정의는 글로벌 금융화의 체계적인 문

---

34   Oxfam, "62 People Own the Same as Half the World, Reveals Oxfam Davos Report," 2016년 1월 18일 보도자료.

35   Martin Lewison, "Conflicts of Interest? The Ethics of Usury," *Journal of Business Ethics* 22, no. 4 (1999): 336.

제인 실질 경제 성장과 지속가능한 성장 및 보다 평등한 부의 분배 사이의 괴리 증대와 구조적으로 연결된다. 실로, 리바의 잠재적인 파괴력과 착취적인 힘은 실질 경제 성장보다는 부채 창출을 통한 리바의 화폐 공급 조종 능력에 있다. 하산과 카예드가 말하듯이, "이슬람 교도들은 이자, 불확실성, 투기와 관련된 경제 활동에 투자하거나 관여하는 것이 엄격히 금지되기" 때문에[37] 그들은 리바라는 사회악으로부터 보다 더 잘 보호된다. 비이슬람 금융의 관점에서는, 대출 이자 자체가 사회악인지 여부는 확실히 논쟁의 여지가 있다. 이슬람 및 비이슬람권 금융 학자 및 경제학자들이 이 문제에 대해 동의할 가능성은 별로 없지만, 과도한 이자를 부과해서 가난한 사람들에 대한 무자비한 착취를 야기하는 것은 정당화할 수 없다는 데 대해서는 일정한 합의에 도달할 수 있을 것이다. 가난한 사람들에 대한 금융 착취를 없애기 위해서는 글로벌 사회가 이슬람의 리바 금지를 진지하게 고려해야 한다.

이슬람 금융과 은행 산업에 대한 샤리아 법에서는 리바 외에 가라르로 알려진 과도한 리스크 또는 불확실성도 금지한다. 가라르라는 단어가 쿠란에 특별히 언급되지는 않지만, 두 구절이 이를 지칭하는 것으로 알려져 있다.

네 재산을 부당하게 다 먹어 치우거나, 다른 사람의 재산의 일부를 사악하게 그리고 알면서 먹어 치우려고 재판관들에게 뇌물을 주기 위해

---

36   Farooq, "Interest, Usury and Its Impact on the Economy," 274.

37   Hassan and Kayed, "Global Financial Crisis and Islamic Finance," 557.

사용하지 마라. (알 바카라 2:188)

신자들이여, 서로의 부를 사악하게 소비하지 말고 상호 동의하에 거래

하라. (알 니사 4:29)

러셀 파웰과 아서 드롱에 의하면, "과도하게 불확실한 거래인 가라르 금지는 이슬람 금융의 두 번째 핵심 교의를 형성한다."[38] 보통 "리스크", "손실 위험" 또는 "불확실성"으로 번역되는 가라르는 "거래를 도박과 유사하게 만드는 위험한 성격 때문에 존재 또는 특성이 확실하지 않은 항목의 판매"로도 정의된다.[39] 실제로 이슬람에서 도박(키마르)은 엄격히 금지된다. 쿠란은 (도박) 금지를 다음과 같이 전달한다. "그들이 취하게 하는 것과 도박에 관해 묻거든 이렇게 말하라. '둘 다 큰 죄다.…죄가 유익보다 크다'"(알 바카라 2:219). **키마르**(도박)는 종종 **마이시르**로 묘사되는데, 이는 "노력 없이 얻은 것"을 지칭한다. 도박에는 높은 리스크가 따르기 때문에 이슬람은 도박을 금지한다. 도박은 법적 교환 또는 적절한 교환이 없이 재산 상실을 초래할 수 있으며, 따라서 절차적 정의와 공정성이 결여되어 있다. 따라서 파웰과 드롱은 이렇게 말한다. "가라르는 리바와 마찬가지로 거래에서 특정 계약의 최종 결과에 관한 모호성이나 불확실성이 있을 경우 그 계약을 무효로 한다는 이슬람의 공정성 개념에 직접 관련된다."[40]

---

38 Russell Powell and Arthur DeLong, "The Possible Advantages of Islamic Financial Jurisprudence: An Empirical Study of the Dow Jones Islamic Market Index," *Fordham Journal of Corporate and Financial Law* 19 (2014): 401.

39 Powell and DeLong, "Possible Advantages of Islamic Financial Jurisprudence," 401.

비즈니스 계약에서는 도박과 같은 위험한 행동에 의해서만이 아니라 때로는 무지(無知)에 의해서도 불확실성이 야기됨을 주의해야 한다. 그래서 무지를 의미하는 **자할라**는 매매를 무효화시킨다. 예를 들어 "무지 때문에 매매 대상 또는 매매 가격이 매입자에게 알려지지 않았을 경우 **자할라**로 인해 해당 재화에 대한 매입, 매도, 또는 대금 교환이 불가능해진다."[41] 가라르 금지는 특정되지 않거나 알려지지 않은 상태로 남아 있을 수 있는 요인들을 제거하고자 한다는 점에 비추어 볼 때, **자할라**는 **키마르** 및 **마이시르**와 더불어 가라르의 한 형태로 간주될 수 있다. 그래서 쿤히바바와 샨무감은 이렇게 말한다. "무지가 불확실성으로 이어질 수 있는 **자할라** 매매뿐 아니라, **마이시르** 또는 도박은 고위험과 불확실한 결과 때문에 **가라르**이며 따라서 무효다. **마이시르**, **키마르**, **자할라**는 **가라르**의 부분 집합이라고 할 수 있다.[42]

마흐무드 A. 엘 가말은 특히 가라르가 계약을 무효화하기 위해 필요한 네 가지 필요조건을 다음과 같이 소개한다.

1. 그 내용이 중대해야 한다.
2. 잠재적으로 영향을 받는 계약이 교환 가능한 금융 계약이어야 한다.
3. 가라르가 계약의 주요 요소(예컨대 매매 가격과 대상, 계약 언어)에 영향을 줘야 한다. 따라서 잉태한 암소의 매매는, 송아지 태아의 상태

---

40   Powell and DeLong, "Possible Advantages of Islamic Financial Jurisprudence," 401-2.

41   Sherin Kunhibava and Balachandran Shanmugam, "Shari'ah and Conventional Law Objections to Derivatives: A Comparison," *Arab Law Quarterly* 24, no. 4 (2010): 324.

42   Kunhibava and Shanmugam, "Shari'ah and Conventional Law Objections," 325.

를 알 수 없다 할지라도 유효다.

4. 다른 방법으로는 충족할 수 없는 필요를 가라르를 포함한 계약이
   채워주는 경우가 아니어야 한다.[43]

그런 조건들이 시사하듯이, 어느 정도의 리스크가 있는 거래, 특히
리스크가 중대하지 않고 경미하거나 해당 리스크가 있는 거래에 대한
경제적 필요가 상당한 경우 그러한 거래는 예외로 허용될 수 있다. 물
론 어떤 유형의 가라르가 경미하거나 중대하다고 간주되는지에 대해
서는 이슬람 법학자들 사이에 의견이 나뉘지만, 잠재적인 주요 리스
크로부터 계약자들을 보호하는 것이 가라르의 핵심 정신이라는 시사
점이 핵심이다.[44]

파웰과 드롱은 또한 가라르가 "(1) 현재 존재하지 않는 항목들과
관련된 거래 금지, (2) 기간, 가격, 납품과 같은 계약 이행에 불확실한
요소 존재 금지"라는 두 가지 일반 원칙으로 표현될 수 있다고 규정한
다.[45] 또한 그들은 계약 당사자들이 계약 조건에 대해 완전히 아는 것
이 가라르 예방에 필수적이기 때문에 "계약 관련 내용이 파악하기 어
렵거나, 대상 물건의 품질을 평가할 수 없거나, 당사자들이 무엇을 사
거나 파는지 몰랐을 경우 그 계약은 가라르이며 따라서 샤리아에 따

---

43   Mahmoud Amin El-Gamal, "An Economic Explication of the Prohibition of Gharar in
      Classical Islamic Jurisprudence," 제 4회 국제 이슬람 경제 컨퍼런스를 위해 준비한 논
      문, Leicester, August 13-15, 2000.

44   El-Gamal, "Economic Explication of the Prohibition of Gharar in Classical Islamic
      Jurisprudence," 3.

45   Powell and DeLong, "Possible Advantages of Islamic Financial Jurisprudence," 402.

라 무효다"라고 말한다.[46]

제로섬(zero-sum) 교환은 대개 가라르에 기초해서 금지되지만, 특정 형태의 계약은 제로섬 요소가 없어도 가라르에 기초해서 금지됨을 알아야 한다. 예를 들어, 엘 가말에 의하면 "하나의 계약에서 두 개의 매매"의 경우가 이 범주에 속한다. 보다 구체적으로 설명하자면, 이는 "매도자가 하나의 항목에 대해 두 개의 가격(현금 가격과 외상 가격, 두 개의 현금 가격, 보리로 표시된 가격과 밀로 표시된 가격 등)을 제의하는 상황"을 가리킨다.[47]

"하나의 계약에서 두 개의 매매"의 경우 매입자와 매도자 모두에게 이익이 될 수도 있지만, 제의의 모호성이 계약 가격의 불확실성으로 이어질 수도 있기 때문에 그런 매매는 금지된다. **하디스**에서 금지되는 또 다른 가라르 매매는 낙타 정충, 수정시키지 않은 낙타 난자, 어미의 태중에 있는 태어나지 않은 송아지의 매도 등이 있는데, 이러한 매매는 "제로섬 성격 때문에 금지되는 것이 아니라 판매 대상에 수반된 '과도한 리스크' 때문에 금지된다."[48]

그렇다면 이슬람의 가라르 금지에서 어떤 도덕적 통찰력을 이끌어 낼 수 있는가? 채무 계약을 포함한 모든 금융 거래에 관해서 이슬람의 가라르 금지로부터 배울 수 있는 가장 중요한 도덕적 통찰력은 보다

---

46   Powell and DeLong, "Possible Advantages of Islamic Financial Jurisprudence," 402.

47   El-Gamal, "Economic Explication of the Prohibition of Gharar in Classical Islamic Jurisprudence," 7.

48   El-Gamal, "Economic Explication of the Prohibition of Gharar in Classical Islamic Jurisprudence," 7.

지속가능한 장기 금융 관리를 위해 불확실하거나, 무책임하거나, 과도한 금융 거래는 억제되어야 한다는 점이다. 파생상품 시장에서 그런 금융 거래에 대한 뚜렷한 예를 발견할 수 있다. 2011년 말 현재 파생상품 명목 금액은 648조 달러에 달했지만, 그 해에 전 세계에서 생산된 재화와 서비스 총액은 70조 달러에 지나지 않았다.[49] 쿤히바바와 산무감에 의하면 이슬람은 금융 파생상품에 반대하는데, 파생상품을 반대하는 주요 이유는 다음과 같이 요약될 수 있다.

1. 선물(futures) 거래에서는, 계약 시점에 교환 대상, 즉 돈 또는 재화가 존재하지 않기 때문에 이 매매는 진정한 매매가 아니고 단지 약속에 의한 교환일 뿐이다. 샤리아 법 하에서는 가격 또는 납품 중 하나만 연기될 경우에는 매매가 유효하지만 둘 다 연기되면 유효하지 않다.

2. 매매가 유효하려면, 판매된 품목의 소유권이 바뀌어야 한다. 그러므로 해당 품목을 소유하고 있지 않은 매도자는 소유권을 넘겨주지 못한다. 소유권을 이전하게 하는 배후의 논거는 가라르를 예방하기 위함이다.

3. 투기와 관련된 선물 거래와 옵션 거래는 **마이시르**, **키마르**, **가라르**에 가깝다.

4. 옵션 거래는 매입 또는 매도할 권리에 지나지 않으며, 이에 대한 수수료 부과는 허용될 수 없다.

---

[49]　Powell and DeLong, "Possible Advantages of Islamic Financial Jurisprudence," 419.

5. 교환 대상 전달이 모두 연기되는 선물 거래는 하나의 부채와 다른
　부채의 불법적인 교환이다.[50]

　잘 알려진 바와 같이 2007-2008년의 미국 금융 위기는 미국의 금
융이 그 시점 이전에 주로 "가능한 최고 수익률을 창출한다는 목표"
에 의해 견인되었으며, 이는 종종 불확실하고, 무책임하고, 과도한 투
기뿐 아니라 단기 투자 의사 결정으로 이어져 금융 거품을 만들어냈
음에 대한 시범 사례였다. 미국 금융 기관들이 가라르 금지 원칙을 채
택하였더라면 그들은 보다 지속 가능한 장기 비즈니스 전략을 수립했
을 것이다. 실로 파웰과 드롱이 주장하듯이, "이슬람은 최소한 이론상
으로는 그런 관행을 명확하게 비난한다."[51] 2009년 10월 20일에 PBS
「프런트라인」에서 방영된 "경고(*The Warning*)"라는 다큐멘터리는 왜 금
융 지도자들과 감독 당국들이 이슬람의 가라르 금지를 진지하게 고려
했어야 했는지에 대한 설득력 있는 이유를 제공한다. 이 다큐멘터리
에서 "베테랑 프런트라인 프러듀서이자 이사인 마이클 커크는 클린턴
행정부 고위직 관료들 사이의 치열한 전투를 폭로하고, 이들은 매우
복잡하고 수익성이 좋은 신흥 파생상품 시장을 규제하지 않기로 협잡
했음을 보여주는데, 이 신흥 파생 상품들은 나중에 미국 경제에 째깍
거리는 시한폭탄이 되었다."[52] 1990년대 말에 모호한 연방 규제 기관

50　　Kunhibava and Shanmugam, "Shari'ah and Conventional Law Objections," 326.

51　　Powell and DeLong, "Possible Advantages of Islamic Financial Jurisprudence," 419-20.

52　　"The Warning," *Frontline*, October 20, 2009, http://www.pbs.org/wgbh/frontline/film/
　　　warning/.

(상품선물거래위원회)의 수장(首長)이었던 브룩슬리 본은 경제 붕괴 가능성을 경고했을 뿐 아니라, 미국의 핵심적인 경제 막후 인물들에게 위기를 피하도록 도움을 줄 수 있었을 조치들을 취하도록 설득하려 했다는 사실을 주목해야 한다. 불행하게도, 붕괴되어 2008년의 금융 와해 촉발에 일조(一助)한 비밀스런 수조 달러 규모의 파생상품 시장을 규제하려는 본의 노력에도 불구하고, 전 연준 의장 앨런 그린스펀, 전 재무장관 로버트 루빈, 전 재무 차관보 래리 서머스는 위험한 파생상품 시장을 규제하려는 본의 노력을 방해하고 그녀의 경고를 무시했다. 훗날 그린스펀은 의회 청문회에서 규제에 대한 실수를 인정했다.[53]

위에서 이슬람 금융의 두 가지 도덕적 가이드라인인 리바와 가라르뿐만 아니라, 금융 거래에 대한 이 가이드라인의 도덕적 통찰력을 살펴보았다. 리바 및 가라르에 대한 금지는 터키계 미국인 경제학자이자 이슬람 연구 교수인 티무르 쿠란이 "두 가지 일반 원칙: 평등과 공정성"[54]이라고 부르는 원칙을 개발하도록 도움을 준다. 평등은 경제 프로세스의 결과에 보다 더 관심을 두는 반면, 공정성은 과정 자체에 관심을 둔다. 쿠란은 평등과 공정성 원칙을 보다 구체적으로 다음과 같이 정의한다.

평등 원칙은 재화 분배에서의 막대한 불평등을 금지한다. "온건한" 불

---

53   Edmund L. Andrews, "Greenspan Concedes Error on Regulation," *New York Times*, October 23, 2008.

54   Timur Kuran, "On the Notion of Economic Justice in Contemporary Islamic Thought," *International Journal of Middle East Studies* 21, no. 2 (1989): 172.

평등은 수용할 수 있지만, "극도의" 불평등은 배제된다. 어떤 사회의 일부 구성원은 호화롭게 사는 반면 일부는 빈궁한 상태에서 근근이 살아가도록 허용된다면 그 사회는 적절한 이슬람 사회라고 간주되지 않을 것이다. 공정성 원칙은 사람들의 경제적 이익은 "벌어야" 하며 손실은 "손실을 입을 만해야" 한다는 것이다. 이 원칙은 유사한 경제적 기여는 유사하게 다루고, 다른 기여는 다르게 다루도록 요구한다.[55]

그렇다면 이슬람의 리바 금지는 일반적으로 채무자와 채권자 사이의 평등 증진에 도움이 되는 반면, 이슬람의 가라르 금지는 금융 시스템 내의 공정성 향상에 도움이 된다고 할 수 있을 것이다. 그렇다면 이슬람 금융 기관들(예컨대 은행)은 그러한 평등과 공정성이라는 도덕 원칙을 어떻게 실행하는가? 쿠란의 말로 표현하자면, 이슬람 경제 체제는 어떻게 기존 자본주의 체제 및 사회주의 체제보다 경제 정의를 더 잘 달성하는가?[56] 다음 부분에서 이 질문에 대한 답을 찾아보겠다.

이슬람 금융 대안: 이슬람 은행업 및 금융에서의 리스크 공유

위에서 본 바와 같이, 이슬람의 리바 및 가라르 금지는 이슬람 금융은 부채(다인[*dayn*])보다 자기 자본에 기초함을 의미한다. 이슬람 금융에서 부채 자체가 반드시 나쁜 것으로 여겨지지는 않지만, 아랍어로 다

---

55 Kuran, "On the Notion of Economic Justice," 172.

56 Kuran, "On the Notion of Economic Justice," 171.

인(부채)이라는 말은 복종과 굴욕을 함축한다.[57] **가림**(*gharim*[채무자])이라는 용어는 채무를 상환하지 못한 빚진 사람을 묘사하는 데 사용된다. 그런 채무자는 가난하다고 간주되고, 따라서 **자카트**(*zakat*[자선])를 받을 자격이 주어진다. 그러나 이슬람은 이자가 붙는 대출은 금지하지만 은행이나 개인으로부터 무료로 대출 받는 것은 허용한다. 유사한 맥락에서, 이슬람은 조직들이 빚을 지게 될 가능성을 인식하며 부채 이전을 허용한다. 이 프로세스는 채무자와 채권자 사이의 협력 분위기에서만 가능하다.[58] 그렇지만 오늘날 세계화된 금융계에서 리바와 가라르 금지 같은 제약이 이슬람 금융의 특징이라면 어떻게 이슬람 은행 산업이 가능할지 의아해 할 수도 있다. 1975년에 최초의 이슬람 상업 은행인 두바이 이슬람 은행(Dubai Islamic Bank)이 설립되어서 이슬람 금융의 신시대가 도래했음을 알렸다. 1996년까지 이슬람 은행 수는 166개로 늘었고 총 납입 자본금은 73억 달러, 총자산은 1,770억 달러였다.[59] 2015년 세계은행 보고서에 따르면, 이슬람 금융은 2000년대 이후 급속하게 확산되어서 연 10-12퍼센트씩 성장하고 있다. 2015년까지는 샤리아 법을 준수하는 금융자산도 2조 달러로 성장했으며, 업무 영역은 은행과 비은행 금융기관, 자본시장, 단기자금

---

57   Benaouda Bensaid et al, "Enduring Financial Debt: An Islamic Perspective," *Middle East Journal of Scientific Research* 13, no. 2 (2013): 162.

58   *The Church and the External Debt: Report on a Conference Held in Jos, Nigeria*, November 26-30, 1990, Jan H. Boer 편 (Jos, Nigeria: 1992)에 수록된 M. T. Talib and Jamiu A. Oluwatoko, "Islam and the Debt Question in Nigeria."

59   M. Raquibuz Zaman and Hormoz Movassaghi, "Interest-Free Islamic Banking: Ideals and Reality," *International Journal of Banking* 14, no. 4 (2002): 2428.

시장, 보험(타카폴; *takafol*)을 포함한다.[60]

이슬람 은행 시스템은 몇 가지 핵심적인 측면에서 전통적인 주류 은행 시스템과 다르다. 예컨대 전통적인 은행 시스템에서는 화폐는 교환 수단 및 가치 저장 수단일 뿐 아니라 상품이기도 한 반면, 이슬람 은행 시스템에서는 상품으로 간주되지 않는다. 전통적인 은행 시스템에서는 시간 가치가 자본에 대해 이자를 부과하는 토대인 반면, 이슬람 은행업에서는 재화 거래에서의 이익 또는 서비스 제공 대가의 부과가 이익을 내는 토대다. 또한 전통적인 은행 시스템에서는 차주가 재무 손실을 입을 경우에도 이자가 징수되지만, 이슬람 은행업은 **무다라바**(*mudarabah*)나 **무샤라카**(*musharakah*)와 같은 이익 및 손실 공유 토대에서 운영되는데, 이에 대해서는 곧 설명할 예정이다. 자만과 모바싸기는 핵심적인 차이를 다음과 같이 요약한다. "기본 차이는 전통적인 은행은 장기 고정 금리에 기반한 예금 및 대출을 제공한다는 점인데, 이러한 금리는 전반적인 운영 경비 수준 및 바람직한 이익 수준과 반드시 밀접한 관계가 있는 것은 아니다. 대안적인 이슬람 은행에는 고정 금리가 없으며, 부과 이율과 지급 이율은 실제 비용 및 은행의 수익을 밀접하게 반영해야 한다."[61]

이슬람 금융을 탐구하기 전에, 비록 이슬람 금융 옹호자들은 이를 극찬하며 우수한 시스템이라고 내세우지만, 폴커 닌하우스가 지적하듯이, 반드시 그렇지는 않다는 점을 주의해야 한다. 그러나 그는 "이슬

---

60 World Bank, "Islamic Finance," 브리핑 자료, March 31, 2015, http://www.worldbank.org/ en/topic/financialsector/brief/islamic-finance.

61 Zaman and Movassaghi, "Interest-Free Islamic Banking," 2438.

람 금융에는 발전 잠재력이 있다"는 점을 인정하며, "오늘날 이슬람 금융의 관례화에 대한 염려와 비판이 증가하고 있어서 향후 몇 가지 새로운 조치들로 이어질 수도 있다"고 주장한다.[62] 성장하고 있는 이슬람 은행 산업에 대한 주요 비판은 무엇인가? 자만과 모바싸기에 의하면, 이슬람 금융계에서는 서류에 적힌 내용과 실제로 벌어지는 일 사이에 괴리가 있으며, 주된 비판은 이슬람 은행들이 사용하는 금융상품에 초점을 맞춘다. 그들은 이슬람 은행들이 사용하는 이슬람 금융상품들의 주요 목표는 모든 경제 거래 참여자들에 대한 평등하고 공정한 대우와 같은 이슬람 경제의 목표들을 실행하는 것이어야 하지만, 이 상품들은 "서류와 상당히 다른 듯하다"고 주장한다.[63] 예를 들어, 그들은 1979년에서 1991년까지의 이집트 파이잘 이슬람 은행의 경험은 주장과 실제 사이의 모순을 보여준다고 주장한다. 이집트 파이잘 이슬람 은행 자산의 과반이 이자를 받는 다른 은행들에 예치되었는데, 이는 이 은행의 실제 비즈니스 전략이 이슬람의 리바 금지와 모순됨을 보여준다.[64]

이슬람 금융기관에는 어떤 금융상품들이 있는가? 가장 흔한 이슬람 금융 상품들은 다음과 같다. (1) **무라바하**(*murabaha*) ─ 이슬람 은행이 재화를 구입해서 소유권을 취득한 뒤, 합의된 마진(markup)을 붙여 또는 할부로 회원에게 되파는 비즈니스 자금 조달 계약. (2) **무다라바**(*mudarabah*) ─ 이슬람 은행이 사업체에 자금을 제공하고 나중에 이

---

62   Nienhaus, "Islamic Finance Ethics," 593.

63   Zaman and Movassaghi, "Interest-Free Islamic Banking," 2434.

64   Zaman and Movassaghi, "Interest-Free Islamic Banking," 2438.

익의 일정 부분을 받기로 하는 비즈니스 자금 조달 계약. (3) **무샤라카**(*musharakah*) — 은행이 고객과 파트너 관계를 맺고 자기 자본과 경영, 그리고 이후의 이익 또는 손실을 공유하는 비즈니스 프로젝트. (4) **이자라**(*ijara*) — 은행이 자산을 구매해서 고객에게 리스하는 리스 계약.[65] 이들 외에도 **타카폴**(*takafol*[보험]), **무카라다**(*muqarada*[이슬람 채권]) **살렘**(*salem*[선도 자금조달 거래])과 같은 다른 금융 상품들도 있다.[66] 카지와 할라비에 의하면, 많은 전통적인 서구 은행들(씨티은행, ANZ, 드레스드너, 도이치모간 그렌, ABN 암로 등)이 이슬람 은행들과 거래하기 위한 사무소를 설치해서 샤리아를 준수하는 자금을 다루기 시작했을 뿐 아니라, 이슬람 투자자들의 필요를 충족하는 상품도 고안하고 있다.[67]

자만과 모바싸기에 의하면, 무라바하, 이자라 또는 무샤라카 거래들은 문제가 있다. 무라바하의 경우, 이슬람 은행은 차주에게 마진을 붙여 팔 목적으로 먼저 특정 상품을 산다. 은행은 나중에 이 금액을 할부로 회수한다. 이 마진은 미리 결정된 은행의 이익이며, 이슬람 은행은 이를 이자로 간주하지 않는다. 예를 들어, 자동차를 구매할 때 이슬람 은행이 2만 달러에 자동차를 사서 마진을 붙인 가격인 25,000달

---

65   Ashraf U. Kazi and Abdel K. Halabi, "The Influence of Qur'an and Islamic Transactions and Banking," *Arab Law Quarterly* 20, no. 3 (2006): 324.

66   Kazi and Halabi, "Influence of Qur'an and Islamic Transactions," 324. 타카폴은 예기치 않은 리스크나 재난에 대해 상호 협력, 연대, 형제됨 정책에 근거한 이슬람 보험이다. 무카라다는 은행이 특정 프로젝트 자금을 조달하기 위해 이슬람 채권을 발행하고 회원들이 그 프로젝트의 이익 또는 손실에 일정 지분을 취하는 이슬람 금융 상품이다. 살렘은 특정 수량의 상품에 대해 합의된 가격으로 구매자가 미리 지불하는 선도 자금 조달 거래다.

67   Kazi and Halabi, "Influence of Qur'an and Islamic Transactions," 324.

러에 차주에게 되파는데, (예컨대) 이를 전통적인 은행에서 22.21퍼센트에 대출 받아 구매할 경우 22,418.59달러가 소요된다($934.10 x 24개월). 그 경우 자만과 모바싸기가 지적하듯이, 대출에 이자가 가산되지 않았다고 말하지만 2년간 5천 달러라는 이 "이익"은 이 은행이 번 이자임을 시사한다. 차주가 은행에서 대출받는 후자의 경우, 그(녀)는 같은 자동차에 대해 실제로 $2,581.41를 절약한다. 이 점에서 그들은 "이를 '이자'라 부르지 않는 특권에 대해 이슬람 은행의 고객은 바가지를 쓰는데, 이는 어떤 근거에서도 정당화되지 않는다. 이를 어떻게 보든 무라바하 거래들은⋯심지어 서구의 기준에 의할 때에도 고리대금이라 불릴 수 있을 뿐이다"라고 말한다.[68] 같은 방식으로, 애거월과 유세프도 마진 금융 상품의 인기에도 불구하고 이 상품들은 은행에 대해 확정 수익률을 시사할 수 있기 때문에 이슬람 법 하에서 이 상품들의 수용 가능성이 논쟁거리가 될 수 있다고 말한다.[69] 그래서 애거월과 유세프가 지적하듯이, 많은 이슬람 학자들은 마진을 붙이는 기법은 허용될 수는 있지만 이자에 대한 "뒷문"을 열어줄 수도 있기 때문에 회피하거나 제한되어야 한다는 입장을 취한다.[70]

자만과 모바싸기에게는, 이자라(리스) 계약도 서구의 전통적인 리스 업체에서의 리스 계약과 유사한 방식으로 만들어진 것으로 보이기 때문에 이자라도 무라바하의 경우와 그리 다르지 않다. 이슬람의 이

---

68   Zaman and Movassaghi, "Interest-Free Islamic Banking," 2436.

69   Rajesh K. Aggarwal and Tarik Yousef, "Islamic Banks and Investment Financing," *Journal of Money, Credit and Banking* 32, no. 1 (2000): 96.

70   Aggarwal and Yousef, "Islamic Banks and Investment Financing," 97.

자라에는 두 가지 유형이 있는데, 하나는 리스 사용자가 지불하는 할부금이 궁극적으로 리스 사용자의 리스 대상 자산 또는 설비 매입에 사용되는 경우이고, 다른 하나는 리스업자가 계약 기간 동안 해당 자산 또는 설비 소유권을 보유하는 경우다. 그러나 드벨더와 칸이 관찰한 바와 같이 "현재 파키스탄의 비즈니스 관행은 일반적으로 원금에 연 22퍼센트의 이자를 가산한 금액에 상당하는 할부금을 납부하는 셈이 되는 월 임차료로 귀결된다."[71] 그래서 자만과 모바싸기는 이자라가 "이슬람 은행들이 서구의 비즈니스 관행을 조악하게 모방하고서 이익 공유로 위장한 또 다른 예"라는 입장을 취한다.[72]

무샤라카도 논쟁 대상인 또 다른 이슬람 금융 상품이다. 자만과 무바싸기는 이슬람 은행이 자본을 제공할 뿐만 아니라 차주와 함께 자금을 조달한 사업체 경영에 참여하기 때문에, 불가피한 "이익 상충"으로 인해 해당 이슬람 은행이 예금자들에 대한 은행가로서 기능할 때 공정한 파트너가 되기 어렵다고 주장한다. 그래서 그들은 이렇게 쓴다. "서구에서 잘 훈련받은 금융 기관들조차 좀처럼 단일 금융기관의 간판 아래 그처럼 다양한 업무를 수행하지 않는다."[73]

위에서 나는 이슬람 은행들의 흔한 금융 상품들과 일부 이슬람 학자들에 의해 제기된 그 상품들의 몇 가지 문제점들을 검토했다. 다음

---

71   Zaman and Movassaghi, "Interest-Free Islamic Banking," 2436. R. T. DeBelder and M. H. Khan, "The Changing Face of Islamic Banking," *International Financial Law Review* 12, no. 11 (1993): 28에서 인용한 자료.

72   Zaman and Movassaghi, "Interest-Free Islamic Banking," 2437.

73   Zaman and Movassaghi, "Interest-Free Islamic Banking," 2437.

부분에서는 이슬람 금융의 손익 공유(profit-and-loss sharing; PLS) 원칙을 논의함으로써 이슬람 금융의 보다 발전적이고 기여하는 측면을 살펴볼 것이다. 금융에서 손익 공유 원칙 또는 리스크 공유 원칙이란 무엇인가? 이슬람 법률 및 경제학 문헌들에서 만장일치로 이슬람 거래의 초석으로 받아들여진 PLS 원칙은 은행이 투자한 프로젝트가 잘 되면 투자 자금에 대해 수익을 내거나 그 프로젝트가 실패하면 손실을 입을 수 있다고 규정한다.[74] 무샤라카는 이익 상충 문제와 관련이 있기는 하지만, 무다라바와 무샤라카 같은 금융상품들은 이 원칙에 기초하고 있다. 무다라바 자금조달의 경우 은행이 자본을 제공하지만, 기업가가 노력을 기울이며 사업에 대한 완전한 통제권을 행사한다. 따라서 손실이 발생하면 "은행은 투자에 대해 수익을 올리지 못하거나 음(-)의 수익을 올리게 되고, 기업가는 자신의 노력에 대해 어떠한 보상도 받지 못한다." 같은 방식으로, 이익이 나면, "협의된 지분율에 따라 수익이 나눠진다."[75]

호세인 아스카리와 그 동료들에 의하면, "이슬람은 오랫동안 리스크 공유를 모든 경제 활동에 대해 선호되는 조직 구조로 지지해왔으며", 쿠란은 **알-리바**(al-riba)는 비난하는 반면, **알-바이**(al-bay; 상호 교환)를 긍정해서 리스크 공유를 인정한다(2:275). 또한 그들은 "경제 관계에 관한 쿠란 전체의 입장은 공정한 교환, 분배, 재분배를 규율하는 규칙을 통해서 리스크 공유를 지향한다"고 주장한다.[76] 그래서 최대의 리

---

74   Aggarwal and Yousef, "Islamic Banks and Investment Financing," 96.

75   Aggarwal and Yousef, "Islamic Banks and Investment Financing," 96.

76   Hossein Askari, Zamir Iqbal, Noureddine Krichene, and Abbas Mirakhor, *Risk Sharing*

스크 공유 증진은 이슬람 금융의 궁극적인 목표라고 할 수 있기 때문에 이슬람 금융에서는 선택 사항이 아니다.[77]

애거월 및 유세프 같은 다른 이슬람 학자들은 손익 공유 원칙은 단지 이슬람의 신학 차원에서뿐만 아니라 경제적 근거에서도 이자 사용보다 낫다고 주장한다. 따라서 그들은 이자가 이익 공유로 대체되면 경제적 불균형이 다소 줄어들 것이라고 주장하는 국제 이슬람 은행 협회의 설명에 동의한다. 여기서 이슬람 은행들이 이자보다 손익 공유 원칙을 선택하는 주요 경제 논리를 인용할 가치가 있다.

첫째, 자본 수익률은 생산성에 의존할 것이다. 투자 가능 자금 배분은 프로젝트의 건전성에 의해 인도될 것이다. 이 점은 사실상 자본 배분 효율성을 개선할 것이다.

둘째, 신용 공여를 통한 통화 창출은 이에 상응하는 재화와 서비스의 증가 가능성이 클 때에만 일어날 것이다. 기업이 손실을 입으면 은행에 대한 원금 상환이 손실 금액만큼 줄어든다. 따라서 이익 공유 시스템에서는 통화 공급은 재화 및 서비스 공급을 넘도록 허용되지 않는다. 이는 궁극적으로 경제에서 인플레이션 압력을 억제할 것이다.

셋째, 이익 공유로 옮겨가면 일자리를 만들어내는 투자 금액이 증가할

---

in Finance: The Islamic Finance Alternative (Singapore: John Wiley & Sons, 2012), 51.

77   Askari et al., *Risk Sharing in Finance*, 52.

수도 있다. 이는 이자 제도에서는 예상 이익이 이자 및 이에 가산된 이익을 충당하기에 충분히 큰 프로젝트만 타당해지기 때문이다. 그러면 이익 공유 시스템에서는 받아들여질 수도 있는 프로젝트들이 걸러내진다.

넷째, 새로운 시스템은 보다 평등한 부의 분배를 확보할 것이다. 부가 실제로 추가적인 부의 창출로 귀결된 경우에만, 부가 그 소유자에게 더 많은 부를 가져다줄 것이다. 이 시스템은 장기적으로 이자 제도 하에서 수십 년 동안 계속되어온 불공정한 부의 분배를 축소시킬 것이다.

다섯째, 샤리아에 규정된 바와 같이 선도 거래를 제한하고 이자를 폐지하면, 투기가 상당히 줄어들 것이다. 그러나 여전히 유통 시장에서 이익 공유 원칙에 기초한 보통 주식과 투자 증서의 거래는 계속될 것이다. 이는 시장이 다시금 건전해지게 해주고, 기업이 자금을 조달하고 주식 보유자에게 유동성이 제공되게 해줄 것이다.[78]

위에서 논의한 신학적 및 경제적 논거에도 불구하고, 이슬람 은행들이 실제로 손익 공유 원칙을 시행하는 비중은 미미하다. 이슬람 은행들은 손익 공유 자금의 공급보다 마진 자금의 공급에 크게 의존한다. 폴라드와 사머스가 지적하듯이, 무다라하 및 무샤라카와 같은 손익 공유 거래는 이슬람 은행들의 자금공급의 작은 부분만 차지한다

---

78   Aggarwal and Yousef, "Islamic Banks and Investment Financing," 97-98에서 인용함.

(2000년대 초반 모든 거래들의 약 5퍼센트). 이슬람 은행들의 손익 공유 상품 비중이 이렇게 낮은 이유는 수익률 계산의 불확실성 때문이다.[79] 비록 이슬람 은행들이 이슬람 금융의 손익 공유 원칙을 최소한으로만 활용하고 있지만, 그럼에도 이슬람 금융이 근거하고 있는 금융 시스템은 부채와 이자에 근거하고 있는 서구 금융의 지배적인 형태에 대한 대안 모델이 될 수 있는 잠재력이 크다는 점을 고려해야 한다. 왜 그런가?

첫째, 이 시스템은 전통적인 은행 시스템에 비해 되풀이되는 채무 위기 가능성을 줄임으로써 전체 금융 시스템에 더 큰 금융 안정성을 제공한다. 이 점은 기본적으로 손익 공유 원칙을 지지하는 이슬람 학자들의 주된 논점이다. 예를 들어 호세인 아스카리 등은 이렇게 쓴다. "20세기의 마지막 20년은 여러 차례의 세계적인 금융 불안정과 채무 위기를 목격했는데, 이로 인해 인간 사회의 많은 부문에 파괴적인 결과를 가져왔으며, 이는 고정 가격 채무 계약에 기초한 금융 시스템의 취약성과 허약성에 관한 인식을 제고했다."[80] 리스크 공유에 기초한 이슬람 금융은 전통적인 금융에 비해 역사가 훨씬 짧다는 점은 사실이지만, 서구에서 16세기 중반에 부채 자금조달이 부상하기 전에는 자기자본 자금조달이 지배적이었음을 기억할 필요가 있다.[81] 점점 더 많은 전문가들이 부채를 금융 불안정의 핵심 원천으로 인식하는 점에 비춰볼 때, 보다 "신뢰 집약적인" 리스크 공유 금융을 재구축하면 국가 및 세

---

79   Polland and Samers, "Islamic Banking and Finance," 315.

80   Askari et al., "Risk Sharing in Finance", 66.

81   Askari et al., "Risk Sharing in Finance", 67.

계 금융 시장에 도움이 되는 금융 안정성과 신뢰를 가져올 것이다.

둘째, 이슬람 금융의 손익 공유 원칙은 부채가 2장에서 논의한 정당한 부채 기준에 일치하도록 확립되게 하는 데 도움이 될 것이다. 특히 손익 공유 원칙은 정당한 부채의 세 번째 원칙, 즉 예기치 않은 사건들 때문에 빚을 갚을 수 없고 따라서 지불불능이 될 경우 채권자들이 최소한 부분적으로라도 채무자들과 부도 대출에 대한 책임을 나눠져야 한다는 분담 가능성 원칙과 아주 유사하다. 손익 공유 원칙은 은행과 금융기관들에게 빠르고 많은 이익을 보장해주지는 않을지라도, 훨씬 더 큰 금융 안정성을 확보할 뿐만 아니라 전체 금융 시스템을 보다 인간적이고 정당화할 수 있는 도덕적 토대 위에 세워준다. 일부 이슬람 학자들이 주목하듯이, "현대 이슬람 금융은 이를 완전한 금융 시스템으로 채택하게 해주는 데 필요한 발판을 갖춘 견고한 이슬람적 토대 위에서 발달하지 않았다."[82] 내 견해로는, 서구의 전통적인 금융 시스템에 대한 진정으로 대안적인 금융 모델을 제공하기 위해서는, 이슬람 은행들이 그들의 손익 공유 원칙을 이슬람 세계뿐 아니라 서구에 보다 적극적이고 협력적으로 제시해야 한다.

고리 부채 반대: 신용카드의 경우

위에서 이슬람 금융의 주요 금융 상품들을 조사함으로써 이슬람 금융의 전망과 한계를 탐구했다. 또한 가장 최근에는 2007-2008년에 경

---

82   Askari et al., "Risk Sharing in Finance", 68.

험했던 주기적인 금융 위기와 같은 전통적인 금융 시스템의 체계적 약점을 고치기 위한 관점에서 이슬람 금융의 손익 공유 원칙도 살펴보았다. 이제 마지막으로 가장 흔한 소비자 채무 형태인 신용카드 채무를 이슬람의 도덕적인 금융 원칙에 비추어 살펴보고자 한다.

뉴욕 연방준비은행이 발행한 가계 부채 및 신용 분기 보고서 최신호에 따르면, "2016년 3월 31일 현재 가계 부채 총액은 12조 2천 5백억 달러로, 이는 2015년 4분기 대비 1,360억 달러(1.1퍼센트)가 증가한 것이다."[83] 전체적으로 가계 부채는 2008년 3분기에 최고 수준에 도달했던 12조 6,800억 달러에 비해 3.3퍼센트 낮은 수준이다. 가계 총 부채 중 신용카드 잔액은 7,120억 달러(약 6퍼센트)다. 금융 와해 전인 2007년에 회전 신용카드 부채는 9천억 달러에 근접했으며, 과거 10년 간 연평균 거의 9퍼센트씩 증가했다.[84] 뉴욕의 프랭클린 내셔널 뱅크가 1951년에 최초로 신용카드를 발급한 이후, 신용카드는 점점 널리 보급되었다. 여러 은행들이 은행간카드협회(Interbank Card Association)를 설립한 1966년에 마스터카드가 시작되었는데, 마스터카드는 1969년에 캘리포니아 은행 협회로부터 "마스터 차지"(Master Charge)라는 상표를 사용할 권리를 매입했다. 이 카드는 1979년에 다시 마스터카드로 이름을 바꿨다.[85] 아랍 세계에 진출한 최초의 신용카드는

---

83   Federal Reserve Bank of New York, *Quarterly Report on Household Debt and Credit*, May 2016, https://www.newyorkfed.org/medialibrary/interactives/householdcredit Idatalpdf/HHDC_2016Q1.pdf.

84   Robert H. Scott III, "Credit Card Use and Abuse: A Veblenian Analysis," *Journal of Economic Issues* 41, no. 2 (2007): 567.

85   Yasmin Ghahremani, "Credit Card Statistics," Creditcards.com.

1982년 이집트의 아랍아프리카은행에 의해 발급되었으며, 이집트은
행은 1990년에 비자 카드를 발급했고, 카이로은행도 1996년 신용카
드 경쟁에 뛰어들었다. 1990년에는 전 세계적으로 10억 장의 비자카
드가 발급되었다.[86]

　1978년에 "미니애폴리스 마켓내셔널은행 대 퍼스트 오마하 서비시
스 코프"(435 U.S. 299) 사례에서 미국 대법원은 신용카드 부채에 관해
가장 중요한 감독상의 법률 결정을 내렸는데, 이 결정은 "주들은 대출
자가 다른 주 은행일 경우 신용카드 대출에 부과된 이자율을 규제할
수 없다"는 입장을 취했다.[87] 미니애폴리스 마켓내셔널은행과 네브라
스카주 오마하퍼스트내셔널은행이 이 사건에 관련되었는데, 미네소
타주 이자제한법에서는 대출이자율을 12퍼센트로 제한한 반면, 네브
라스카 주에서는 18퍼센트까지 허용되었다. 오마하 은행이 연회비가
없는 신용카드를 미네소타주 주민들에게 마케팅하기 시작하자 마켓
은행은 오마하 은행이 미네소타주의 이자제한법을 위반했다며 소송
을 제기했다. 이자제한법은 다른 주에 본점을 둔 전국적 은행에는 적
용되지 않는다는 대법원 결정(미국에는 연방법에 의해 설립된 전국적 은행
과, 주법에 의해 설립된 주 은행이 있음—역자 주)은 1864년에 의회에서 통
과된 전국은행법에 대해 대범한 해석을 내렸다. 전국은행법이 제정되
기 전에는 은행들은 주별로만 설립되었지만, 전국은행법은 연방정부

86　Manzoor Ahmad Al-Azhari, "Credit Cards and Their Juristic Appraisal," *Homdard Islamicus* 34, no. 2 (2011): 32.

87　Michelle J. White, "Bankruptcy Reform and Credit Cards," *Journal of Economic Perspectives* 21, no. 4 (2007): 179.

에 정부 채권으로 담보되는 은행권(화폐) 발행 권리가 있는 자신의 은행들을 인가할 수 있는 새로운 길을 열어줬다.

이 대법원 결정은 신용카드 산업에 극적인 영향을 줬다. 이 결정이 내려진 뒤에 신용카드를 발행했던 은행들은 신용카드 회사들을 자기 주로 이전시키기 위해 이자제한법을 폐지한 사우스다코타, 델라웨어 같은 주들로 재빨리 옮겨갔다. 갑자기 고리 규제로부터의 자유와 같은 우호적인 법적 피난처를 제공한 주들은 신용카드 회사들을 유혹할 수 있게 되었는데, 사우스다코타주가 최초로 이자율 제한을 폐지했다. 이사샤로프와 델라니가 말하는 바와 같이, "인구가 적은 주는 해당 주에 조세 수입 및 일자리가 늘어날 테니 신용카드 회사들이 영업하기 좋은 환경을 만들어달라고 끈질기게 요청할 매력적인 후보가 될 가능성이 높다. 그 부담은 주로 다른 주들의 발언권 없는 소비자들에게 전가된다."[88] 패트 커리도 지적하듯이, 79.9퍼센트의 이자율에 신용카드를 제공한 서브프라임 카드 발행자인 퍼스트프리미어뱅크가 사우스다코타주에 본사를 둔 것도 우연이 아니다.[89]

1996년의 "스마일리 대 시티은행" 사건은 신용카드 산업에 관한 또 하나의 획기적인 대법원 결정으로서, 이 결정은 "마켓" 사건의 타주 진출 원칙을 확장했다. 이 사건에서, 캘리포니아주 주민 바바라 스마일리는 15달러의 연체 수수료는 캘리포니아 주법 위반이라며 사우

---

88 Samuel Issacharoff and Erin F. Delaney, "Credit Card Accountability," *University of Chicago Law Review* 73, no. 1 (2006): 160.

89 Pat Curry, "How a Supreme Court Ruling Killed Off Usury Laws for Credit Card Rates," Creditcards.com, November 12, 2010.

스다코타주에 본부를 둔 시티은행 신용카드 부문을 상대로 집단소송을 제기했다. 시티은행은 연체 수수료는 사실상 이자이며 전국은행법에 의해 합법이라고 주장했고, 대법원은 이에 동의했다. 이 결정이 내려진 결과 허용적인 제도를 지닌 주들이 이자율뿐 아니라 연체 수수료에 관해서도 다른 주들에 대한 지배력을 계속 행사했다. 예상한 바대로, 이 결정이 내려지고 난 뒤에 신용카드 회사들은 다양한 수수료를 도입하고 변동 금리를 사용하는 방향으로 가격 전략을 바꿨다.[90]

대법원의 마켓 사건 결정은 법률, 비즈니스, 일자리 분야에만 국한되지 않았다. 미셸 화이트에 의하면, 국제 비교 연구는 신용카드 부채와 파산 신청 사이에 관계가 있음을 보여준다. 예를 들어, 캐나다에서는 일반 신용카드가 최초로 발급된 지 1년 뒤인 1969년부터 신용카드 부채와 파산 신청이 급속히 증가했다. 그러나 미국에서는 여러 주들의 이자제한법들이 대출 최고 이율을 제한했는데, 이자율 제한이 미국 파산 신청률이 1970년대 내내 일정하게 유지되게끔 하는 데 도움이 되었다. 그러나 1978년의 마켓 사건 결정이 사실상 주 이자제한법들을 폐지했고, 이 결정 뒤에 미국에서 신용카드 부채와 파산 신청 모두 급속히 증가했다.[91]

카드 소지자에 대한 신용카드 회사들의 횡포는 "서브프라임 신용카드" 또는 "수수료 수확자 카드"의 경우에 특히 심하다. 이런 카드들은 서브프라임 소비자, 즉 신용 점수가 낮은 소비자들을 겨냥한다. 이

---

90   Issacharoff and Delaney, "Credit Card Accountability," 161.

91   White, "Bankruptcy Reform and Credit Cards," 179.

카드들은 신용한도를 매우 낮게 부여할 뿐 아니라 높은 선수 수수료를 부과하는데, 선수 수수료는 사용가능한 신용을 갉아먹음으로써 사실상 이자율을 올린다. 2007년 전국 소비자법센터 보고서에 의하면 사우스다코타주에 본부를 둔 퍼스트프리미어은행 및 퍼스트내셔널 피에르은행과 델라웨어주에 본부를 둔 델라웨어퍼스트은행과 같은 소형 은행들은 수수료 수확자 카드 발행에 특화했다. 캐피탈원과 HSBC 같은 일부 대형 은행들도 서브프라임 카드 시장에 활발히 참여했다.[92] 보다 구체적으로 말하자면, 퍼스트프리미어은행은 카드 "처리 수수료를 받지 않는다"고 광고했지만, 신용 한도가 300달러인 계좌를 개설해주면서 신규 수수료 178달러를 부과했다.[93] 신용카드 회사들의 소비자에 대한 잠재적 횡포는 주로 이자율과 과도한 수수료를 바탕으로 하며, 그들의 전술에는 잠재 소비자들에 대한 양호한 신규 가입 조건, 보상 프로그램, 낮은 최소 지급 요건 등이 있다. 예를 들어, 대개 지난 달 이자와 수수료에 원금의 1퍼센트를 가산한 금액으로 구성되는 최소 월 지급 조건 하에서는 매월 최소 금액만 지불하는 채무자들에게는 5년이 지나도 여전히 빌린 금액의 거의 절반이 남게 된다.[94]

신용카드 회사들의 그런 금융 횡포를 억제할 필요가 크던 차에 마침내 2009년에 흔히 카드법으로 알려진 신용카드 책무성, 책임 및 공개법이 의회에서 통과되었으며, 오바마 대통령은 이 법에 서명했다.

---

92 Rick Jurgens and Chi Chi Wu, "Fee-Harvesters: Low-Credit, High-Cost Cards Bleed Consumers," *National Consumer Law Center Report*.

93 Jurgens and Wu, "Fee-Harvesters," 25.

94 White, "Bankruptcy Reform and Credit Cards," 181.

다행히도, 이 카드 법은 일부 신용카드 회사들이 저지르는 신용 횡포를 교정하는 데 효과가 있음이 판명되었다. 시카고 대학교 경제학자 닐 마호니와 그의 동료들은 이 법의 규제가 효과가 있음을 발견했다. 그들의 추정에 의하면, 특히 신용이 좋지 않은 소비자들에게 신용카드 비용을 줄임으로써 "이 법이 미국 소비자들에게 연 208억 달러를 절감하고 있다."[95] 수많은 신용카드 전횡 사례들은 실로 우리에게 이슬람의 리바 및 가라르 금지와 이슬람 은행업 및 금융의 손익 공유 원칙을 재고하도록 촉구한다. 대부분의 사람들은 신용카드를 투자하기보다는 소비하기 위해 사용한다는 중요한 사실을 고려할 때 그렇게 할 필요가 더욱 절실하다.

많은 신용카드들의 소비적인 측면에 관해, 이슬람이 소비 대출에 대해 리바를 금하는 근거는 대출을 받는 사람들은 어느 정도의 최저 생활수준을 유지하기 위해 그런 대출이 필요하다고 가정된다는 누르조이의 통렬한 지적을 상기해야 할 것이다. 달리 말하자면 신용카드 이율은 직간접적으로 궁핍한 사람들에 대한 착취를 야기할 수 있다. 윤리적 측면에서 보면, 서브프라임 신용카드나 수수료 수확자 카드들은 바로 재무적으로 취약한 사람들의 불가피성과 취약성을 이용하기 위해 의도적으로 그들을 겨냥하기 때문에 문제가 있다. 이슬람 금융의 손익 공유 원칙이란 관점에서 보면, 연체 금리로도 알려진 벌칙 금리 개념은 문제가 있다. 벌칙 금리는 신용카드 이용 대금을 제때 납입

---

95   Floyd Norris, "Card Act Cleared Up Credit Cards' Hidden Costs," *New York Times*, November 7, 2013에서 인용한 내용을 재인용함.

하지 못할 때 지불하는 금리다. 이 벌칙 금리는 흔히 원래 제공된 금리보다 훨씬 높다. 예를 들어, 2005년 이후 신용카드 대출 평균 이자율은 연 12퍼센트에서 16퍼센트 사이에서 오르내렸지만, 2016년에 주요 회사들의 벌칙 금리는 27퍼센트에서 29.99퍼센트 사이였다. 이는 벌칙 금리 또는 연체 금리가 일반적으로 적용받는 최고 금리보다 최소 7-8퍼센트 높고, 신용이 매우 우수할 경우 적용받을 금리보다 거의 20퍼센트나 높음을 의미한다.[96]

벌칙 금리 또는 연체 금리는 미국의 신용카드 비즈니스가 손익 공유 원칙에 기초하기보다는 대출자들에게 이익이 되는 방향으로 불공정하게 기울어져 있다는 중요한 사실을 보여준다. 우리의 금융 시스템을 보다 공정하고 정당화할 수 있게 변화시키기 위해서는, 신용카드 회사들도 카드 소지자들이 부도를 내거나 한도를 초과할 때 재무상의 모든 부담을 그들에게 떠안기기보다는 자신들도 분담할 준비가 되어야 한다. 이러한 금융상의 불공정과 불공평을 다루는 미셸 화이트 같은 경제학자들은 "대출자들이 너무 많은 신용을 제공하거나 지나치게 높은 이자율과 수수료를 부과할 경우 손실에 직면할 가능성이 높아야 한다"는 주장을 전개한다.[97]

이슬람은 신용카드를 어떻게 보는가? 신용카드는 이자에 의해 운영된다는 점에 비춰볼 때, 샤리아를 준수하는 이슬람 신용카드로 간주될 수 있는 것이 존재하는가? 그런 것이 존재한다면 이슬람 은행이

---

96   Jonathan Wu, "Average Credit Card Interest Rates (APR)-2017," Value Penguin.

97   White, "Bankruptcy Reform and Credit Cards," 176.

어떻게 이슬람 종교의 리바 금지 명령 하에서 고객들에게 신용카드를 발행할 수 있는가? 한 가지 해법은 은행이 카드 소지자들에게 신용 한도의 잔액에 연계된 월간 또는 연간 사용 수수료를 부과하는 신용 한도(line of credit)를 제공하는 것이다. 콕지젠과 쿠란에 의하면 또 다른 해법은 신용카드 매입을 무라바하와 유사한 재매도 계약으로 취급하는 것이다. 보다 구체적으로 설명하자면, 카드 발행자가 고객을 대신해서 상품을 사고 이 상품을 해당 고객에게 미리 정해진 마진을 붙여서 판다. 이 거래는 기술적으로는 이자와 관련되지 않지만, 콕지젠과 쿠란은 이를 "이자 기반 거래"와 동등한 것으로 본다. 그래서 그들은 이렇게 쓴다. "터키 이슬람 은행들의 샤리아 위원회들은 모두 마진 또는 무라바하 사용을 인가했지만, 다양한 샤리아 학자들은 이를 리바를 가리는 천(veil)으로 본다."[98]

콕지젠과 쿠란은 "이슬람 신용카드들은 전통적인 신용카드 산업의 병적 측면에 기여하기" 때문에 점점 인기를 끌고 있는 이슬람 신용카드 비즈니스에 대해 비판적이다.[99] 이슬람 은행들의 "시장 경쟁" 참여가 이러한 추세의 근본 원인이다. 그들은 이렇게 진단한다. "신용카드 산업 내에서, 그리고 보다 넓게는 터키 은행 부문 전체 안에서 시장 점유를 늘리고 이를 지키기 위해, 그들은 자신들의 신용카드에서 샤리아에 일치하는 특성들을 버리거나, 그 특성들을 집행하지 않기로 선

---

98   Murat Cokgezen and Timur Kuran, "Between Consumer Demand and Islamic Law: The Evolution of Islamic Credit Cards in Turkey," *Journal of Comparative Economics* 43, no. 4 (2015): 870.

99   Cokgezen and Kuran, "Between Consumer Demand and Islamic Law," 872.

택했다."[100] 그들은 곧바로 다음과 같이 덧붙인다. "요컨대 노동 시장의 수요 및 공급 측면이 완성되면, 비윤리적 행동이 개별 의사 결정자에게 경쟁 우위를 가져다줄 경우 윤리 규범이 침식될 수도 있다."[101] 콕지젠과 쿠란이 지적하듯이 경쟁 압력이 비윤리적인 행동을 확산시킬 수도 있지만, 경쟁 시장에서의 윤리강령과 종교적 금지명령 구분에 주의해야 한다. 일부 이슬람 학자들을 포함한 대부분의 경제학자들은 고리 이자율을 비난하는 한편 합리적인 이자율 부과는 실제로 경제 전반에 유익한 효과가 있다는 데 동의할 것이다. 사실 콕지젠과 쿠란도 "위에서 언급한 어떤 내용도 이자의 부과가 본질적으로 해롭다거나 신용카드가 본질적으로 해로운 도구라고 암시하지 않는다"고 인정한다.[102]

결론

위에서 우리는 점점 더 서로 연결되고 세계화되는 세상에서 보다 총체적인 부채 윤리를 구성하기 위해 이슬람 금융과 은행업의 핵심적인 윤리 측면들을 살펴보았다. 이슬람 부채 윤리의 많은 가르침 중에서 가장 중요한 통찰력은 부채가 본질적으로 윤리 현상이라는 이슬람 금융의 강조에 놓여 있다. 부채는 도덕과 관련이 없는 현상이 아니다. 부채는 근본적으로 도덕 현상이어야 한다. 이 점에서, 이슬람 금융은 리

---

100   Cokgezen and Kuran, "Between Consumer Demand and Islamic Law," 872.

101   Cokgezen and Kuran, "Between Consumer Demand and Islamic Law," 872.

102   Cokgezen and Kuran, "Between Consumer Demand and Islamic Law," 880.

바와 가라르가 취약하고 가난한 차주들을 착취하는 데서 나아가 전체 금융 시스템을 붕괴시킬 수 있는 가공할 잠재력을 갖고 있기 때문에 리바와 가라르를 규탄한다. 또한 리바와 가라르는 대출자들을 탐욕스럽게 만들어서 그들의 도덕적 성품을 더럽힐 수도 있다. 이런 통찰력은 오늘날의 금융 세계에 딱 들어맞는다. 알 아즈하리가 명확히 말하듯이, "이슬람의 관점에서 부채의 목표는 미덕이며 보상을 바라지 않고 궁핍한 사람의 필요를 채워주는 것이다."[103] 실제로 초기 이슬람에서 부자들은 원래 자선을 베풀 뿐 아니라, 어려운 처지에 있는 사람들에게 원금만 돌려받기를 기대하면서 시혜(施惠)적인 대출도 제공하도록 장려되었다.

이슬람 부채 윤리의 관점에서 부채는 단지 채권자와 채무자 사이의 계약 문제가 아니다. 부채가 정당한 부채가 되려면 궁핍한 사람들을 착취하는 도구가 아니라, 그들에 대한 일종의 선물이 되어야 한다는 또 다른 윤리 기준을 충족해야 한다. 그렇다면 부채에 합리적인 이자를 부과하거나 금융 거래에서 관리할 수 있는 정도의 금융 리스크를 허용해서 채권자와 채무자 모두에게 실제로 금융상 이익이 되는 경우에는 어떤가? 이슬람 금융은 그런 거래를 허용하고 인가해야 하는가? 결국 콕지젠과 쿠란이 지적하듯이, 재정상 곤경과 자선행위를 해석함에 있어 가장 보편적인 일반적 정당화는 쿠란 2:185에 기초한다. "알라는 네 불편이 아니라 복리를 원하느니라."[104] 이 질문에 대한

---

103   Al-Azhari, "Credit Cards and Their Juristic Appraisal," 45.

104   Cokgezen and Kuran, "Between Consumer Demand and Islamic Law," 871.

답은 궁극적으로 이슬람 학자들과 그들의 해석에 달려 있다. 합리적인 이자 수준과 관리할 수 있는 리스크 수준의 도덕적 지위에 관해 이슬람 학자들 사이에 해석상의 차이와 논쟁이 있지만, 그들은 모두 과도한 이자(고리)의 부과나 너무 위험한 거래에 관여하는 것은 수용될 수 없다는 데 동의할 것이다.

역설적으로, 자본주의는 반대자들에 의해 오용되는 것이 아니라 자본가들에 의해 오용되며, 자본가들에 의해 가장 널리 채택되는 도구들은 기만적인 이자와 억제되지 않은 리스크다. 이 점에서 이슬람의 리바와 가라르 금지는 이슬람 교도들뿐만 아니라 세상의 모든 사람들에게도 매우 귀중한 도덕적 가이드라인이다. 이 점에서 파웰과 드롱이 말하듯이, "미국 회사들은 리바 금지 특히 대출 거래의 손익 공유 구조로부터 모종의 리스크 관리 원칙을 반영할 수도 있을 것이다. 금융 기관들은 손익 공유에 관한 합의를 반영하는 금융 상품을 만듦으로써 자신의 리스크 노출을 줄일 수 있을 것이다."[105] 부유한 사람들과 가난한 사람들 사이에서 기하급수적으로 커지고 있는 재무적 격차가 세계적으로 심각한 문제가 되고 있지만, 점점 커지고 있는 극단적인 부의 집중 문제를 해결할 수 있는 개인, 기관, 국가가 없다는 점에 비춰볼 때, 소득 수준과 보유한 부의 수준이 다른 사람들 사이의 평등 달성과 같은 이슬람 금융 원칙은 확실히 이슬람 세계뿐만 아니라 비이슬람 세계에서도 전적으로 채택되어야 할 절실한 도덕적 통찰력이다.

105　　Powell and DeLong, "Possible Advantages of Islamic Financial Jurisprudence," 419.

5장

유대교의 희년 윤리와
채무 면제 문제

서론

1996년에 프랑스 리옹에서 열린 G7 정상회의에서 국제통화기금과 세계은행의 제안에 따라 과다 채무 빈곤국 지원 계획(Heavily Indebted Poor Countries Initiative. 이하 'HIPC 이니셔티브')이 출범했다. HIPC 이니셔티브는 1999년에 독일 쾰른에서 열린 G7 정상회의 뒤에 개정 및 강화되었다. 개정 HIPC 이니셔티브는 보다 신속하고, 깊이 있고, 광범위한 채무 경감을 승인하고, 채무 경감, 빈곤 축소, 사회 정책 사이의 연결을 강화했다. HIPC 이니셔티브는 2005년 3곳의 다자간 기관(IMF, 세계은행, 아프리카 개발 기금)에 의해 HIPC 이니셔티브 프로세스를 마친 국가들에 대한 적격 채무를 100퍼센트까지 경감하도록 허용하게 될 다자간 채무 경감 이니셔티브(Multilateral Debt Relief Initiative)에 의해 보완되었다. IMF가 발행한 개요 보고서에 의하면(2016년 3월 15일 현재), "지금까지 HIPC 이니셔티브에 따른 채무 감축 패키지는 36개국의 채무 감축을 승인했는데, 그중 30개국은 아프리카 국가들이며, 장기적으로 760억 달러의 채무 경감을 제공한다."[1] 추가로 3개국(에리트레아, 소말리아, 수단)이 HIPC 이니셔티브 원조 적격이 될 수 있는 것으로 파악되었지만, 아직 결정되지는 않았다. 이 개요 보고서는 또한 HIPC 이니셔티브 전에는 적격 국가들이 건강 및 교육에 평균적으로 사용한 액수보다 더 많은 금액을 부채(원금과 이자) 상환에 지출했지만, 이후 건강, 교육 및 기타 사회 서비스에 대한 지출을 현저히 늘려서 이 분야에 대한 지출이 부채 상환에 대한 지출의 약 5배가 되었다고 보고한다.

HIPC 이니셔티브는 이념적으로뿐 아니라 정치적으로도 1990년대 초에 영국에서 시작한 희년 2000(Jubilee 2000)으로 알려진 국제 합동 캠페인의 영향을 받았다. 이 운동의 아이디어는 전직 외교관 윌리엄 피터스와 킬 대학교 정치학 강사 출신인 마틴 덴트에 의해 최초로 발표되었다. 그들은 유대교의 희년 개념을 현대의 채무 경감 프로그램에 연결해서 희년 2000 캠페인을 설립했다. 1998년에 수만 명의 희년 2000 캠페인 지지자들이 영국 버밍햄에서 개최된 G8 회의에서 시위를 벌였는데, 이들의 주장은 토니 블레어 수상, 고든 브라운 재무장관 같은 영향력 있는 정치 지도자들의 주의를 끌었다. 블레어 수상은 채무 면제에 대한 개인적 지지를 공개 표명했으며, 보노, 무하마드 알리, 퀸시 존스 등 세계적인 명사들의 지지로 이 캠페인이 세계에 알려지게 되었다.

---

1   International Monetary Fund (IMF), "The IMF Factsheet." March 2016, https:// www. imf.org/external/np/exr/facts/pdf/hipc.pdf.

　이번 장의 목적은 보다 종합적이고 총체적인 부채 윤리 구성과 관련해서 유대 종교 전통과 사상, 안식년 및 희년 개념을 살펴보는 것이다. 보다 구체적으로, 나는 이 장에서 우리가 사는 세상이 점점 더 세계화되고 금융화되어감에 따라 희년은 고대 유대교의 개념이며 따라서 시대에 뒤떨어졌고 오늘날에는 관련이 없다는 대중적인 견해에 대항해서 정기적인 안식년 또는 희년을 세계적으로 혹은 정치적으로 적용하는 일이 더 절실하게 요구된다고 주장한다. 4장에서 살펴보았듯이, 종교 전통과 아이디어는 금융 시스템, 특히 부채 경제 전반에 관련된 규칙과 정책을 어떻게 조직, 관리, 평가해야 하는지에 관한 귀중한 윤리적 통찰력을 제공한다. HIPC 이니셔티브는 종교 전통과 아이디어가 세계화된 현대 사회에서 보다 총체적이고 현실적인 부채 윤리 구성에 어떻게 중요하고 적절한 자료가 될 수 있는지를 생생하게 보여준다. 이번 장은 세 부분으로 구성되어 있으며, 각 부분마다 독특한 주제에 초점을 맞춘다. 첫 번째 부분은 유대교 안식년 및 희년 개념에 대한 역사적·이념적 탐구에 할애된다. 이 탐구에 기초해서, 나는 제3세계 국가들의 지긋지긋한 부채 문제와 관련된 윤리 문제 및 보이지 않고 계약되지는 않았지만 그럼에도 대체로 인정되고 있는 선진국들과 다국적 기업들 같은 부유한 채권자들이 제3세계 국가들에 지고 있는 환경상의 채무라는 우리 시대의 시급한 두 가지 문제들을 살펴볼 것이다.

유대교의 안식년 및 희년 개념

히브리 성경에는 출애굽기 21:1-7, 23:10-11, 신명기 15:1-18, 레위기

25:1-55 등 안식년 또는 희년을 직접 언급하는 몇몇 핵심 구절들이 있다(New Revised Standard Version을 사용함).

이는 네가 그들 앞에 세울 규례이니라. 네가 남자 히브리 종을 사거든 그는 6년 동안 섬길 것이요, 7년째에는 빚 없이 자유인으로 나갈 것이니라(출 21:1-2).

너는 6년 동안 네 땅에 씨를 뿌리고 그 소출을 거둘 것이니라. 그러나 7년째에는 땅을 쉬게 하고 묵혀 두어서 네 백성 중 가난한 사람들이 먹게 할지니라. 그리고 그들이 남긴 것은 날짐승들이 먹도록 남겨둘지니라. 너는 네 포도원과 올리브 밭도 그리할지니라(출 23:10-11).

너는 7년마다 빚을 면제해줄지니라. 면제는 이같이 할지니라. 모든 채권자는 공동체의 일원인 이웃에게 빚 갚기를 요구하지 말고 이웃에 대한 청구권을 면제할지니라. 이는 야웨의 면제가 선포되었음이니라. 외국인에게는 빚을 갚도록 요구할 수 있으나 네 공동체의 일원이 네게 무슨 빚을 졌든 네 청구권을 면제할지니라(신 15:1-3).

너는 7년을 일곱 번, 즉 49년을 셀지니라. 그리고 나팔을 크게 불지니라. 그 해 7월 10일(이는 속죄일이니라)에 네 땅 방방곡곡에 나팔을 불지니라. 그리고 50년째 해를 신성하게 하고 네 온 땅의 거주민들에게 자유를 선포할지니라. 이 해는 네게 희년이 될지니라. 너희 모두 각자 너희 소유지로 돌아가고, 각자의 가족에게 돌아갈지니라. 이 50년째 해는 너희에게 희년이 될 것이니라. 너희는 씨를 뿌리거나 저절로 난 것을 거두거나, 가지를 쳐주지 않은 포도나무에서 수확하지 말지니라. 이 해는 희년이니 네게 거룩한 해가 될지니라. 너는 밭이 스스로 내는 것만 먹을지니라(레 25:8-12).

영어 단어 "Sabbath"(안식, 안식일)는 "중단하다, 멈추다, 유지하다"를 뜻하는 히브리어 동사 *šabat*에서 파생된 히브리어 명사 *šabbat*에서 유래하지만, 영어 단어 "Jubilee"(희년)는 "뿔 또는 나팔"을 뜻하는 히브리 단어 요벨(*yobel*)의 그리스어 형태에서 유래한다. 요벨 불기는 희년의 시작을 알렸는데, 이러한 행위는 감정의 격발에서 수행되는 것이 아니라 정규적인 공동의 기대에 대한 반응으로서의 "신호로" 수행된다.[2] 히브리 성경학자 리처드 로우리가 주목하는 바와 같이, 히브리 성경에 나오는 주요 안식년 텍스트들 중 레위기 25장만 일곱 번째 해를 "안식"년으로 묘사한다. 또한 그는 레위기에 나오는 안식년은 창세기 1장의 안식일 창조 및 출애굽기 16장의 안식일 만나와 밀접하게 연결된 이상향의 비전을 제공한다는 입장을 취한다.[3] 출애굽기 23장이 일곱 번째 해를 일곱 번째 날의 안식일과 연결시키지만, 출애굽기 23:9-12 구절은 안식년이라 부르기에는 부족하다.

신명기 15:1-18은 "가장 포괄적인 7년째에 관한 법"을 제공하는데, 이곳에서는 야웨를 위한 채무 면제를 강조할 뿐만 아니라 채무 인질

---

2   Walter Brueggemann, "Living with a Different Set of Signals," *Living Pulpit* 10, no. 2 (2001): 20.

3   Richard H. Lowery, *Sabbath and Jubilee* (St. Louis, Mo.: Chalice Press, 2000), 23.

기간에 대한 상한도 설정한다.[4] 로버트 그누시에 의하면, 레위기 25장에 나오는 희년법은 "고대 근동에서 능가할 수 없는" 사회적·경제적으로 변혁적인 비전을 제시한다.[5] 종합적인 이 경제적 비전은 노예 해방, 채무 면제, 원래의 주인에게 토지 반환, 토지 회춘(휴경)이라는 네 가지 주요 측면을 포함한다.

그러나 레위기에는 신명기 15:1-11(안식년)의 채무 면제 규정에 대한 직접적인 언급이 없음을 주목할 필요가 있다. 또한 레위기 25:10("너희 모두 각자 너희 소유지로 돌아가고, 각자의 가족에게 돌아갈지니라")이 이를 함축하기는 하지만 레위기는 신명기 15:12-18에 나오는 7년째의 전국적이고 보편적인 노예 해방도 직접 언급하지 않는다. 이 점에서 그누시는 다음과 같은 질문을 제기한다. "레위기 개혁가들은 이러한 신명기 율법들을 존중했고, 이 율법들이 구속력이 있다고 보아서 이를 반복할 필요를 느끼지 않았을 뿐인가? 아니면 레위기 개혁가들은 신명기 율법을 몰랐고 출애굽기 21-23장의 언약법 규정들만 알고 있었는가?"[6] 그러나 그는 출애굽기 21:2가 실제로 노예에 부과된 채무의 면제를 언급하고 있음을 간과한다. 아마도 희년 제도에 관해 가장 논쟁이 치열한 질문은 이 제도가 실제로 실행된 적이 있는지 여부일 것이다. 이런 주장의 주된 이유는 많은 학자들이 "공상적"(utopian)이라고 부르는 희년 관행의 근본적으로 변혁적인 비전에서 비롯된다.

---

4   Lowery, *Sabbath and Jubilee*, 24.

5   Robert Gnuse, "Jubilee Legislation in Leviticus: Israel's Vision of Social Reform," *Biblical Theology Bulletin* 15, no. 2 (1985): 43.

6   Gnuse, "Jubilee Legislation in Leviticus," 45.

희년의 역사성 옹호자들은 고대 근동 지역의 유사 사례들을 증거
로 지적하는 반면,[7] 반대자들은 메소포타미아와 고바빌론의 "미쉬나
룸"(채무를 탕감하고, 세금을 유예하며, 채무 인질을 해방시키는 왕의 칙령) 반포
는 규칙적으로 이루어진 것이 아님을 강조한다.[8] "신명기 15장만 규칙
적인 채무 면제 주기(週期)를 확립하고자 한다."[9] 존 시에츠 버그스마
는 자신의 저서인 『레위기에서 쿰란까지의 희년』에서 참으로 중요한
점은 희년의 역사성이 아니라 희년이 이스라엘 백성에게 의미한 바라
는 말로 이 논쟁을 마무리한다. "고대 이스라엘에서 희년이 실제로 실
천되었는지가 언제나 가장 자주 묻는 질문이다. 불행하게도 성경이나
고고학 데이터를 통해 그 질문에 대한 명확한 답을 줄 수는 없다. 그러
나 성경 데이터는 희년이 이스라엘 백성에게 주는 의미가 오랜 기간
에 걸쳐 발달했음을 보여준다."[10] 사실, 나는 이번 장에서 희년의 종교
적 의미와 윤리적 시사점을 이스라엘 백성이라는 좁은 테두리 너머로
확장하고자 한다.

---

7 모세 바인펠트는 몇 가지 예를 수집한다. 예를 들어, 라가시의 엔메테나(약 2430
B.C.E.)는 가족 재산을 반환하고 채무를 면제했으며, 마니시투슈는 약 3세기 뒤에 38
개 도시들을 국가 노동과 군사 징발에서 면제시켰고, 이신의 이쉬메-다간(1953-1935
B.C.E.)은 성전 도시 니푸르를 세금과 군사 징발로부터 면제해줬다. 카파도키아의 아
시리아 식민지들에서는 지방 군주들에 의해, 그리고 아시리아 자체에서는 일루슈마
와 에리슘 1세에 의해 채무가 탕감되었다. 히브리 성경학자 리처드 H. 로우리는 유사
한 왕의 칙령이 이집트 및 그리스의 솔론의 개혁(594-593 B.C.E.)에 기록되었음을 지
적한다. Lowery, *Sabbath and Jubilee*, 38-39을 보라.

8 Gnuse, "Jubilee Legislation in Leviticus," 46.

9 Lowery, *Sabbath and Jubilee*, 41.

10 John Sietze Bergsma, *The Jubilee from Leviticus to Qumran: A History of Interpretation* (Leiden: Brill, 2007), 1.

이번 장에서 나는 주기적인 채무 면제에 관한 유대교의 독특한 가르침에 초점을 맞춤으로써 안식년과 희년의 핵심적인 윤리적 의미를 밝히고자 한다. 먼저 신명기 15:2-3은 "이웃"에 대한 대출과 "외국인"에 대한 대출을 구분함을 주목해야 한다. 이 구별이 왜 중요한가? 첫째, 우리가 지적하듯이, 이 구분은 "단순한 민족적" 구분이 아니다. 이웃에 대한 대출은 채권자의 책임 지역 범위 내에 들어가는 가계들에 대한 "생계 대출"인 반면, 외국인들에 대한 대출은 성격상 "상업 대출"이다.[11] 달리 말해서, 차주가 어느 민족 소속인가가 아니라 대출의 성격이 문제다. 로우리는 3절의 "외국인"은 "거주 외국인"인 **게르**(*ger*)가 아니라 **노크리**(*nokri*)라는 사실에 주의하라고 촉구한다. 이는 거주 외국인들은 마을 주민들 사이의 상호 지원 네트워크의 일원으로 간주됨을 의미한다. 그래서 로우리는 이렇게 쓴다. "따라서 거주 외국인들에 대한 생계 대출은 3절의 '외국인들'에 대한 대출이 아니라 2절의 '네 이웃, 네 동족'에 대한 대출에 포함될 가능성이 더 높다."[12] 라파엘 조스페도 외국인들에게는 "고리가 부과될 수 있고, 안식년에 그들의 부채는 면제되지 않는다"고 쓴다.[13] 그렇다면 여성에 대해서는 어떠한가? 명령이 "네"(남성 단수)게 주어지는 출애굽기 20:10과 신명기 5:14과 관련해, 조스페는 여성에 대해 명시적으로 언급하지 않는다는 사실이 여성은 안식년의 유익에서 배제됨을 시사하는 듯이 보일 수도

---

11   Lowery, *Sabbath and Jubilee*, 40.

12   Lowery, *Sabbath and Jubilee*, 40.

13   Raphael Jospe, "Sabbath, Sabbatical and Jubilee: Jewish Ethical Perspectives," *The Jubilee Challenge: Utopia or Possibility?* Hans Ucko 편(Geneva: WCC, 1997)에 수록된 글, 89.

있지만, 여성에 대해 언급하지 않는다는 사실은 실제로는 여성이 법 앞에 평등함을 보여준다는 입장을 취한다.[14]

채무 면제 대상인 생계대출과 그런 규정이 적용되지 않는 상업 대출을 구분하는 윤리적 중요성은 무엇인가? 간단히 말하자면 동족 중 가난한 사람들에 대한 돌봄과 다른 사람들(외국인들)에 대한 동등한 대우가 유대 경제 정의의 핵심이다. 2절의 히브리 단어 "면제하다(샤모트; *shamôt*)"는 명사 "면제(쉐미타; *shemittah*)"와 같은 어근에서 나왔다. **샤모트**의 기본 의미가 "느슨하게 하다"임에 비춰볼 때, (채무) 면제 법 **쉐미타**는 궁핍한 이웃, 즉 채무자들을 향해 주먹을 꽉 움켜쥐다(인색하게 굴다)의 정반대인 채무자의 지불 의무에 대해 "움켜쥔 것을 느슨하게 하다"(문자적으로는 "그의 손을 놓아주다")로 간주된다. 실로, 로우리가 주장하듯이, **쉐미타**는 "가난한 사람들을 향해 손을 펴는 구체적인 태도"다.[15] 이스라엘 백성은 가난한 사람에게 이자를 받지 못할 뿐 아니라 음식과 돈을 꿔주도록(생계대출) 요구되기도 한다는 점에 비춰볼 때, 불운하게 가난하고 궁핍한 이웃에 대한 생계 대출은 실제로는 대체로 자급적인 농경 사회에서 일종의 선물이었다고 짐작할 수 있다.

법학자이자 경제학자인 토드 벅홀츠는 고대 이스라엘이 생계 대출과 상업 대출을 구분했다는 로우리의 의견에 동의한다. 벅홀츠는 "상인은 이자율이 합리적이지 않으면 빌리지 않을 것이기 때문에" 외국 상인들에게 이자를 받고 빌려주는 것은 일리가 있다고 추론한다.[16] 또

---

14   Jospe, "Sabbath, Sabbatical and Jubilee," 90.

15   Lowery, *Sabbath and Jubilee*, 41.

16   Todd G. Buchholz, "Biblical Laws and the Economic Growth of Ancient Israel," *Journal*

한 그는 외국 상인이 이스라엘 사람의 채무를 면제해주리라고 기대할 수 없기 때문에 채무 면제가 외국 상인에게 적용되지 않는 것이 옳다는 입장을 취한다. 따라서 벅홀츠는 이렇게 쓴다. "이 법들은 상인들과 이스라엘 사람들 사이의 동등한 교역의 토대를 확립하기 위해 노력했다."[17] 그러나 벅홀츠는 사람을 계약의 동포애를 공유하는 사람(아브라함의 후손)과 그러한 혈통에서 제외된 사람들로 양분할 수 있었기 때문에 고대 이스라엘에서 생계 대출과 상업 대출의 구분이 가능했음을 지적한다. 그러나 그는 암묵적으로 희년법은 배제의 테두리 내에 있는 사람들에게만 일리가 있다는 주장을 전개하는 듯하다. 달리 말해서, 희년법은 기본적으로 구성원 또는 민족의 도덕적 성격에 의존하는 조건적인 제도였지 보편적인 제도가 아니었다.

이어서 그는 한층 더 나아가 서구에서는 중세 이후 도덕적 유대의 기본 성격이 "형제 됨에서 남이 됨으로" 근본적으로 전환되었다고 말한다. 그는 이 주장을 전개할 때 벤자민 넬슨을 따르기 때문에, 넬슨을 살펴볼 필요가 있다. 그의 기념비적 저서 『고리대금 개념』에서 넬슨은 "다른 이스라엘 백성"에 대한 고리 대출을 금지하지만 "외국인들"에게는 고리 대출을 허용하는 텍스트인 신명기 23:19-20의 해석이 변하는 연혁을 보여준다. 이 구절은 고대 이스라엘의 부족 형제애 도덕을 대표하는데, 훗날 보편적 형제애를 향한 중세의 야망은 부족 형제애를 뛰어넘는다. 종교개혁 운동은 중세의 합의를 해체하면서 이를 버

---

of Law and Religion 6, no. 2 (1988): 413.

17 Buchholz, "Biblical Laws," 414.

렸다. 특히 칼뱅은 주저하면서도 의식적으로 "모두가 동등하게 '남들' 인 동시에 '형제'가 되는 보편적 타자성의 세계로 가는 길을 개척했다" 는 점에서 매우 중요한 역할을 했다.[18] 넬슨에 의하면 칼뱅은 그 구절을 형제에게서 고리를 받는 것이 허용되도록 해석한 최초의 종교 지도자다. 넬슨은 이렇게 쓴다. "칼뱅이 형제애에 강하게 호소한다는 것은 사실이다. 그러나 이자가 혐오되는 세상의 형제애와 이자가 허가되는 세상의 형제애 사이에는 큰 차이가 있다. 히브리인들이나 중세의 기독교인들은 후자와 같은 종류의 형제애를 이해할 수 없었을 것이다."[19]

넬슨은 맺음말에서 도덕적 유대가 "부족적 형제관계에서 보편적인 타인관계"로 전환되었다 해서 실망할 필요는 없다고 말한다. 넬슨에 의하면, "모든 사람에게 일반적으로 인정될 수 있는 규범을 구현하는 사회는 내부자들에게만 특권을 부여하고 선한 이웃들과 이방인들에게는 일시적으로 양보를 제공하며, 멀리 떨어진 '야만인들'에게는 어떠한 의무도 없는 사회보다 윤리적으로 우수하다."[20]

그러나 그는 도덕 공동체가 다른 공동체와 "한 집단의 형제들"로 결합하면서 그 경계를 넓혀갈 때 일반적으로 도덕적 대가를 수반한다고 한탄한다. 이 대가는 무엇인가? 그는 이 대가는 이전에 사람들을 함께 묶어주었던 사랑이 쇠약해진 것이라고 말한다. 그래서 그는 이렇게 쓴다. "도덕 공동체의 영역 확장은 대개 도덕적 유대의 농도를 희

---

18   Benjamin Nelson, *The Idea of Usury* (Chicago: University of Chicago Press, 1969), 73.

19   Nelson, *Idea of Usury*, 81-82.

20   Nelson, *Idea of Usury*, 137.

생함으로써 달성된다는 것, 또는 모든 사람은 똑같이 남이 됨으로써 형제가 되었다는 것은 도덕 역사의 비극이다."[21]

넬슨의 통찰력 있는 이 책은 희년 원칙을 우리의 현대 경제 및 금융 세계에 적용하려는 종교적-윤리적 시도에 심각한 이념적 도전을 제기할지도 모른다. 왜 그런가? "형제"가 단지 "남"이 되어버린 우리의 현대 세계는 원래 고대 유대의 부족 형제 공동체를 위해 고안된 희년법이 더 이상 관련이 없다고 주장할 수도 있기 때문이다. 그렇다면 유대의 희년 개념은 현대 세계에는 실제적인 관련성이 없는 낡은 공상적 아이디어인가? 희년 개념에는 종교적 의미만 있고 자본주의 체제에서는 아무런 경제적 의미가 없는가? 벅홀츠는 그런 자본주의자의 의심을 이렇게 집약적으로 보여준다. "(채무 면제에 관한) 법들은 종교의 가르침에 비춰볼 때 신학자의 관점에서는 논리적으로 보인다. 경제학자의 관점에서는 이 법들은 중대한 장애물로 보일 것이다."[22] 그렇다면 세계적인 금융화 시대에 보다 총체적이고 현실적인 부채 윤리를 구축함에 있어서, 고대의 안식년 또는 희년 개념이 실제로 윤리적으로 또한 실제적으로 관련성이 있음을 어떻게 증명할 수 있는가?

아래에서 나는 채무 면제는 정의의 문제이기 때문에 윤리적 요구일 뿐만 아니라, 부채는 생태적 지속 가능성을 파괴하고 궁극적으로 경제 붕괴로 귀결되기 때문에 생태적이고 경제적인 필요이기도 함을 보여줌으로써 이 문제에 답하고자 한다. 넬슨이 말하듯이, 서구 사회

---

21   Nelson, *Idea of Usury*, 136.

22   Buchholz, "Biblical Laws," 414.

는 더 이상 히브리 씨족 동료 관계나 중세의 보편적 형제애에 대한 이상으로 특징지어지지 않는다는 것은 사실이다. 그러나 서구는 "원자화된 개인주의"나 현대 자본주의의 "보편적 타자성"에 매몰되어 있을 뿐이라는 주장은 너무 근시안적이다. 역설적으로, 나는 우리의 세계가 보다 자본화되고 세계화될수록 우리는 서로 더 가깝게 연결되며, 남들, 특히 외국의 낯선 이들 및 환경을 돌볼 필요가 점점 더 커진다고 주장한다. 로우리도 유사한 방식으로 이렇게 쓴다. "개인의 소외가 증가하고 사회적 연대감이 줄어듦에 따라, 한때는 세계를 정의했던 시간과 공간의 경계가 사이버 공간 안으로 사라짐에 따라, 안식년 개념은 조화, 경계, 사회적 연대, 휴식에 대한 필요, 고요한 성찰, 자연을 파괴하지 않는 휴양에 대해 목소리를 낸다. 다가오는 세계에서는 안식년 개념에 대한 인식이 인간의 생존, 번영과 건전한 정신(sanity)의 열쇠일 수도 있다."[23] 세계적 규모의 생태 재앙들과 세계 곳곳의 높아지는 이주(移住) 위기는 우리가 사는 세상이 정치경제적으로 희년 이상(理想)의 전용을 절실하게 필요로 한다는 도덕 지형의 변화를 강력히 증명한다.

종교적·민족적·문화적 경계를 초월할 수 있는 유대 안식년 및 희년법의 윤리 원칙 또는 정신은 무엇인가? 예방적 정의와 회복적 정의라는 정의의 두 측면을 밝힘으로써 이 질문에 대답할 수 있다. 예컨대 유대인 성서학자 제이콥 밀그롬은 희년은 가진 자와 가지지 못한 자의 격차 증가를 제한함으로써 예방적 정의를 반영한다고 주장한다.

---

23   Lowery, *Sabbath and Jubilee*, 3-4.

그는 이렇게 쓴다. "희년은 라티푼디아(지주가 노예를 써서 경영하는 광대한 소유지) 및 점증하는 빈부격차를 방지하기 위한 사회경제적 장치다. 이스라엘의 예언자들은 이러한 악덕들을 단지 비난만 할 뿐이었지만, 이스라엘의 제사장들은 레위기 25장에서 이를 시정하고자 한다."[24] 유대의 안식년 및 희년법에서 예방적 정의와 더불어, 사회 이론가들이 "회복적 정의"라고 부르는 평등, 자유, 상호관계, 지속 가능성과 같은 사회 윤리의 이상 회복도 도출할 수 있다. 회복적 정의 개념은 주로 형사상의 정의 분야에서 발전된 비교적 새로운 개념이다. 예컨대 로레인 S. 암스투츠는 회복적 정의가 서구 식민주의에 의해 질식되기까지는 전 세계의 토착 문화에서 이미 실천되었다는 점에서 "비록 회복적 정의라는 말은 비교적 최근에 나왔지만, 회복적 정의의 실천은 새롭지 않다"는 입장을 취한다.[25] 회복적 정의의 주된 현장은 형사상의 정의 분야였지만, 그 원칙과 관행들은 이제 점점 더, 예컨대 학교, 일터, 교회 등 형사 시스템 밖에서 시행되고 있다.[26] 나는 이번 장에서 이 원칙과 관행들을 상업, 법률, 또는 금융 기관에 적용하고자 한다.

회복적 정의 개념에 관해 크리스토 세스나르는 중요한 통찰력을 제공한다. 보복적 정의와는 달리 치유와 회복에 초점을 맞추는 회복적 정의는 "위반자 및 피해자 치유에 역할을 할 수 있는 사람들을 관

---

24 Ucko, *Jubilee Challenge*에 수록된 Jacob Milgrom, "Leviticus 25 and Some Postulates of the Jubilee," 31–32.

25 Lorraine Stutzman Amstutz, "Restorative Justice: The Promise and the Challenges", *Vision: A Journal for Church and Theology* 14, no. 2 (2013): 24.

26 Amstutz, "Restorative Justice," 24.

여시킴"으로써 "정의에 대한 보다 완전한 이해에 도달하고자 한다."[27] 희년법이 노예, 채무자, 채권자, 외국인 거주자 및 심지어 토지도 포함한 사회의 모든 관련 구성원들을 관련시키고자 함을 고려하면, 희년법은 회복적 정의의 원래의 이상을 드러낸다고 말할 수 있다. 교황 요한 바오로 2세의 교서 "Terrio Millennio Adveniente"(세 번째 천 년이 가까워지므로)는 희년 정의의 회복적 성격을 다음과 같이 단언한다.

> 희년은 그들의 재산과 심지어 개인의 자유까지 상실한 가족들에게 새로운 기회를 제공함으로써 이스라엘의 모든 자녀들 사이에 평등을 회복할 의도였습니다. 다른 한편으로는 희년은 부자들에게 그들의 동족으로서 종이 된 사람들이 다시금 그들과 동등한 사람들이 되고 그들의 권리를 되찾을 수 있을 때가 오리라는 점을 상기시키는 장치였습니다. 궁핍한 사람들을 지원하기 위해 법에 규정된 때에 희년이 선포되어야 했습니다.[28]

"공상적", "급진적" 또는 "이상적" 성격에도 불구하고, 희년 정의의 회복적 성격은 종교 공동체들에게만 아니라 그 윤리적 이상에 따라 사회를 변혁하길 원하는 사람들에게도 계속 영감을 부여했다. 예를 들어 말콤 체이스는 18세기 말과 19세기 영국에서의 희년 개념 연구에서 18세기 말과 19세기 영국의 급진주의자들에 의해 종종 레위기의

---

27   Christo Thesnaar, "Restorative Justice as a Key for Healing Communities," *Religion & Theology* 15, nos. 1-2 (2008): 58.

28   John Paul II, "Tertio Millennio Adveniente."

희년 개념이 전용되었음을 밝힌다. 체이스에 의하면, "정치의식이 강한 기독교인들에게 레위기 25장이 주는 호소는 명백하다.…간략히 말해서, 레위기의 희년은 정의, 공동 소유, 자유, 노동권 원칙을 바탕으로 사회를 갱신할 때로 읽힐 수 있다."[29] 희년법이 안정적이고 균등한 균형 상태를 유지하고, 토지가 인간으로부터 소외되고 소수의 수중에 집중되는 것을 방지하기 위해 주기적으로 토지를 재분배했기 때문에 이 법은 급진 개혁가들의 상상력을 사로잡았다.[30]

여기서 모든 혁명들의 성격과 실현이 다 같지는 않다는 점을 주목해야 한다. 혁명적이기는 하지만, 희년법의 급진적 성격은 마르크스주의자의 프롤레타리아 혁명 같은 다른 유형의 혁명과 구분된다. 세계적 금융화와 구속되지 않는 신자유주의 자본주의의 결과로, 데리다가 그의 저서 『마르크스의 망령』에서 정확히 관찰하듯이, 세상은 공산주의의 망령이 출현하기 시작하는 상태로 변했다. 나는 끈질기게 출몰하는 이 망령을 멈추게 하고 폭력 혁명으로부터 세상을 구하기 위해서는 희년 모델과 희년의 회복적 정의에서 그 틀을 발견하는 다른 종류의 혁명이 필요하다고 주장한다. 이 점에서 희년법과 희년의 회복적 정의는 확실히 데리다의 "뉴 인터내셔널"(New International)이라는 도덕적 비전과 많은 관련이 있을 것이다. 나는 아래에서 두 가지 문제(제3세계 채무와 환경상의 채무)를 살펴봄으로써 희년과 희년의 회복적 정의 개념이 실제로 어떻게 빚에 찌들리고 있는 세상과 환경을 보다

---

29   Malcolm Chase, "From Millennium to Anniversary: The Concept of Jubilee in Late Eighteenth- and Nineteenth-Century England," *Past & Present* 129 (1990): 133.

30   Chase, "From Millennium to Anniversary," 133.

부채로부터 자유롭고 공생하는 세계 공동체로 변화시킬 수 있는지 보여줄 것이다.

제3세계 채무 위기와 희년법

톤 베르캄프와 노먼 솔로몬 같은 종교학자들은 부채에 관한 고대 성서 텍스트가 여전히 여러 빈곤 국가들의 치솟는 채무 부담 문제에 빛을 비춰줄 수 있다고 주장한다. 예컨대 베르캄프는 이렇게 쓴다. "고대 성서 텍스트들은 개인 또는 가계 부채와 관련이 있지만, 부채에 관한 이 텍스트들을 고려하면 가난한 국가 정부들의 채무 부담 문제에 빛을 비추는 데 도움이 될 수 있다. 이 텍스트들은 부채 문제에 대한 해결책을 찾는 데 적용될 수도 있는 윤리 원칙과 정치적 행동에 빛을 비춰준다."[31] 그는 자신이 "형제애 시스템"이라고 요약한 느헤미야의 개혁에 주의를 환기시킨다. 베르캄프에 의하면, 부채는 모든 고대 사회에서 노예를 양산하는 주된 기원이었으며, 널리 퍼져 있었다. 느헤미야 5, 8, 9장의 역사 내러티브는 이 지방의 사회 및 정치적 안정 유지 또는 회복을 주 임무로 하는 페르시아 유대 총독 느헤미야가 희년법과 이 법의 회복적 정의에서 유래하는 채무 면제와 토지 재분배를 선포함으로써 평등주의 경제에 기초한 정치·사회 생활의 갱신을 꿈꿨음을 보여준다.[32]

---

31 Ton Veerkamp, "Judeo-Christian Tradition on Debt: Political, Not Just Ethical," *Ethics & International Affairs* 21, no. 1 (2007): 167.

32 Veerkamp, "Judeo-Christian Tradition on Debt," 171.

노먼 솔로몬은 자신의 논문 "희년 경제학: 제3세계 채무를 맥락 안에 두기"에서 어떻게 희년법의 회복적 정의를 오늘날의 세계 경제 상황에 적용할 수 있는지에 관한 가능성을 탐색한다. 그는 불균등한 부의 분배가 국가들 사이 및 국가 내의 사회경제적 불공평과 자연 자원의 과잉 착취와 파괴로 귀결된다고 진단한다. 그가 강조하듯이, 제3세계 채무 문제는 이러한 병폐의 가장 우려되는 증상들 중 하나다.[33] 제3세계 채무 문제에 관한 보다 상세한 윤리적 해법을 도출하기 위한 노력에서, 그는 이상적이기보다는 현실적이어야 한다고 제안한다. 예컨대 성서의 명령이 반드시 문자적으로는 아니더라도 사실상 실행되었던 랍비 전통 안에서조차 희년 원칙을 실행하기를 꺼렸다는 점을 고려해야 한다.[34] 이 점에 대해 그는 이렇게 쓴다. "다른 장소와 시기에서는 이들로부터 영감과 교훈을 도출할 수도 있지만 우리 자신이 처해 있는 상황의 독특한 필요에 세심하게 주의를 기울여야 한다."[35]

솔로몬에 의하면, 제3세계 채무 문제를 다룸에 있어서 "세계는 채무 면제가 지속적이고 유용한 목적에 도움이 될 경우 참으로 채무를 면제해 줄 여유가 있다는 점이 제3세계 채무 문제의 가장 큰 좌절감을 주는 측면"[36]인 듯하다. 통계 수치를 조금 살펴보면 이 주장은 일리가 있다. 1995년에 일본의 상위 10대 은행들은 6조 2천억 엔(640억

---

33   Norman Solomon, "Economics of the Jubilee: Putting Third World Debt in Context," *Church and Society*, September–October 1998, 59.

34   Solomon, "Economics of the Jubilee," 59.

35   Solomon, "Economics of the Jubilee," 59.

36   Solomon, "Economics of the Jubilee," 61.

달러)의 부실 대출을 상각하고서도 파산하지 않았는데, 1985년부터 1995년 사이에 다자간 은행들과 양자간 은행들은 아프리카 국가들에 750억-850억 달러를 빌려주었다. 그래서 그는 이렇게 쓴다. "확실히 1995년에 실시된 일본 은행들만의 상각 총액이 지난 10년 전체 기간 동안 아프리카 정부들에 빌려 준 총액에 거의 맞먹는다면, 우리는 '부유한' 국가들이 지속되는 피해를 입지 않고서도 포기할 수 있는 금액을 다루고 있는 셈이다."[37] 경제 문제에 관해 그가 레위기 법에 기초해서 전개하는 "실용적"이고 "발견 학습법적"(heuristic)인 몇 가지 해법들은 주목할 가치가 있다.

- 부, 일자리, 신용의 공정한 분배를 겨냥하라(궁핍한 사람들과 소외된 사람들 돌보기에 관한 많은 성경의 율법들).
  - → **세계적 확장:** 부유한 국가들이 가난한 국가들을 돕게 하라. 양호한 조건으로 자금을 조달하기 위한 신용을 제공하라.
- 과도한 채무 면제 기회를 제공하라(안식년 면제).
  - → **세계적 확장:** 부채 상환 일정을 재조정하고 면제하라.
- 토지를 과도하게 착취하지 말라(땅을 7년마다 '쉬게' 하라).
  - → **세계적 확장:** 환경을 보존하라.[38]

희년법과 안식년 규정에서 도출한 윤리적 원칙과 전략을 적용 및

37　　Solomon, "Economics of the Jubilee," 62.

38　　Solomon, "Economics of the Jubilee," 67.

실행함에 있어서 비판적으로 고려해야 할 현대 금융 시스템의 독특한 성격과 상황은 무엇인가? 현대 자본주의 체제의 제3세계 채무 위기는 고대 이스라엘 농경 사회의 가계 채무 위기와 어떻게 다른가? 무엇보다 제3세계 채무는 무엇이며, 이를 어떻게 이해해야 하는가?

제3세계 채무는 일반적으로 글로벌 사우스(Global South)로 알려진 아프리카, 아시아, 라틴 아메리카 개발도상국들의 채무를 일컫는다. 「*BBC 뉴스*」에 의하면, 1970년에서 2002년까지 30여 년 동안 세계에서 가장 가난한 국가들의 채무 총액은 250억 달러에서 5,230억 달러로 치솟았다. 1970년에 아프리카 국가들의 채무는 100억 달러로 가난한 국가들의 채무 총액의 절반도 되지 않았지만, 2002년에는 2,950억 달러로 그 비중이 절반을 훨씬 넘어섰다. 그런데 아프리카 국가들은 지난 30여 년 동안 5,400억 달러의 대출에 대해 5,500억 달러의 원리금을 상환했지만 "그들은 여전히 채무를 상환 중이며, 이로 인해 경제 회복 및 성장 전망뿐 아니라 자국민들의 의료 및 교육비 지출도 희생하고 있다."[39] 희년 부채 캠페인(Jubilee Debt Campaign)이 2014년에 발행한 보고서 "시계를 되돌리지 마라: 빈곤국들에 대한 대출 호황의 리스크 분석"에 의하면, 조사 대상인 43개 개발도상국들(23개국은 2000년에서 2012년 사이에 HIPC 이니셔티브와 다자간 채무 면제 이니셔티브[Multilateral Debt Relief Initiative]에 따른 채무 경감을 받았다) 가운데 29개국(67퍼센트)의 경제 성장이 IMF와 세계은행의 예측보다는 낮지만 그래도 상당한 성장을 이룬다면 그 국가들의 채무 상환이 상당히 증가할 것이다.[40] 이

---

39   John Madslien, "Debt Relief Hopes Bring Out the Critics," *BBC News*, June 29, 2005.

보고서에 의하면, 이들 43개 국가의 중앙값 평균은 가능한 모든 시나리오에서 정부 수입 중 채무 상환 비중이 일반적으로 증가하는 추세에 있음을 보여준다. "평균적인 채무 상환 부담 비중은 성장률과 경제 충격의 빈도 및 정도에 따라 85퍼센트에서 250퍼센트 증가한다."[41]

UN 직원이자 「아프리카 리뉴얼 온라인」 기고가(寄稿家)인 조셀린 삼비라도 "신규 대출 획득이 현재까지 세계에서 가장 포괄적인 채무 감축 프로그램의 수혜자들 사이에서 나타나고 있는 양상이다"라고 보고한다.[42] 「가디언」에 의하면, 2009년에는 114억 달러이던 빈곤 국가 그룹에 대한 대출 총액이 2013년에는 185억 달러로 약 60퍼센트 증가했다.[43] 최근의 급격한 대출 증가는 문제가 될 수 있다. 희년 부채 캠페인 이사 사라-제인 클리프턴은 이렇게 쓴다. "오늘날의 급격한 대출 증가가 개발도상국들에 새로운 채무 위기의 씨앗을 뿌려서 빈곤 및 불평등과의 싸움에서 최근에 거둔 성과를 위협할 리스크가 있다."[44] 이 부채의 상당 부분은 국채 형태로 창출된다. 예를 들어 브루킹스 연구소의 아프리카 성장 이니셔티브 이사인 아마두 쓰이에 의하면, "2006년부터 2014년까지 적어도 14개국이 총 150억 달러 이상의

---

40 "Don't Turn the Clock Back: Analyzing the Risks of the Lending Boom to Impoverished Countries," Jubilee Debt Campaign, October 2014.

41 "Don't Turn the Clock Back."

42 Jocelyne Sambira, "Borrowing Responsibly: Africa's Debt Challenge," *Africa Renewal Online*, August 2015.

43 Katie Allen, "Poor Nations Pushed into New Debt Crisis," *Guardian*, October 10, 2014.

44 Allen, "Poor Nations Pushed."

국제 정부채를 발행했다."[45] 물론 이 채권들이 발행되면, 아프리카 대륙의 양호한 성장 전망과 고수익 약속에 매혹된 선진국 투자자들이 이 채권들을 낚아챈다. 그래서 일부 관찰자들이 아프리카 국가들이 "너무 많이 그리고 너무 빨리" 빌리고 있다고 우려하는 데는 일리가 있다.[46]

그러면 왜 제3세계 국가들의 국가 부채 증가가 문제가 되는가? 국가 채무 증가는 세계의 빈곤에 중대한 영향을 줄 수 있기 때문이다. 전형적인 시나리오는 다음과 같은 방식으로 전개된다. 많은 제3세계 국가들은 매년 채무 원리금 지급에 의료 및 교육 지출비의 몇 배를 지출하는데, 이는 제3세계 국가들에서 아동들의 만성적인 건강 위기 및 공교육 결핍으로 귀결된다. 또한 부채는 남측을 가난에 빠뜨리면서 남측의 부를 북측 국가들에게 이전시키는 것으로 귀결된다(부유한 국가들을 북측, 가난한 국가들을 남측이라 함—역자 주). 국가 부채는 대개 복리로 계약되는데, 이는 채무국에 해로운 영향을 가져 오고, 특히 변동 이자율일 경우 부채를 상환 가능한 상태로 유지할 수 없게 된다. 예컨대 샤르마와 쿠마르에 의하면,

1980년에 5,670억 달러였던 부채가 점점 늘어나 1992년에는 1조 4천억 달러가 되었다. 이 12년 동안에 제3세계 국가들에서 지급한 외채 원리금 총액은 1조 6천억 달러였다. 그래서 1992년까지 이 국가들은 이미 자신이 원래 빌렸던 5,670억 달러의 세 배를 상환했음에도 빚이

---

45   Amadou Sy, "Trends and Developments in African Frontier Bond Markets," *Brookings Institution*, March 2015.

46   Sambira, "Borrowing Responsibly."

줄어들기는커녕, 1980년의 부채 총액의 250퍼센트가 넘는 빚을 안고 있다. 이처럼 부채는 빚을 내서 이자를 지급하는 악순환 속에서 계속 자신을 자양분 삼아 자란다.[47]

제3세계 채무와 희년 개념 전용에 관해 가장 도전적인 문제 중 하나는 "지속 가능한" 총 부채 및 원리금 지급 수준을 정의하는 것이다. 조셉 핸론은 이 질문을 다음과 같이 바꿔 말한다. "채무가 얼마나 탕감되어야 하고, 부담이 얼마나 공유되어야 하는가?"[48] 핸론에 의하면, 세계은행과 IMF는 "부도내지 않고 채무를 상환할 가능성이 높을 때 지속가능한 부채로 간주되며, 이 수준은 부채의 순현재가치(net present value; NPV) 총액이 연 수출액의 200-250퍼센트이고 연간 원리금 상환액이 수출액의 20-25퍼센트('부채 상환 계수'로 알려짐)인 것으로 간주된다"고 발표했다.[49] 그러나 그는 이 수치를 정당화하기 위한 아무런 근거도 제시되지 않았으며, 다른 모든 증거들은 "이 비율들이 대체로 너무 높음"을 보여 준다고 주장한다.[50] 핸론은 세계은행은 자신의 발표에도 불구하고 1994년에 "수출 대비 부채 비율이 200퍼센트가 넘으면 '일반적으로 중기적으로 지속가능하지 않음이 입증되었다'"고 썼음

---

47   Sohan Sharma and Surinder Kumar, "Debt Relief-Indentured Servitude for the Third World," *Race & Class* 43, no. 4 (2002): 46권.

48   Joseph Hanlon, "African Debt Hoax," *Review of African Political Economy* 25, no. 77 (1998): 490.

49   Hanlon, "African Debt Hoax," 490. 핸론에 의하면, NPV는 대출을 상환 일정에 상환할 수 있기 위해 은행에 현행 이율로 예치해야 할 금액이다.

50   Hanlon, "African Debt Hoax," 490.

을 폭로한다.[51]

1953년에 유럽이 독일의 채무를 면제해준 사례(런던 부채 협약)는 "지속가능한" 총 부채 및 원리금 상환 수준이 어느 정도인지에 대해 위에서 제시한 기준과는 다른 관점을 제공해준다. 희년 부채 캠페인에 의하면, 독일의 채무는 두 개의 원천으로 구성되어 있었다. 독일 채무의 약 절반은 1919년에 체결된 베르사이유 조약에 의해 부과된 배상금을 지급하기 위해 1920년대와 1930년대에 빌린 대출들에서 유래했고, 다른 절반은 제2차 세계대전 뒤의 재건에서 유래했다. 1920년대의 배상 지급액은 수출의 13-15퍼센트에 지나지 않았으며, 1952년에 독일의 외채는 국민 소득의 약 25퍼센트였다.[52] 1953년 2월에 연합국들은 독일 채무의 상당 부분을 탕감하기로 합의했다. 핸론에 의하면 그들은 처음에는 부채 상환 계수 10퍼센트를 요구했지만 독일의 협상자들은 부채 상환 계수를 3.5퍼센트로 낮추기로 그들의 채권자들과 합의하는 데 성공했다.[53] 1953년에 실시된 독일 채무 탕감 사례는 이후의 라틴 아메리카와 아프리카(1980년대와 1990년대), 동아시아(1990년대 말), 러시아와 아르헨티나(2000년 전후) 사례들과 현저하게 다르다.[54] 제3세계 국가들이 그들의 채무를 그 "부채 상환 계수"(그들의 수출액의 20퍼센트와 25퍼센트)로 지급해왔다는 점에 비춰볼 때, 왜 남측의

---

51   Hanlon, "African Debt Hoax," 490.

52   "How Europe Cancelled Germany's Debt," Jubilee Debt Campaign, January 2015, http://jubileedebt.org.uk/wp-content/uploads/2015/01/1501-Germany-Debt-Briefing-updated.pdf.

53   Hanlon, "African Debt Hoax," 490.

54   "How Europe Cancelled Germany's Debt," 2-4.

가난한 국가들이 독일이 지급한 것보다 6배나 많이 지급해야 하는지 설명하기가 어려워 보인다.

런던 부채 협약의 몇 가지 특징들은 채무 탕감 외에도 독일에 상당한 혜택을 주었다. 첫째, 서독은 무역수지 흑자로부터만 채무를 지급할 수 있다고 합의되었다. 둘째, 외국 정부 및 회사들을 포함한 모든 유형의 채권자들이 그 프로세스에 참여했다. 셋째, 런던 부채 협약은 독일의 개인, 회사, 정부를 포함한 모든 채무를 다뤘다. 넷째, 이 협약은 또한 서독이 부채를 상환하지 못하면 채무자와 채권자가 서로 협의하기로 규정했다. 물론 1953년의 런던 부채 협약 배후에는 독특한 역사적 배경이 있었다. 냉전이 시작되었고, 독일의 채무 탕감은 새로운 사회주의 독일(동독)에 비해 서독에 급속한 재건을 위한 충분한 돈을 허용하기 위해 특별히 계산되었다. 런던 부채 협약의 독특한 역사적 배경을 인정한다 해도, 오늘날의 세계에서 "지속 가능성은 충분히 세게 짜낼 경우 상환할 수 있는 능력이라는 관점에서만 정의된다"[55]는 명백한 결론에 이르지 않을 수 없다.

"지속 가능한" 총부채 및 그 원리금 지급 수준을 어떻게 정당하게 결정할 수 있는가? 번거로운 부채의 부담을 지고 있는 제3세계 국가들이나 기타 국가들의 채무 면제에 있어서 어느 정도가 정당화할 수 있는 탕감 금액인가? 나는 먼저 지속 가능한 총부채 및 부채 원리금 상환 수준은 전적으로 IMF와 세계은행의 집행 이사들에 의해서만 결정되지 않아야 한다고 주장한다. 이 책에서 일관되게 주장한 바와 같

---

55   Hanlon, "African Debt Hoax," 490.

이, 부채와 부채 상환은 단순히 돈과 경제의 문제만이 아니다. 그것은 또한 삶, 존엄성, 번영, 사회의 결속 및 인간 개발 문제이기도 하다. 이 점에서 지속 가능하게 지급할 수 있는 부채 수준은 경제 및 금융 문제일 뿐만 아니라 윤리, 종교, 정치 문제이기도 하다. 이는 지속 가능한 총 부채 및 원리금 상환 수준을 결정하는 과정에 철학적·종교적·정치적 입장이 포함되어야 함을 의미한다.

보다 구체적으로 말하자면, 나는 지속 가능한 총 부채 및 원리금 상환 수준 결정에 다시금 아마티아 센과 마사 누스바움의 "역량" 개념을 진지하게 고려하고 이를 비판적으로 전용해야 한다고 제안한다. 아마티아 센은 그의 저서 『정의 개념』에서 "삶의 **수단**에 집중하는 데에서 벗어나 삶에 대한 **실제 기회**로 옮겨 가도록" 제안함으로써 역량 개념의 토대를 쌓는다.[56] 센이 말하는 "수단"은 존 롤스의 "기초 재화"로서 소득과 부, 공직의 권한과 특권, 자기 존중의 사회적 기반 등 다목적의 수단들을 포함한다. 센에 의하면 "역량 접근법은 특히 경제 분석에서 종종 성공의 주요 기준으로 여겨지는 수입과 사람이 소유할 수도 있는 물품같이 (인간으로부터) 분리된 편의의 대상에 초점을 맞추는 것이 아니라 인간의 삶에 초점을 맞추기" 때문에, 정의 개념을 생각함에 있어서 "실제 기회"에 대한 초점이 중요하게 다뤄져야 한다.[57] 역량 접근법의 가장 중요한 측면(그리고 기여)은 정의의 핵심 요소는 단지 기초 재화의 분배에 관한 것만이 아니라, 각각의 개인이 귀중한 역

---

56   Amartya Sen, *The Idea of Justice* (Cambridge, Mass.: Harvard University Press, 2009), 233, 강조는 원저자의 것임.

57   Sen, *Idea of Justice*, 233.

할들의 다양한 조합을 실현하도록 돕는 일에 관한 것이어야 한다는 점이다. 그래서 그는 이렇게 쓴다. "우리에게 관심이 있는 역량은 우리가 가치 있게 생각할 이유가 있는 것의 관점에서 서로 비교하고 그에 비추어 판단할 수 있는 기능들의 다양한 조합을 달성할 수 있는 우리의 능력이다."[58] 누스바움은 일반적으로 센에 동의하지만, 그녀는 동등한 인간의 존엄성 개념에 비추어 역량 개념을 전개하며, 인간의 곤궁, 사교성, 실제 활동과 같은 측면들을 강조한다. 그녀는 이렇게 쓴다. "내 방식의 역량 접근법의 기본 아이디어는 인간의 존엄성 개념 및 삶이 그러한 존엄성의 가치가 있다는 개념으로 시작한다."[59] 역량 접근법은 "정의에 관한 대중의 추론과의 만남은 특정 국가 또는 지역의 경계를 뛰어넘어야 하기" 때문에 편협하지 않음을 정의의 요건으로 삼아 이를 증진한다는 점을 주목할 필요가 있다.[60] 그렇다면 정의에 대한 역량 접근법이 어떻게 지속가능한 총부채 수준을 결정하도록 도움을 주는가? 간단히 말해서, 역량 접근법은 지속 가능한 총부채 및 원리금 상환 수준은 인간의 기본 역량을 침해하거나 훼손하지 않는 방식으로 결정되어야 한다고 제안한다. 달리 말하자면, 지속 가능한 부채 상환액은 역량 접근법에 의해 결정된 임계 수준(threshold level)보다 높지 않아야 한다.

제3세계 채무 위기의 역사적 배경과 기원을 고려하면, 제3세계 채무 사례에 대한 희년 개념의 전용이 훨씬 더 정당화되고 요구된다. 폴

---

58   Sen, *Idea of Justice*, 233.

59   Nussbaum, *Frontiers of Justice*, 74.

60   Sen, *Idea of Justice*, 402.

발렐리는 그의 저서 『악한 사마리아인: 선진국 윤리와 제3세계 채무』
에서 제3세계 채무 위기의 역사적 배경을 자세히 제시한다. 그는 제
3세계 채무 위기는 기본적으로 "오늘날 선진국에서 살고 있는 모든
남성, 여성, 아동들에게 이익"이 되는 "식민지의 불균형"의 지속이라
고 주장한다.[61] 발렐리에 의하면, 부유한 나라들이 가난한 나라들에 대
해 우위를 유지하는 독특한 세 가지 방법이 있다. 이러한 독특한 방법
은 무엇인가? 첫 번째 방법은 현대 국제 교역 기제이고, 둘째는 다국
적 회사들의 세계 지배다. 세 번째 그리고 아마도 가장 강력한 방법은
국제 금융 시스템 전체다.[62] 첫 번째 기제에 관해서는, 제3세계 국가들
과 그들의 환경의 이익을 상당히 침해하면서 선진국 시민들만 보호하
는 관세와 정부 보조금을 생각할 수 있다. 두 번째 기제는 흔히 많은
제3세계 국가들에서 벌어지는 선진국 초국적 회사들에 의한 자연 파
괴뿐 아니라 인간의 노동에 대한 구조적 착취(노동 착취 공장)와 연결된
다. 「포비스」의 브루스 업빈은 그의 기사 "모든 것을 통제하는 147개
회사들"에서 전 세계적으로 43,060개의 초국적 회사들 중 147개 회사
들이 이 네트워크의 부의 40퍼센트를 통제하며, 737개 회사들이 부의
80퍼센트를 통제한다고 보도한다.[63] 다국적 회사들의 세계 지배 문제
는 그들의 기업 운영이 제3세계 국가에 똑같이 이익이 되지 않는다는

---

61   Paul Vallely, *Bad Samaritans: First World Ethics and Third World Debt* (Maryknoll, N.Y.:
      Orbis Books, 1990), 105.

62   Vallely, *Bad Samaritans*, 105.

63   Bruce Upbin, "The 147 Companies That Control Everything," *Forbes*, October 22,
      2011.

점이다. 이 점에서 발렐리는 "죄의 일곱 번째 구조"는 "선진국 회사들이 제3세계에서 기업을 운영한다는 사실 자체가 아니라, 상호 이익과 진정한 파트너십에 뿌리를 두지 않은 운영"이라고 쓴다.[64]

불균형적인 국제 금융 시스템 기제에 관해서는, 1980년대와 1990년대의 제3세계 외채 위기의 역사적 배경과 구조적 기원을 조사해야 한다. 제3세계 국가들의 채무 위기의 기원은 흔히 미국의 브레튼 우즈 협약 폐지(1971년)와 욤키푸르 전쟁(1973년) 같은 사건들에 영향을 받은 1973년과 1979년의 두 차례의 "오일 쇼크" 탓으로 돌려진다. 석유 가격 인상으로 석유 수출국 기구(OPEC; Organization of Petroleum Exporting Countries) 회원들이 유럽 은행에 막대한 자금을 예치하게 되었다. 이 은행들은 예치 받은 돈에 대한 이자를 지급하고 이익을 내기 위해 소위 석유 달러라 불리는 돈을 빌려줄 제3세계 채무자들을 적극적으로 물색했다. 목게티 모틀하비에 의하면, "그들은 그 돈이 어떻게 또는 어떤 목적으로 쓰일지에 대해서는 별로 신경을 쓰지도 않은 채 낮은 이자율로 양호한 대출 조건을 제시했다."[65] 잘 알려져 있듯이, 미국 연방 준비 위원회는 1980년에 이자율을 연 20퍼센트까지 인상했으며, 이 조치는 석유 달러 채무의 상환이란 측면에서 제3세계 국가들에 해로운 영향을 주었다. 대출자 측에서는 제3세계 채무자들에게 부채 상환 과정에서 시장 이자율이 변할 경우 그들의 대출 이율도 변할 수 있다는 점을 알려줬어야 했는데 이를 알려주지 않았다는 중대한

---

64   Vallely, *Bad Samaritans*, 119.

65   Mokgethi B. G. Motlhabi, "An Ethical Appraisal of the Third World Debt Crisis," *Religion & Theology* 10, no. 2 (2003): 207.

도덕적 실패를 저질렀다.[66]

　　제3세계 국가들의 채무 위기의 역사적 배경과 구조적 기원을 진지하게 고려하면 이 문제에 대해 다른 관점에서 접근할 수도 있다. 물론 채무가 부도나면 대출자가 돈을 잃고 재무상의 희생자가 된다. 그런데 제3세계 채무 위기의 경우에는 누가 진정한 희생자인지가 명확하지 않다. 제3세계 국가들도 선진국의 채권자들만큼이나 원하지 않은 채무 위기로 고통당한다. 더 나아가 제3세계 국가들에 대한 장기간의 포학한 식민주의 유산을 고려하면 제3세계 국가들에 대한 선진국들의 원조는 배상으로 이름을 바꿔야 한다. 또한 채무 부도가 난 경우 제3세계 국가들에 대한 숨 막히는 구조조정을 통해 선진국의 은행 산업을 구제할 것이 아니라, 협상에 기초해 희년법을 적용할 필요가 있다.

환경 채무와 희년 명령이 지속 가능성에 주는 함의

위에서 희년 개념이 어떻게 제3세계 채무 사례에 적용될 수 있는지 살펴보았다. 신자유주의 글로벌 세계 경제로 특징지어지는 오늘날의 세계와 농경 지역 경제에 기반을 둔 고대 이스라엘 사회 사이에는 중대한 차이가 있음을 알 필요가 있다. 원래의 안식년과 희년 개념이 태어난 당시에는 자유 무역 협정, 다국적 회사, 국제금융기관, 파리 클럽(전 세계 22개 채권국 국가의 비공식 그룹. 위키 백과에서 인용함―역자 주)과 같은 구조적 기제와 기관들이 존재하지 않았다. 이 결정적인 차이는

66　　Motlhabi, "Ethical Appraisal," 207.

안식년과 희년 개념이 시대에 뒤떨어졌다는 이유로 이를 쓸모없다고 내칠 것이 아니라, 과거의 접근법과는 다르지만 혁신적인 경제 전략과 향상된 도덕적 책임감을 갖고 치솟는 세계의 채무 문제를 대할 새롭고 창의적인 접근법을 제시할 것을 요구한다.

아주 역설적이게도, 우리가 사는 세상이 보다 자유화되고 세계화됨에 따라, 세계와 그 안에 사는 사람들은 이동(이민)과 정보 및 기술 공유 같은 기제를 통해 서로 점점 더 가까워지고 있다. 이 새로운 현상은 이상하게도 부채가 일종의 선물이 되고 모든 사람이 자신의 형제자매를 돌보는 사람이 되도록 요구되었던 고대 공동체 사회 시절을 상기시킨다. 나는 이제 우리가 다른 방식으로 이 지구 공동체의 가깝고도 먼 남들을 돌보는 사람들이 되어야 한다고 주장한다. 고대 공동체 사회와 마찬가지로, 이 새로운 지구 공동체도 부채가 착취적이고 압제적인 기제가 아니라 서로에 대한 일종의 선물이 되는 장소가 되어야 한다. 희년법은 "형제애" 공동체에 평등, 결속, 경제 및 환경상의 지속 가능성을 회복하기 위해 고안되었기 때문에, 그 개념과 실제 조치들은 우리의 새로운 형제애와 자매애로 이루어진 글로벌 공동체에 깊이 연관된다. 이 부분에서는 특히 점증하는 생태 또는 환경 채무에 초점을 맞춤으로써 희년 개념을 한층 더 적용하고자 한다.

생태 또는 환경 채무란 무엇인가? 나는 두 사례를 보여줌으로써 이 질문에 답하고자 한다. 첫 번째 사례는 해수면 상승으로 인한 태평양 섬 주민들의 이주에 관한 이야기다. 2014년 6월에 인구가 약 11만 명인, 태평양에 위치한 한 무리의 섬들인 키리바티 사람들은 약 2천 킬로미터 떨어진 피지 아일랜드의 섬들 중 하나인 바누아 레부 섬 중

20제곱 킬로미터를 매입했다. 「가디언」에 의하면 잉글랜드 성공회가 빽빽한 숲으로 덮인 이 땅을 877만 달러에 팔았다.[67] 그러나 키리바티 주민들은 지난 몇 년 동안의 다른 구매자들보다 에이커 당 4배를 지급했기 때문에 이 매입은 논란이 많았다. 전직 보건 장관 겸 의회 의원 테타와 타타이는 자신이 "세계에서 가장 신뢰받는 기관들 중 하나"라고 부른 잉글랜드 성공회가 "세계에서 가장 가난하고 고립된 국가들 중 하나에게 바가지 씌웠다"는 것을 알고 충격을 받았다고 말했다.[68] 「가디언」은 "해수면 상승에 대해 이 장소들을 보호하는 비용은 국민소득 대비 세계 최고 수준"이라는 중요한 측면을 지적함으로써 중요한 문제를 제기한다.[69] 해수면 상승 문제는 다른 국가들(주로 선진국들)에 의해 직간접적으로 야기되었음을 고려할 때, 누가 이 장소들과 주민들을 보호하기 위한 비용을 지불해야 하는가? 간단히 말하자면, 생태 채무 개념은 이런 종류의 환경 비용을 일컫는다.

아프리카 소재 탄자니아 사례는 다른 종류의 생태 채무를 보여준다. 탄자니아는 금, 석유, 가스 등의 광물 자원과 광대한 삼림 지대를 보유하고 있다. 광물 채굴은 탄자니아 수출의 거의 절반을 차지한다. 풍부한 천연 자원에도 불구하고 탄자니아는 여전히 그 지역에서 가장 가난한 나라들 중 하나로 꼽힌다.[70] 『국제 채무 통계 2016』에 의하

---

67   Laurence Caramel, "Besieged by the Rising Tides of Climate Change, Kiribati Buys Land in Fiji," *Guardian*, June 30, 2014.

68   Christopher Pala, "Kiribati President Purchases 'Worthless' Resettlement Land as Precaution against Rising Sea," *Inter Press Service News Agency*.

69   Caramel, "Besieged by the Rising Tides."

70   African Forum and Network on Debt and Development, *Ecological Debt: The Case of*

면, 탄자니아의 대외 부채 충격은 2000년 이후 꾸준히 증가해왔다. 탄자니아의 외채는 2000년에 72억 달러였지만, 2011년에는 거의 110억 달러로, 그리고 2014년에는 145억 달러로 증가했다.[71] 드미트리우스 크웨카와 샤우나 아콘지아지오 연구원은 "식민주의가 종식되었음에도, 글로벌 경제 시스템은 여전히 북측 국가들에 의한 과도한 광물 자원 약탈과 착취로 이어진 편향된 천연 자원 채굴과 착취를 조장"해서 남측 국가들의 천연 자원과 원재료가 고갈되고 이들의 역량이 훼손된다고 보고한다.[72] 그들은 특히 탄자니아에서 벌어진 외국 회사들의 착취 관행이 탄자니아의 경제 성장을 고취한 것이 아니라 "경제 발전에 해를 입혔고 막대한 생태적 피해를 입혔다"고 지적한다.[73] 탄자니아 사례는 과도한 (즉 지속 가능하지 않은) 천연자원 착취는 생태 채무로 여겨져야 함을 보여준다.

생태 채무 개념은 악시옹 에콜로지카(Acción Ecológica)라는 남미의 비정부 기구에 의해 1990년대에 만들어졌는데, 이들은 생태 채무를 다음과 같이 정의한다.

> 선진 공업 국가들의 생산 및 소비 패턴에 의해 야기된 점진적인 지구 파괴에 대해 그들이 지고 있는 책임을 말한다.…생태 채무는 부당한 대기(大氣) 활용과 지구 역량 흡수를 포함한다. 생태 채무는 북측 선진

Tanzania (Harare, Zimbabwe: AFRODAD, 2011), 12.

71   World Bank, *International Debt Statistics 2016*.

72   African Forum and Network on Debt and Development, *Ecological Debt*, 12.

73   African Forum and Network on Debt and Development, *Ecological Debt*, 12.

공업 국가들이 제3세계 국가들에 석유, 광물, 숲, 생물 다양성, 해양 자원 등 자연 자원 약탈과 사용에 대해, 그리고 제 3세계 국가 국민들의 인적 에너지 비용에 대해, 또한 그들의 자연 유산과 생계의 원천 파괴, 유린, 오염에 대해 지는 의무와 책임이다.[74]

이 정의에 의하면, 탄자니아는 "자원 약탈, 환경 피해, 환경 공간 무상 점유를 통한 온실 가스와 같은 쓰레기 폐기에 대해" 북측 국가들이 지고 있는 생태 채무의 채권자가 된다.[75] 학계 간행물뿐 아니라 비정부기구들의 활동 덕분에 생태 채무 개념은 지속적으로 전 세계의 주의를 끌게 되었으며, 최소한 학계에서는 널리 퍼진 아이디어가 되었다. 이 개념이 최초로 형성된 이후 이 개념도 발전했는데, 종교윤리학자 신시아 D. 모에 로베다는 "세대 내, 세대 간, 종 간" 생태 채무라는 세 가지 종류의 생태 채무를 둠으로써 이를 더 발전시킨다.[76] 이제 생태 채무 개념이 대중에게 전보다 더 많이 퍼져 있기는 하지만, "이 생태 채무자들이 책임을 지지 않고 있을 뿐만 아니라, 국제기구들과 정부들도 아직 생태 채무를 인정 및 측정하지 않고 있다."[77]

2015년 12월, 흔히 COP(Conference of the Parties) 21로 알려진 유엔 기후변화 협약에서 미국의 기후 변화 특사인 토드 스턴은 특히 생태

---

74   African Forum and Network on Debt and Development, *Ecological Debt*, 13.

75   James Rice, "North-South Relations and the Ecological Debt: Asserting a Counter Hegemonic Discourse," *Critical Sociology* 35, no. 2 (2009): 227.

76   Cynthia D. Moe-Lobeda, ""Climate Change as Climate Debt: Forging a Just Future," *Journal of the Society of Christian Ethics* 36, no. 1 (2016): 29.

77   African Forum and Network on Debt and Development, *Ecological Debt*, 14.

채무 개념을 거절하면서 다음과 같이 말했다.

> 이 협약에서 우리는 지금 손실 및 피해에 대한 책임과 보상이 있어야
> 한다는 주장을 받아들이지 않으며, 또 앞으로도 받아들이지 않을 것이
> 다. 그것은 우리가 넘을 수 없는 선이다. 그리고 나는 그 점에서 모든
> 선진국들은 아니라 할지라도 거의 모든 선진국들이 정확히 같은 입장
> 에 있다고 생각한다. 이는 미국 중심 입장이 아니라 우리에게 중요한
> 입장이다.[78]

비록 스턴이 "손실 및 피해를 입은 국가들에 대한 지원, 즉 재정 및
기술 지원을 지지한다"[79]고 덧붙이지만, 이 말은 미국 정부 측에서 생
태 채무 개념을 공식적으로 부인하는 것으로 해석될 수 있다. 이처럼
생태 채무의 존재를 부인하기 때문에 제3세계 국가들의 음성을 대변
하는 사람들은 "생태 채무에 관한 많은 연구들은 이 부채의 계량화가
중요한 것이 아니라, 생태 채무의 존재에 대한 인식이 중요하다는 견
해를 지지한다"고 주장한다. [80]

그렇다면 안식년과 희년 개념이 생태 채무 문제와 무슨 관계가 있
는가? 이 질문에 답하기 위해서는, 먼저 토지에 대한 관심이 안식년과
희년의 핵심 교의(敎義)라는 점을 주목해야 한다. 예를 들어 레위기의

---

78   U.S. Department of State, "COP21 Press Availability with Special Envoy Todd Stern,"
      https://2009-2017.state.gov/s/climate/releases/2015/250363.htm.

79   U.S. Department of State, "COP21 Press Availability with Special Envoy Todd Stern."

80   African Forum and Network on Debt and Development, *Ecological Debt*, 14.

토지 보전과 구속(redemption)에 대한 요구는 안식년과 희년이 사회경제적일 뿐 아니라 철저하게 생태적임을 보여준다. "7년째는 땅이 완전히 쉬는 안식년이 되게 할지니라"(25:4). "너희가 소유한 온 땅에서 땅의 구속을 제공할지니라"(25:24). 안식년과 희년의 핵심 교의로서의 토지에 대한 관심은 이사야 24:5, 19 같은 히브리 성경의 다른 부분들에 재등장한다는 점도 주목해야 한다.[81] 제3세계 국가들에서 일어나는 채무 금액 증가와 환경 착취 및 파괴의 심화 사이에는 구조적인 연결 관계가 있다는 사실도 알아야 한다. 한스 우코는 이 연결 관계를 간략하게 묘사한다. "북측의 가구를 만들기 위한 남측의 열대 우림의 고갈이 전 세계적 온난화에 영향을 주었는데, 열대 우림의 고갈은 남측 국가들이 북측 은행들과 국가들에 지고 있는 막대한 채무에 의해 야기되었다."[82]

간단히 말하자면, 유대교의 안식년과 희년 개념이 생태 채무와 관련이 있는 이유는 착취되고 손상된 토지를 보전 및 구속하라는 안식년과 희년의 요구 때문만이 아니라 제3세계의 채무 증가와 환경 파괴 사이에 구조적 관련이 있기 때문이기도 하다. 증가하는 제3세계 채무를 면제해주라는 희년의 도전은 생태 채무자들이 손상된 자연 환경을 보전 및 구속할 특별한 책임을 지도록 요구한다. 그러나 희년의 도전은 오늘날의 세계, 특히 오늘날 세계의 새로운 글로벌 경제 시스템이

---

81   "땅이 그 주민들 아래에서 오염되었다, 이는 그들이 율법을 어기고, 규례를 위반하고, 영원한 언약을 깨뜨렸기 때문이다"(5절). "땅이 완전히 깨지고, 땅이 산산이 찢어지며, 땅이 심하게 흔들렸다"(19절).

82   Ucko, *Jubilee Challenge*에 수록된 Hans Ucko, "The Jubilee as a Challenge," 10.

라는 맥락과 관련지어져야 한다. 모에 로베다가 지적하듯이, 신자유주의는 생태 채무 증가에 두 가지 큰 영향을 주었다. "(특히 채취 산업에서) 규제되지 않는 무역과 투자는 온실 가스 배출 증가로 귀결되었다. 그리고 탄소로 살찐 산업의 재무 혜택은 주로 경제적 특권을 누리는 사람들을 수익자로 두고 있는 대기업과 금융기관들에 과도하게 많은 부분이 귀속된다."[83]

그러나 희년 개념은 잔여 채무 탕감에 관한 것이기 때문에 이 개념을 생태 채무에 어떻게 적용할 수 있을지 의문을 제기할 수도 있다. 생태 채무에 희년 개념을 적용한다는 것은 생태 채무 채권자들이 생태 채무 채무자들의 요구에 따라 이 채무를 탕감해줘야 함을 의미하는가? 생태 채무를 갚는다는 것이 무엇을 의미하는지에 대한 오해와, 제3세계의 채무 위기와 생태 위기 사이의 관련성을 인식하는 비판적 관점의 결여라는 두 가지 요인에 의해 이러한 혼란이 야기된다. 생태 채무를 갚는다, 또는 탕감한다는 의미가 무엇인가? 탕감이 채권자의 채무 면제에 의해 완료되는 계약 및 문서에 근거한 금융 부채와는 달리, 생태 채무 탕감은 단지 채권자의 면제 의지만으로 이루어지지 않는다. 생태 채무의 경우, 탕감은 영향을 받은 환경에 생태학적 지속 가능성을 회복함으로써만 완료된다. 이것이 바로 생태 채무를 금융 부채와 달리 화폐가치로 나타낼 수 없는 이유다. 금융 부채를 탕감하는 목적은 채무자 측의 경제적 지속 가능성을 회복하기 위함이지만, 생태 채무를 탕감하는 목적은 환경에 생태적 지속 가능성을 회복하기 위함

---

83   Moe-Lobeda, ""Climate Change as Climate Debt," 36.

이라는 점을 주의해야 한다. 이 점에서 생태 채권자와 생태 채무자 사이의 구분이 금융부채의 경우에서처럼 항상 명확한 것은 아니다. 많은 경우, 생태 채권자와 생태 채무자 양측이 영향 받은 환경에 생태학적 지속 가능성을 회복하기 위해 협력해야 한다. 많은 생태 채권자들이 손상된 생태학적 지속 가능성을 회복할 재정 및 기술 역량이 없다는 점에 비춰볼 때, 생태 채무자들(선진국들과 그들의 회사들)은 생태 채권자들이 손상된 생태학적 지속 가능성을 회복하도록 지원해줄 필요가 있다. 구조주의자 관점에서는 그럴 필요가 보다 명백해진다.

구조주의자 관점은 제3세계 채무 위기가 제3세계의 생태 위기와 깊은 관련이 있음을 이해하도록 요구한다.[84] (실질) 이자율이 사실상 음수였기 때문에(명목 이자율에서 물가 상승률을 뺀 이율을 실질 이자율이라 한다. 명목 이자율이 물가 상승률에 미치지 못하면 실질 이자율이 음수가 된다─역자 주), 국제 경제 현장에서 "부채가 좋았던" 1970년대의 세계경제 격동기에는 갚아야 할 명백한 이자가 없는 것처럼 보였으므로 생태 채권자들과 채무자들의 마음속에 이에 상응하는 주문("생태 채무는 좋다")도 배태(胚胎)되었다. 그러나 앤드류 심스가 통렬하게 지적하는 바와 같이, "무모한 환경 신용 호경기가 끝났고, 막대한 생태 적자가 개시되었다. 대응이 불가피하며 이 장부는 지구의 예산에 똑바로 계상(計上)되어야 한다."[85] 따라서 제3세계 채무 위기와 제3세계 생태 위기가 별개라는 생각은 잘못이다. 오히려 그 반대로, 이 둘은 전 세계적인 규모

---

84   Ucko, "Jubilee as a Challenge," 10.

85   Andrew Simms, *Ecological Debt: The Health of the Planet and the Wealth of Nations* (Ann Arbor, Mich.: Pluto Press, 2005), 92.

로 깊이 연결되어 있다. 따라서 안식년 또는 희년 원칙을 이 맥락에 적용하면 선진국들이 제3세계 채무를 탕감하고 이와 아울러 제3세계 국가들의 파손된 생태 지속 가능성을 회복하기 위한 재정 및 기술 자원을 제공하도록 요구한다.

우리가 살고 있는 세상이 이처럼 맥락에 적용된 희년 원칙을 실현하는 것이 정치적으로나 경제적으로 실행 가능한가? 이 접근법은 너무 공상적이지 않은가? 너무 이상적으로 보이는 이 도덕 규정을 어떻게 실현할 수 있는가? 다행히 또는 불행히도, 우리 모두는 생태적으로뿐만 아니라 재무적으로도 연결된 세상에 살고 있다. 이 맥락에서, 전례 없던 무언가가 일어나고 있는데, 재무 및 생태 채무 모두를 다루기 위해 "부채 자연 스왑" 아이디어가 개발되었다. 나는 부채 자연 스왑이 완벽하지는 않지만 그럼에도 맥락에 적용된 희년 원칙이 오늘날 빚에 쪼들린 세상에서 실제로 어떻게 실현될 수 있는지에 대한 효과적인 예를 제공한다고 생각한다.

부채 자연 스왑은 1984년 세계 자연 기금(World Wildlife Fund)에 의해 개발도상국들에서의 보존 노력을 강화하기 위한 기제로 시작되었다. 세계 자연 기금 미국 지부 제임스 리서 이사는 "그 아이디어는 이 세상의 생물 다양성의 많은 부분이 바로 외채 부담으로 인해 가장 큰 재정 부담에 직면해 있는 국가들에 보존되어 있다는 관찰에서 나왔다"고 쓴다.[86] 부채 자연 스왑은 양자 합의이거나 3자 합의일 수 있다.

---

86   James P. Resor, "Debt-for-Nature Swaps: A Decade of Experience and New Directions for the Future," Food and Agriculture Organization (FAO).

양자 스왑일 경우, 선진국과 같은 채권자들이 개발도상국이 자금을
조달하고 국내 보존 프로그램을 실행한다는 조건으로 그 개발도상국
의 채무를 면제하기로 동의한다. 채권자, 비정부 보존 기구, 개발도상
국 채무자로 구성된 3자 사이의 합의의 경우에는, 세계자연 기금 또는
컨저베이션 인터내셔널(Conservation International; CI) 같은 비정부기구
가 이 스왑 조정에 브로커 역할을 한다. 상업적 스왑도 있는데, 그 경
우 채권자들은 개발도상국의 채무를 보존 기구에 할인된 가격으로 매
각하고, 보존 기구는 그 개발도상국이 자금을 조달하고 국내 보존 프
로그램을 실행한다는 조건으로 그 채무의 일부 또는 전부를 면제하기
로 동의한다.[87] 1987년 볼리비아와 CI 사이에 최초의 스왑 합의가 이
루어진 이후(이 스왑에서 CI는 미화 65만 달러의 볼리비아 외채를 미화 10만
달러로 할인된 가격에 매입할 수 있었다), 30개가 넘는 국가들이 부채 자연
스왑에 참여했다.[88]

물론 이 프로그램은 완벽하지 않다. 예를 들어 달 디디아는 "열대
림에 거주하는 주민들은 열대림에 생계를 의존하기 때문에 부채 자
연 스왑이나 직접 채무 면제 모두 급속한 열대림 고갈을 줄일 수 없
다"고 주장한다.[89] 그래서 그는 "민주주의와 민주적 제도, 재산권, 효과
적인 시장 시스템이 채무 탕감에 선행되거나 최소한 이와 동반되어

---

87   Nicole Hassoun, "The Problem of Debt-for-Nature Swaps from a Human Rights
Perspective," *Journal of Applied Philosophy* 29, no. 4 (2012): 359, 377, 359.

88   Hassoun, "Problem of Debt-for-Nature Swaps," 359, 377, 359.

89   Dal Didia, "Debt-for-Nature Swaps, Market Imperfections, and Policy Failures as
Determinants of Sustainable Development and Environmental Quality," *Journal of
Economic Issues* 35, no. 2 (2001): 484.

야 한다"고 제안한다.[90] 니콜 하쑨 같은 다른 학자들도 자연 부채 스왑에 의해 요구되는 환경 프로그램이 채무국 국민들의 권리를 침해할 수도 있는 시나리오를 제시함으로써 자연 부채 스왑의 문제를 지적한다. "예를 들어 부채 자연 스왑이 해당 국가의 채무 부담을 가볍게 하고, 그 국가 국민들의 특정 권리를 보호할 능력을 증가시켜주는 **한편**, 그 국가가 (심지어 동일한) 국민들이 지니고 있는 권리를 보호하지 못하게 할 수도 있다. 그런 스왑은 **명백히** 허용할 수 없다."[91] 여기서 부채 자연 스왑을 방어하는 것이 내 의도는 아니지만, 그런 비판 때문에 이 프로그램을 없애는 것은 너무 성급해 보인다. 글로벌 사회는 이 프로그램을 끝내기보다, 자연 부채 스왑의 잠재적 문제를 고침으로써 이를 개선시키도록 협력해야 한다.[92]

결론

위에서 유대교의 안식년과 희년 개념이 어떻게 오늘날 글로벌 사회의 가장 중대하고 시급한 틀이 되었는지 살펴보았다. 이 두 문제들은 구조주의자 관점에서는 서로 분리된 것이 아니며, 맥락에 적용된 희년

---

90   Didia, "Debt-for-Nature Swaps," 484.

91   Hassoun, "Problem of Debt-for-Nature Swaps," 365.

92   예컨대 캐서린 키레인 고클과 레슬리 C. 그레이 같은 연구자들은 이 프로그램의 성공을 측정하기 위한 새로운 방법을 개발해야 한다고 제안한다. 그들은 이렇게 쓴다. "열대림 보존법 프로젝트들에 보존 효과가 있을 수도 있지만, 현행 성공 측정 방법은 이 프로젝트들의 보존 효과 유형들을 반영하지 못한다." 그들의 논문 "Debt-for-Nature Swaps in Action: Two Case Studies in Peru," *Ecology and Society* 16, no. 3 (2011): 1을 보라.

원칙은 선진국의 부유한 채무자들에게, 제3세계 채무자들의 경제적 지속가능성 회복을 위해 제3세계 국가들의 성가신 채무를 면제해 주는 방안을 고려하도록 요구한다. HIPC 이니셔티브는 안식년과 희년 정신을 참으로 전례가 없을 정도로 세계적인 규모로 현실화한 결과였다. 1987년에 열린 정상 회의에서 프랑수아 미테랑 프랑스 대통령은 가장 가난한 사하라 사막 남쪽 아프리카 국가들의 정부 채무와 정부 보증 채무의 1/3을 전면 탕감하자고 제안했는데, 모리스 밀러는 이를 "가장 극적인 공식 제스처"라 부른다.[93] 2013년에 노르웨이는 총 32억 네덜란드 크로네에 달하는 미얀마의 부채 탕감을 선언해서 세계를 놀라게 했다. 이 사례들은 안식년과 희년의 도덕적 비전이 오늘날의 세계에 얼마나 적절하고 실제적인지 보여준다. 부채 자연 스왑의 숫자가 증가하는 것도 희년 원칙이 환경 분야에서 얼마나 창의적으로 실행될 수 있는지 보여준다. 경제 또는 생태의 지속 가능성을 회복하라는 절규가 있는 곳에는 안식년과 희년의 도덕적 비전을 실행할 필요성도 함께 존재한다.

---

93   Morris Miller, *Debt and the Environment: Converging Crises* (New York: United Nations, 1991), 154.

6장

기독교와 미덕 부채 윤리

서론

2011년 1월 필 안젤리즈를 의장으로 하는 금융 위기 조사 위원회[1]는 대통령, 의회 및 미국 국민에게 663쪽 짜리 금융 위기 조사 보고서를 제출했다. 이 위원회는 당시 미국의 금융 위기 및 경제 위기의 원인을 조사하기 위해 창설되었다. 이 보고서는 중요한 요인들을 금융 위기의 원인으로 밝힘으로써 이 위기가 피할 수 있는 것이라고 결론지었다. 이 요인들에는 신용 및 주택 거품, 비전통적인 모기지, 신용 등급과 유동화, 금융 기관 리스크 편중과 상관관계, 레버리지와 유동성 리스크, 전염 리스크, 충격 및 당황과 같은 요인들이 포함된다. 매우 흥미롭게도, 이 보고서는 또한 이 위기 국면에서 미덕의 실패가 아주 뚜

---

1 이 위원회는 버락 오바마 대통령에 의해 법률로 서명된 사기 집행 및 회수법 섹션 5
에 의해 설치되었다.

렷했다고 지적한다. 무엇보다도 알리자 D. 라셀리스가 올바로 언급하듯이, "과도한 레버리지와 무분별한 리스크 취하기, 수임인 의무 및 청지기직에서의 실패, 탐욕, 절제 결여, 사기"가 특히 현저하다.[2]

이 보고서는 금융 시스템 및 우리 경제의 건전성과 지속되는 번영은 공정성, 올곧음, 투명성 같은 핵심적인 도덕적 가치에 의존함에도 불구하고 "우리는 금융위기를 악화시킨 책임과 윤리 기준의 침식을 목격했다"는 판단으로 이 중요한 조사를 요약한다.[3] 이 보고서는 특히 미덕과 윤리에서의 실패에 관해, 이런 규모의 위기가 소수의 악인들의 작품일 수는 없지만 금융계와 공적인 리더 위치에 있는 사람들에게 기대되는 미덕 결여가 이 금융 위기에 상당히 기여한다고 강조한다. 예를 들어 이 보고서는 "금융 수장들과 우리의 금융 시스템에 대한 공적인 청지기들이 경고를 무시하고 부상(浮上)하고 있는 리스크에 대해 질문, 이해, 관리하지 못했다"고 보고한다.[4] 그러나 금융 시스템을 운영한 사람들 사이의 미덕 결여를 지적한다 해서 반드시 모든 금융 위기를 개인의 도덕적 실패로 축소시킬 수 있는 것은 아니라는 점을 주의할 필요가 있다. 사회과학자 로라 한센과 시아막 모바헤디가 주장하듯이, 당대 금융 위기의 근원을 가령 "개인의 탐욕"과 동일시하는 것은 "사회학적 상상력"이 결여된 것이다.[5] 개인 문제와 구조적 또는

---

2   Aliza D. Racelis, "Examining the Global Financial Crisis from a Virtue Theory Lens," *Asia-Pacific Social Science Review* 14, no. 2 (2014): 22.

3   Financial Crisis Inquiry Commission, *The Financial Crisis Inquiry Report*, January 2011, xxii, https://www.gpo.gov/fdsys/pkg/GPO-FCIC/pdf/GPO-FCIC.pdf.

4   Financial Crisis Inquiry Commission, *Financial Crisis Inquiry Report*, xvii쪽.

5   Laura L. Hansen and Siamak Movahedi, "Wall Street Scandals: The Myth of Individual

공적 문제는 구분되어야 하는데, 그들의 분석에 의하면 2007-2008년 금융 위기는 개인의 미덕 문제라기보다는 구조적 문제로 이해되어야 한다.

나는 한센과 모바헤디에 깊이 공감하기는 하지만, 그들의 주장에 내포된 "A 아니면 B" 식 논증에 반드시 동의하지는 않는다. 나는 그보다는 금융 위기의 근원에 대한 분석과 보다 총체적인 부채 윤리 개발에 있어서 금융위기 조사 보고서가 채택한 것으로 보이는 "양쪽 모두" 접근법을 채택한다. 나는 이전 장들에서 금융화 시대에 필요한 부채 윤리는 사회 윤리라는 주장을 전개함으로써 금융 위기의 다양한 구조적·역사적 측면들을 조사 및 분석했다. 이번 장에서 나는 이 주제를 계속 유지하면서 미덕 윤리의 핵심적인 통찰력을 건설적으로 포용한다. 금융 위기를 주의 깊게 분석하면 이 위기는 구조적 실패 및 행위자의 실패에 의해 야기되었음을 명확히 보여준다. 따라서 보다 총체적인 부채 윤리를 개발하기 위해서는 윤리적 재구성의 구조적 측면과 행위자 측면 모두를 통합해야 한다.

이번 장에서 나는 특히 매니저와 서비스 공급자로서건 사용자와 규제자로서건 금융 세계에 연결된 행위자들을 위해 설계된 새로운 미덕 윤리를 고안하고자 한다. 나는 이 새로운 유형의 미덕 윤리를 통해 보다 포괄적이고 총체적인 부채 윤리를 개발하고자 한다. 그 과정에서, 나는 특히 기독교의 종교 사고와 담화를 고찰한다. 앞의 두 장들에서와 마찬가지로, 종교에 대한 고찰은 은행업과 금융이라는 세계에 종교의 이상

Greed," *Sociological Forum* 25, no. 2 (20 10): 367.

을 교리화하기보다는 특히 보다 총체적인 부채 윤리에 대해 중요한 윤리적 통찰력을 개발하는 데 초점을 맞춘다.

도덕과 부채 사이의 연결 풀기: 도덕과 관련이 없는 탐욕의 계보

무엇보다 금융 시스템을 운영한 사람들 사이에 도덕과 윤리 면에서의 실패가 만연했다는 금융 위기 조사 보고서의 최종 판단과 관련해서, 우리는 왜 이 사람들이 금융 시스템을 관리하면서 미덕을 구현하지 못하고 또 이를 보여주지 못했는지 질문해야 한다. 이 질문에 대한 대답은 기독교 미덕 윤리 개발을 향한 첫 걸음이다. 먼저 금융 부문의 미덕 결여는 그것이 18세기 말의 이념적·철학적 발명의 **결과**로서 21세기 초 금융 위기의 **원인**이라는 점을 깨달아야 한다. 이 이념적·철학적 발명은 영국의 철학자 겸 법학자이자 현대 공리주의 창시자인 제레미 벤담에 의해 가능해졌다.

제레미 벤담은 자신의 1787년 저서 『고리 변호론』에서 "스스로 돈에 관한 협상을 할 자유"에 관해 다음과 같은 중요한 주장을 펼친다.

> 충분히 나이가 들었고 정신이 건전하며, 자유롭게 행동하고, 눈을 뜨고 있는 사람은 아무도 돈을 버는 데 있어서 자신이 적절하다고 생각하는 대로 이익을 볼 목적으로 그러한 협상을 하는 것을 방해받지 않아야 한다. 또한 (이를 위해 필요한 결과로서) 아무도 자신이 적절하다고 동의하는 조건으로 그 사람에게 공급하는 것을 방해받지 않아야 한다.[6]

벤담에게 고리(usury)에 관해 참으로 중요한 질문은 정치적 또는
법률적 질문이었으며,[7] 그는 "전통으로부터 관습이 나오기" 전에는 고
리 같은 것은 없었다고 말함으로써 고리 금지에 반대하는 그의 계통
상의 논의를 전개한다. 그에게 이자제한법은 자연스러운 도덕적 토대
와는 아무 관계가 없는 관습 문제에 지나지 않는다. 그는 다음과 같은
질문을 제기함으로써 이자제한법의 자연스러운 또는 본질적인 도덕
적 토대를 교묘하게 말살한다. "어떤 수준의 이자율이 자연적으로 다
른 이자율보다 더 적절할 수 있는가? 돈의 사용에 대해 다른 물건을
사용하는 대가보다 자연스러운 어떤 확정 가격이 있을 수 있는가? 관
습이 없다면 도덕적 관점에서 고리라고 간주되는 수준은 정의(定義)로
인정되지도 않을 것이다."[8]

벤담에 의하면, 고리제한법은 자연스러운 또는 본질적인 도덕적
토대가 없어졌기 때문에 어떤 이자제한법도 본질상 도덕적으로 정당
하다고 간주될 수 없다. 모든 이자제한법은 "자유로운 선택에서 비롯
된 관습" 문제로 축소된다.[9] 예컨대, 그는 이자제한법의 법정 최고 이
율이 역사적 맥락에 따라 어떻게 변했는지 보여준다(로마에서는 유스
티니아누스 시대까지 12퍼센트였고, 벤담 당대의 영국에서는 5퍼센트였으며, 서
인도제도에서는 8퍼센트였고, 콘스탄티노플에서는 30퍼센트인 경우도 있었다).

---

6   Jeremy Bentham, *Defence of Usury*, 1787 (London: Routledge, 1992), 2.

7   Robert Mayer, "When and Why Usury Should Be Prohibited,'" *Journal of Business Ethics* 116, no. 3 (2013): 515.

8   Bentham, *Defence of Usury*, 9.

9   Bentham, *Defence of Usury*, 10.

그는 계속해서 "이제 이처럼 큰 차이가 나는 이율들 중 다른 이율보다 본질적으로 더 적절한 어떤 이율이 있는가?"[10]라고 논지를 이어간다. 그에게는 이자제한법의 법정 이율은 "편의(便宜)" 문제로 축소될 수 있는 관습 전통에 지나지 않는다. 그래서 그는 이렇게 쓴다. "그렇다면 관습에서 그 법정 이율이 탄생하게 한 편의보다 더 나은 지침이 있을 수 있는가? 그리고 편의에 특정 사례에서의 지침이 다른 사례에서의 지침보다 못하게 만들 만한 요소가 있는가?"[11] 벤담은 편의라는 관점에서 사람들의 편의상 선택에 기인한 이자제한법이 그들의 편의대로 선택하지 못하도록 금지하는 것은 "터무니없다"는 입장을 유지한다. 그는 다음과 같이 설명한다. "내게는 돈을 빌린 대가로 6퍼센트를 지불하는 것이 편하다. 나는 그렇게 하고 싶다. 그런데 법은 '안 된다. 당신은 그렇게 할 수 없다'고 한다. 왜 그런가? '당신의 이웃이 돈을 빌리는 대가로 5퍼센트 넘게 지불하는 것은 편리하지 않기 때문'이란다. 그런 논증보다 더 엉터리가 있을 수 있는가?"[12]

부채 윤리 확립과 관련해서 벤담의 논거의 중요성은 무엇인가? 무엇보다 벤담의 『고리 변호론』은 전통적인 도덕적 부채 개념과 그 현상을 자연적인 또는 본질적인 도덕 가치가 아니라 편의에 의해 정해져야 할 "도덕과 관련이 없는" 또는 "도덕적으로 중립적인" 관습 문제로 바꾸는 데 중요한 역할을 한다. 그가 이를 의도했건 아니건, 그의 책은 부채 문제를 도덕 문제가 아니라 도덕과 관련이 없는 문제로 변화시

---

10   Bentham, *Defence of Usury*, 11.

11   Bentham, *Defence of Usury*, 12.

12   Bentham, *Defence of Usury*, 12.

키는 이념적 토대가 되었다. 이처럼 중요한 이념의 바다가 변화된 결과, 전체 금융 분야, 심지어 경제 영역 자체가 최소한 이념적 토대에서는 도덕 및 윤리 영역에서 분리되었다. 예를 들어 기독교 윤리학자 D. 스티븐 롱은 이렇게 쓴다. "벤담 이후 세속적 현대 윤리의 부상(浮上)과 벤담 이전 경제학에 대한 기독교적 성찰 사이의 차이는 돈에 대해 어떻게 생각하는지에 관한 커다란 간극과 관련이 있다."13 폴 B. 레이저도 이자가 점점 더 수용되고는 있지만, 벤담이 그의 『고리 변호론』을 출간한 18세기 말에야 비로소 고리대금 논쟁에 관한 경제적 분석에서 도덕 및 신학적 분석을 제쳐 놓기 시작했다고 판단한다. 그는 더 나아가 이렇게 말한다. "결국 벤담의 공리주의 논거가 승리했는데, 이러한 이념 변화가 교회의 영향력 감소와 결합해서 19세기 동안 제한적인 법들이 점차 쇠퇴하게 되었다. 1854년에 영국의 모든 이자제한법들이 폐지되었고, 대부분의 유럽 국가들도 머지않아 그 뒤를 따랐다."14

부채 문제를 도덕적으로 중립적인 문제로 변화시킨 이 이념의 판세 변화가 중요한 이유는 이 변화가 사람들의 행동 변화를 가져왔기 때문이다. 불행하게도, 비판적-도덕적 관점에서는 이러한 행동 변화의 중심에 전반적인 미덕 및 윤리의 퇴보가 놓여 있다. 캘리포니아 폴리테크닉 주립대학교 재무 교수인 존 좁슨은 재무에서 행동상의 가정은 "도덕과 관련이 없는" 입장에 근거하고 있다고 인정한다. 그는 이렇

---

13   D. Stephen Long, Nancy Ruth Fox, and Tripp York, *Calculated Futures: Theology, Ethics, and Economics* (Waco, Tex.: Baylor University Press, 2007), 136.

14   Paul B. Rasor, "Biblical Roots of Modern Consumer Credit Law," *Journal of Law and Religion* 10, no. 1 (1993-1994): 172.

게 쓴다. "또한 재무에서 행동상의 가정은 규범적으로(즉 **도덕적으로**) **중립적으로** 제시되었으며, 따라서 이러한 좁고 엄격한 자기 이익에 대한 호소에 도덕적 함의가 있음을 인식하지 못한다. 이러한 가정들에는 묵시적인 도덕적 의제가 있을 뿐 아니라, 이 가정들은 현대 경영 대학을 통해 이 의제를 증진하는 경향이 있다."[15]

우리는 벤담이 결코 부채 문제를 타락시키려 하지 않았음을 주의해야 한다. 그는 단지 부채 문제에서 도덕과의 관련성을 없애려 했을 뿐이다. 실제로 그는 금융 관련 사안에서 사기, 속임수, 횡령 등에 찬성하지 않는다. 그러나 그는 편의, 자기 이익, 규제되지 않은 계약이 게임의 규칙이 되어야 한다고 단언한다. 그래서 많은 현대 경제학자들은 그의 입장에 찬성하고 이에 동조한다. 예를 들어, 뉴올리언스주 로욜라 대학교의 경제학자 월터 블록은 자신이 공동으로 쓴 논문 "돈은 나무에서 자라지 않는다: 고리 찬성론"에서 이자율 문제는 도덕과 관련이 없다는 견해의 핵심을 다음과 같이 요약한다. "그러므로 정당한 가격은 상호 합의된 가격, 또는 이자율이어야 하고, 그럴 수밖에 없다."[16] 그는 전형적인 벤담 추종자답게 국가의 이자제한법은 "또 다른 독단적 요소를 더하기"만 할 뿐이기 때문에 연금 수령일 대출을 옹호한다. 그는 더 나아가 이렇게 주장한다. "미국의 주들은 각자 회사가 받는 연 이율을 제한하거나 심지어 이 관행을 금지할 수도 있다. 자발

---

15   *Finance Ethics: Critical Issues in Theory and Practice*, John R. Boatright 편 (Hoboken, N.J.: John Wiley & Sons, 2010)에 수록된 John Bobson, "Behavioral Assumptions of Finance," 45-59, 58, 강조는 추가된 것임.

16   Alyssa Labat and Walter E. Block, "Money Does Not Grow on Trees: An Argument for Usury," *Journal of Business Ethics* 106, no. 3 (2012): 385.

적 교환에 기초한 이 관행이 어떻게 경제학적으로 착취적일 수 있는가?"[17] 1970년의 「뉴스위크」 기고문 "고리 변호"에서 밀턴 프리드먼도 제레미 벤담의 이름을 불러내 고리를 변호한다. 밀턴은 벤담의 소책자는 경제학자들에게는 널리 받아들여졌지만 정치가들에게는 대체로 무시되었다고 주장한다. 이어서 그는 이렇게 덧붙인다. "고리에 대한 편견의 근거에 대한 벤담의 설명은 오늘날에도 그가 이 책을 저술했을 때와 마찬가지로 타당하다."[18]"

밴담의 고리 변호와 그의 추종자들의 인가(認可)는 몇 가지 해석학적-윤리적 문제를 수반한다. 첫째, 고리대금을 변호함으로써, 벤담과 그의 추종자들은 적정 수준의 이자율과 고리의 이율을 구분할 수 없다. 그들은 이율과 고리 이율이 별개인지에 대해서도 합의할 수 없다. 사회마다 이자율을 달리 정한다는 사실은 사실상 인간은 특정 이자율을 고리 이율이라고 부르는 특정 상식을 공유한다는 중요한 사실을 반영한다. 물론 정확한 이율 수준은 각 사회의 사회경제적 맥락에 따라 다를 수 있지만, 그렇다고 고리 개념이 단지 독단적인 개념임을 의미하지는 않는다. 현상론 관점에서는 적정 수준 이율과 고리 이율은 단지 편의에 의해서가 아니라 공유된 정의 개념에 의해 결정됨을 보여준다. 벤담과 그의 추종자들은 부채와 부채 경제를 중립화함으로써 부채 경제가 자신을 위해 기꺼이 부채 경제 시스템을 남용하고자 하는 사람들에 의해 비도덕적으로 착취될 수 있다는 점을 비판적인 시

---

17 Labat and Block, "Money Does Not Grow on Trees," 385.

18 Milton Friedman, "Defense of Usury," *Newsweek*, April 6, 1970, 79.

각으로 보지 못한다.

둘째, 벤담과 그의 추종자들은 부채 경제를 포함한 경제는 사실상 그 자체가 독립적으로 서 있기보다는 사회에 깊이 닻을 내리고 있음을 보지 못한다. 그들은 부채와 부채 경제 영역을 정치 공동체라는 사회적 토대로부터 뿌리 뽑음으로써, 사실상 비도덕적 행위가 "도덕과 관련이 없는" 행동이라는 옷을 입고 그 영역으로 들어올 수 있는 뒷문을 열어준다. 부채와 부채 경제를 도덕과 관련이 없는 현상으로 취급한 결과 "도덕과 관련이 없는" 부채 경제가 연장된 것이 아니라 부도덕화가 점점 심화되고 있다. 또한 사회적 토대로부터의 단절은 또 다른 중대한 도덕적 대가, 즉 채권을 단지 부채의 이면으로 축소시키는 결과를 가져온다는 점에도 주의해야 한다. 필립 굿차일드는 일단 채권이 단지 부채의 이면이라고 생각되고 나면 "사람들의 변화하는 삶과 기대라는 일시적인 실재가 불변하는 부채라는 집단적 허구로 대체된다"고 올바르게 인식한다.[19] 그가 말하는 "집단적 허구"란 무엇인가? 그것은 바로 부채 경제에 대한 일치된 논리, 즉 사람은 언제나 자신의 빚을 갚아야 한다는 논리다.

굿차일드는 "대부분의 사회는 아마 외부인과 적들 사이를 제외하면 상호성, 물물교환, 교환, 또는 돈이 개입되지 않는 관대, 환대, 상호호의, 나눔, 후원과 공물(貢物)의 토대 위에서 작동되어 왔다"는 인류학의 증거를 지적함으로써 신용(credit은 신용 또는 채권을 뜻할 수 있음. 문맥

---

19   Philip Goodchild, "Exposing Mammon: Devotion to Money in a Market Society," *Dialog: A Journal of Theology* 52, no. 1 (2013): 55.

에 따라 채권과 신용을 적절히 혼용함—역자 주), 곧 신뢰와 믿음이 언제나 경제 생활에 필수적이었다고 주장한다.[20] 그는 더 나아가 "원래 의미의 신용은 돈보다 앞선다"는 데이빗 그래버의 인류학적 발견 사항을 인용한다.[21] 신용을 단순히 부채의 이면으로 축소시키면 신용은 금전 채무의 탄생보다 앞선다는 인류학의 진실에도 위배된다. "신용은 약속하고, 계약을 맺고, 다른 사람들을 신뢰하는 일시적인 존재들에게 피할 수 없는 현실이다."[22] 벤담과 그의 추종자들은 부채 경제를 정치 공동체라는 사회적 토대에서 분리시킴으로써 사회적 교류에서의 도덕적 신뢰에 존재 기반을 두고 있는 **호모 이코노미쿠스**의 진정한 모습을 보지 못한다. 굿차일드가 지적하듯이, "사회적 교류의 일반 원칙은 (신용을 부채의 이면으로 축소시키는) 상호성이라기보다는 상호 신용이며, 이는 오늘날 개인 사이의 관계에서도 사실이다."[23]

셋째, 벤담과 그의 추종자들은 사람들, 특히 금융계 종사자들이 자신들의 직업 세계에서는 도덕적 미덕이 중요하지 않다고 믿도록 오도한다. 그들은 부채 경제를 도덕과 관련이 없는 것으로 만듦으로써 리더와 참여자들로서 금융 시스템을 운영하는 사람들의 도덕적 감수성을 무뎌지게 한다. 이렇게 감수성이 무뎌진 결과 이들은 탐욕과 같은 악덕에 대해 비판적-윤리적 관점에서의 도덕적 판단을 적용하지 않는다. 데니스 레빈, 이반 보어스키, 마이클 밀켄, 버나드 메이도프, 로

---

20   Goodchild, "Exposing Mammon," 54.

21   Goodchild, "Exposing Mammon," 54.

22   Goodchild, "Exposing Mammon," 54.

23   Goodchild, "Exposing Mammon," 55.

버트 스탠포드 같은 유명 인사들에 의해 야기된 많은 월 스트리트 추문들은 도덕과의 관련성 제거에 의해 야기된 금융계의 도덕적 진공은 비도덕적인 욕망들과 악덕들로 채워질 가능성이 훨씬 더 높음을 보여준다. 1987년에 개봉된 영화 〈월 스트리트〉에 나오는 고든 게코[24]는 도덕적 감수성 무감각화의 전형인데, 그는 뻔뻔스럽게도 "탐욕은 좋다, 탐욕은 옳다!"고 주장한다. 그렇다면 많은 금융계 지도자들과 행위자들에게서 나타나는 미덕의 결여를 어떻게 이해해야 하는가?

수렌드라 아르준은 금융계 지도자 및 임원들에게 도덕적 미덕이 결여된 이유는 자아도취적 성격 장애의 결과라는 재미있는 주장을 편다. "현재의 글로벌 금융 위기는 부분적으로는 자기 잇속과 웅대한 목표를 증진함으로써 건실한 리스크 관리를 탐욕과 사익(私益)으로 대체한 자아도취적 성격 장애에 의해 야기되었다."[25] 아르준은 진 트웬지, 키스 캠벨, 로이 바움에이스터와 같은 심리학자들의 방대한 실증 연구와 문화 분석에 의지해서 자신의 결론을 정당화한다. 또한 그는 자아도취적 성격 장애를 "지나친 자존감, 우월 의식, 자기중심적이고 자신을 기준으로 삼는 행동, 재능 과장, 허풍 떨고 뽐내는 행동, 끝없는 성공이라는 과대한 환상…기꺼이 남을 착취하려 함, 동정심 결여…그리고 거만한 행동"으로 정의한다.[26]

---

24 고든 게코는 내부자 거래로 기소된 이반 보어스키를 극적으로 나타내기 위해 마이클 더글러스가 연기한 허구의 인물이다.

25 Surendra Arjoon, "Narcissistic Behavior and the Economy: The Role of Virtues," *Journal of Market &Morality* 13, no. 1 (2010): 59.

26 Arjoon, "Narcissistic Behavior and the Economy," 60.

　　아르준의 심리 분석이 재미있는 비판적 관점을 제공하기는 하지만, 나는 금융계 리더들과 행위자들의 모든 비도덕적인 행동들을 모종의 심리 질환으로 축소하는 것은 다소 지나치게 과도한 처사라고 생각한다. 그러한 자아도취저 행동들의 배후에는 보다 근본적인 구조적·체계적 측면이 있음을 주목해야 한다. 나는 위에서 고찰한 바와 같이 이념이 변해서 그러한 구조적·체계적 배경이 형성되었다고 주장한다. 그렇다면 많은 금융계 리더들과 회사 임원들에게서 도덕적 미덕이 결여된 것처럼 보이는 것은 벤담의 부채 경제에서의 도덕성 제거가 의도하지 않은 결과로 여겨질 수 있다. 그렇다고 내가 이러한 개인들에게 도덕적 책임이 없다고 주장하는 것은 아니다. 실로 그들은 자신의 비도덕적인 행동에 대해 개인적으로 책임이 있지만, 그들의 행동을 형성한 이념적 배경이 있다는 중요한 측면을 간과하지 말아야 한다. 금융 부문에서의 탐욕과 같은 팽배한 도덕성 결핍이 금융 위기의 유일한 원인은 아니다. 엘리자 라셀리스가 말하는 바와 같이, "탐욕이 일정한 역할을 했지만, 더 큰 문제는 무능력이었다."[27] 그렇다면 위험하고 어리석은 결정을 한 매니저들, 리스크가 큰 행동에 관여한 소비자와 투자자들, 효과가 없었던 규제 당국 등 모든 관계 당사자들이 왜 그처럼 무능해졌는가?[28] 자아도취적 성격 장애 수준을 뛰어넘는 보다 깊고 보다 큰 이유가 있다. 그렇다면 벤담의 금융에서의 도덕성 제거에 어떻게 대처할 수 있는가?

27　　Racelis, "Examining the Global Financial Crisis," 25.

28　　Racelis, "Examining the Global Financial Crisis," 25.

먼저 벤담의 도덕성 제거 프로젝트는 벤담이 다음과 같이 명확하게 제시하는, 당연하게 여겨지는 가정에 의존함을 주의해야 한다. "그렇다면 다음과 같은 한 가지 사실이 명백하다. 전통으로부터 관습이 나오기 전에는 고리 같은 것은 있을 수 없다."[29] 벤담의 말은 이상하게도 홉스의 "만인의 만인에 대한 투쟁"을 생각나게 한다. 물론 벤담이 홉스의 자연 상태를 문자적으로 환기하지는 않지만, 그는 확실히 역사상 고리가 존재하지 않는 관습 이전(precustomary) 상태가 있었다고 생각한다. 홉스는 부채가 존재하지 않는 자연 상태를 상상하는 반면, 벤담은 고리 개념이 생각되지 않는 홉스의 자연 상태를 상상한다. 아주 흥미롭게도, 제임스 크리민스에 의하면 "정치사상 역사가들은 흔히 토마스 홉스(1588-1679)와 제레미 벤담(1748-1832)의 사상적 유사성은 벤담이 홉스의 책을 읽은 결과라고 가정하며, 벤담은 어떤 의미에서는 홉스의 제자라고 추론한다."[30]

벤담의 관습 이전 사회와 홉스의 자연 상태의 유사성에도 불구하고, 그래버 등이 이미 밝혔듯이 인류학자들은 그처럼 역사와 관계없는 상태가 있었다는 주장에 반대한다. 이는 독재 정치에 대한 홉스의 철학적 정당화와 도덕과의 관련성이 없어진 금융 시장에 대한 벤담의 이념적 정당화는 모두 그들의 철학적 상상력에 기초하고 있음을 의미한다. 벤담과 홉스는 또한 우연히 가장 초기의 인간 사회에는 도덕적인 채권 같은 것은 없다는 철학적 입장을 공유하는데, 이 주장도 마우

---

29   Bentham, *Defence of Usury*, 9.쪽

30   James E. Crimmins, "Bentham and Hobbes: An Issue of Influence," *Journal of the History of Ideas* 63, no. 4 (2002): 677.

스 같은 인류학자들에 의해 정면으로 반박된다. 그들은 자신의 정치경제 사상을 전개할 때 도덕적인 채권의 중요성을 보지 못함으로써 궁극적으로 다른 유형의 독재, 즉 절대군주의 정치적 독재(홉스)와 물질적인 부의 신인 맘몬(벤담)을 정당화하게 된다. 홉스에게는, 정치 생활에서 국가(Liviathan)에 의한 독재가 정치적 안정과 사회적 안전을 제공하는 것으로 보이기 때문에 정치적 독재가 정당화된다. 벤담에게는, 도덕과의 관련성이 제거된 경제생활에서 맘몬에 의한 독재가 부와 번영을 제공하는 것처럼 보기기 때문에 경제적 독재가 정당화된다. 맘몬이 다스리는 세상에서는 욕심이나 탐욕과 같은 도덕적 악덕들이 경제적 미덕으로 전환되며, 국가가 다스리는 세상에서는 잔인함과 무자비함 같은 도덕적 악덕들이 정치적 미덕으로 바뀐다. 그들은 정치와 경제 영역을 상호 신뢰, 존중 및 명예에 기초한 공동생활의 사회적 토대로부터 떼어냄으로써 도덕적 이상과 미덕에 근거하지 않은 정치경제적 상상력을 위한 이념적 지형도를 제공한다.

도덕적인 부채 경제의 신학적 토대 재구축

위에서 금융 세계 및 사업 세계의 행위 주체자들 사이에 팽배한 미덕의 결여는 벤담과 이후의 경제학자들에 의한 도덕과의 관련성이 제거된 부채라는 이념적 발명품으로 그 기원이 거슬러 올라갈 수 있음을 보았다. 이 계보의 관점에서 보면, 금융 세계 및 사업 세계에서의 도덕적 미덕의 결여를 단지 개인의 도덕적 실패로만 치부할 수 없다. 그보다는 이 현상은 벤담의 이념적 발명품의 불가피한 결과로 보아야 한다. 도덕과 관련이 없는 금융 세계에서는 경제적 선(돈과 부)이 도덕적 선을 대체하며, 탐욕은 돈에 준하는 특질을 지닌 추구 대상이다. 채권 개념도 단지 부채의 뒷면에 불과한 지위로 철저하게 격하되었다. 매우 흥미롭게도, 벤담은 서구 역사에서 종교가 이자제한법 확립에 중요한 역할을 한다는 사실에도 불구하고 이자제한법을 다루면서 종교를 완전히 무시한다.

벤담이 사람들의 마음에서 신앙, 심지어 종교 개념 자체를 근절하겠다고 선언하고서 1809년에서 1823년까지 종교를 철저하게 연구했음을 상기하면, 벤담의 고리 변호에서 종교적 고려가 없는 것은 우연이 아닌 것으로 보인다.[31] 제임스 크리민스에 의하면, "모든 경우에 공리주의라는 시험을 적용하는 그의 분석은 인간의 초자연적 존재에 대한 존경, '거룩한 책들'과 교회와 성직의 신성함에 대한 존경이 유해하다는 주장에 똑바로 초점을 맞췄다."[32] 크리민스가 주장하듯이, 『절대 맹세하지 마라』(1817), 『영국 국교회와 그 교리문답 조사』(1818), 『인류의 일시적 행복에 대한 자연 종교의 영향 분석』(1822), 『바울이 아닌 예수』(1823)와 같은 그의 저서들은 "완전히 세속적이고 엄격하게 공리주의적인 사회 구성을 위한 그의 계획들의 부정적인 측면들을 구성한다."[33] 나는 여기서 경제 세계에서 도덕을 제거하기 위한 그의 이념 프로젝트는 그의 반종교적인 입장과 직접 관련이 있다고 제안하는 것이

---

31   James E. Crimmins, "Bentham on Religion: Atheism and the Secular Society," *Journal of the History of Ideas* 47, no. I (1986): 95.

32   Crimmins, "Bentham on Religion," 95.

33   Crimmins, "Bentham on Religion," 95.

아니다. 그러나 벤담에게는 그의 "도덕과 관련이 없는" 돈과 부채의 세계에서 종교와 종교 윤리가 설 자리가 없음이 명백해 보인다.

도덕과의 관련성이 제거된 부채 경제에 어떻게 도덕 감정을 불어넣을 수 있는가? 어떻게 도덕과 관련이 없는 부채 경제를 도덕적이고 상징적인 신용 사회로 되돌릴 수 있는가? 보다 구체적으로는, 기독교 신학과 그 도덕 사상이 오늘날의 신자유주의 세계에서 도덕적인 부채 윤리의 재구축에 어떻게 기여할 수 있는가? 나는 기독교 미덕 부채 윤리를 수립할 가능성을 타진함으로써 이 질문에 답하고자 한다. 그렇다면 어떻게 기독교 미덕 부채 윤리가 가능한가? 무엇보다도 나는 부채가 "논리"와 "이야기"라는 두 개의 핵심 요소로 이루어진다는 점을 깨닫기 시작할 때 기독교 미덕 부채 윤리가 가능해진다고 주장한다. 내가 말하는 논리는 교환, 물물교환, 주고받기, 채권과 채무, 이익과 손실 같은 상호성의 경제 논리를 의미한다. 이 논리의 유사 도덕적 힘은 "빚은 갚아야 한다"는 말에서 가장 잘 예시된다. 이 논리는 부채의 확립에 불가결하기는 하지만, 정당화할 수 있는 몇 가지 조건으로 제한되지 않으면 부도낸 채무자들을 다양한 형태의 비인간화로 내몰 수 있다.

이탈리아의 사회학자이자 철학자인 모리지오 라자라토는 자신의 저작 『빚진 사람 만들기』에서 비인간화된 채무자를 "빚진 사람"이라고 부른다. 그는 부채가 "주관성을 낳고, 가라앉히고, 만들고, 조절하고, 형성"하기 때문에 신자유주의의 채권자-채무자 관계가 현대 자본주의의 주관적인 틀을 만든다고 결론 짓는다.[34] 라자라토에 의하면, 점점

---

34   Maurizio Lazzarato, *The Making of the Indebted Man: An Essay on the Neoliberal*

더 신자유주의화된 사회에서 빚진 사람의 탄생은 중요한 도덕적 문제
가 된다. 유사한 방식으로, 홀리스 펠프스도 이렇게 말한다. "달리 말
해 신자유주의 하에서의 부채는 단지 하나의 금융 도구만이 아니다.
부채는 또한 이념적으로 그 대상 자체의 존재에 스며들어가는 기능을
하며, 이 점에서 삶의 모든 측면을 포함한다고 말할 수 있다."[35] 그렇다
면 빚진 사람을 만들고 부채를 대상 자체의 존재 안으로 스며들게 하
는 근본 요인은 무엇인가? 그것은 다름 아닌 부채의 논리가 갖는 유사
도덕적 힘이다. 신자유주의의 비인간화의 중심에 부채의 경제 논리가
놓여 있다. 그렇다면 비인간화하는 신자유주의의 부채 논리로부터 어
떻게 빚진 사람을 벗어나게 할 수 있는가?

여기서 부채를 구성하는 또 다른 핵심 요소인 이야기가 있음을 알
필요가 있다. 무슨 이야기 말인가? 부채에 이야기의 측면이 있다는 것
은 무슨 뜻인가? 마거릿 애트우드는 자신의 2008년 저서인 『앙갚음:
부채와 부의 어두운 측면』에서 이 질문에 대한 답을 제공한다. 그녀는
우선 "기억이 없다면, 부채도 없다. 달리 말하자면, 이야기가 없다면
부채도 없다"고 주장한다.[36] 그녀는 이어서 이야기에 대한 자신의 이해
를 다음과 같이 설명한다.

Condition, Joshua David Jordan 역 (Los Angeles: Semiotext, 2011), 38-39.

35   Hollis Phelps, "Overcoming Redemption: Neoliberalism, Atonement, and the Logic of
      Debt," *Political Theology* 17, no. 3 (2016): 266.

36   Margaret Atwood, *Payback: Debt and the Shadow Side of Wealth* (Berkeley, Calif.: Anansi
      Press, 2008), 81.

이야기는 오랜 시간에 걸쳐 일어나는 일련의 행동들(작문 시간에 그럴 듯하게 말하는 것과 같이 잇따라 일어나는 행동들)이다. 그런데 부채는 오랜 시간에 걸쳐 일어나는 행동들의 결과로 발생한다. 그러므로 모든 부채에는 줄거리가 있다. 어떻게 빚을 지게 되었는지, 빚을 지고 있는 동안 무엇을 했고 무슨 말을 했고 어떻게 생각했는지, 그리고 (결말이 행복한지 슬픈지에 따라) 어떻게 빚에서 빠져 나왔는지 아니면 점점 더 빚에 빠져들어 빚에 압도되고 완전히 가라앉아 보이지 않게 되었는지 말이다.[37]

애트우드에 의하면, 부채는 사회적 의무, 죄책감, 죄, 보복의 관점에서만 인식되는 것이 아니라 인간의 삶의 이야기를 조직하는 **줄거리**(*plot*)의 관점에서도 인식된다. 그녀는 『베니스의 상인』에 나오는 샤일록 이야기, 『크리스마스 캐럴』에 나오는 스크루지 이야기, 아이스킬로스의 『에우메니데스』에 나오는 오레스테스를 쫓는 복수의 여신들과 같은 다양한 이야기들을 소개함으로써 이 측면을 보여준다. 예를 들어 애트우드는 『크리스마스 캐럴』의 스크루지처럼, 환경에 대한 채무를 인정하지 않고 이를 지불하지 않으면 "앙갚음"에 직면할 것이라고 경고한다. 애트우드에 의하면, 궁극적인 앙갚음은 생태학적 앙갚음이다. 우리가 생태 채무를 갚지 않는 한, 지구의 지속 가능한 수준을 넘어서 지구로부터 무분별한 차입을 계속하면 궁극적으로 우리의 채권자인 대자연과 셈하게 되는 불가피한 순간에 이르게 될 것이다.

애트우드는 『앙갚음』에서 우리에게 모든 부채를 자신의 독특한 줄

---

37   Atwood, *Payback*, 81.

거리를 지닌 이야기가 있는 부채로 보도록 도전하는데, 이 제안은 법률과 같은 상호성 논리라는 모습을 띠고 있는 신자유주의의 부채 경제에 깊이 잠겨 있는 많은 사람들에게는 혁명적인 주제로 보일 것이다. 애트우드의 이야기가 있는 부채 개념은 부채 문제를 새로운 시각에서 보도록 도움을 준다. 부채의 경제 논리는 더 이상 채무자와 채권자의 실생활 이야기로부터 분리되지 않으며, 그 결과 우리는 부채 문제가 단지 중립적인 "주고받기" 논리가 아니라, 실제적이고 구체적인 사람들의 문제로서 그들의 다양한 인물과 성격이 중요하다는 점을 보기 시작한다. 참으로 모든 부채들에는 그들의 독특한 이야기들이 있으며, 모든 이야기들은 자신의 독특한 줄거리와 관련 인물들이 있기 때문에, 우리는 기독교 미덕 부채 윤리를 구축할 방법론의 가능성을 보기 시작한다. 그렇다면 기독교 미덕 부채 윤리를 개발하기 위해서는 다음과 같은 보다 구체적인 질문에 답해야 한다. 기독교 신학은 부채의 이야기 측면이 갖는 도덕적 중요성과 무슨 관계가 있는가?

나는 두 명의 기독교 신학자 캐스린 태너와 스티븐 웹에 의존해서, 1장에서 논의한 인류학적 통찰력을 급진적으로 적용함으로써 기독교 미덕 부채 윤리가 가능하다는 아이디어를 제안한다. 부채는 원래 고대 사회에서 채무자에 대한 일종의 선물로 여겨졌다고 주장하는 마셀 모스와 같은 인류학자들의 중요한 통찰력을 상기하라. 부채 경제는 도덕적인 선물 경제에 부차적이거나 파생적인 것으로 생각되었다. 달리 말하자면, 이야기가 있는 부채의 중요한 도덕적 줄거리는 원래는 선물 교환이라는 도덕적 이상과 관련이 있다. 가장 초기의 친족 사회에서는 선물 교환이 사회 결속과 유대 구축 및 유지에 중요한 역할을 했다는 인류학의 발견도 기억해야 한다. 신자유주의와 신자유주의의 부채 경제는 부채의 영역을 선물 주기라는 도덕의 영역으로부터 분리시킬 뿐 아니라 부채의 이야기 측면을 깡그리 무시함으로써 서로 도우면서 사회 결속과 유대를 유지한다는 인간의 이야기가 있는 부채의 원래 줄거리를 외면했다.

기독교 신학이 어떻게 인류학의 그런 통찰력을 급진적으로 적용할 수 있는가? 이러한 급진적인 적용이 기독교 미덕 부채 윤리 확립과 무슨 관계가 있는가? 간단히 말하자면, 내가 말하는 기독교의 급진적인 인류학적 통찰력 적용이란 기독교 신학은 선물 주기라는 원래의 도덕 틀을 고대 사회에서 비롯된 것으로 보지 않고 하나님의 "은혜로우심"(giftfulness; 태너) 또는 "선물 주기"(gifting; 웹)에서 발견함을 의미한다. 기독교 신학은 인류학의 통찰력을 급진적으로 적용해서 채무자가 되거나 채권자가 된다는 것이 무엇을 의미하는지뿐만 아니라 빚을 지거나 신용을 제공하는 것이 무엇을 의미하는지에 대해서도 더 깊은 신학적 의미를 제공한다. 그 과정에서 기독교 신학자 캐스린 태너의 신학적 상상력이 중요한데, 이는 그녀가 자신의 "은혜 경제"라는 신학 개념을 통해 기독교 신학이 도덕적인 부채 경제에 대한 인류학의 통찰력에 어떻게 깊이를 더하는지 알 수 있도록 도움을 주기 때문이다. 그녀의 은혜 경제라는 신학 개념을 자세히 알아볼 가치가 있다.

그녀는 기독교 신학은 "서구의 사회적 상상(social imaginary)을 확장할" 능력이 있다고 주장함으로써 은혜 경제에 관한 자신의 주제를 시작한다. 그녀는 기독교 경제관은 재산 및 소유에 관한 기독교의 명시적인 설명에 국한되지 않는다고 주장한다. 또한 기독교 경제관은 아

가페 및 사회관계에 대한 아가페의 함의와 같은 기독교 규범을 둘러
싼 익숙한 논쟁으로 국한되지도 않는다. 그녀는 사회생활, 특히 경제
에서 기독교 신학에 훨씬 더 큰 역할이 있다고 생각한다. 그렇다면 기
독교 신학이 경제 세계와 무슨 관계가 있는가? 이 질문에 답하기 위
해, 그녀는 "하나님 및 하나님과 세상의 관계에 대한 기독교의 기본 개
념 자체가 본질상 경제적인 것으로 간주된다"는 점을 알아야 한다고
주장한다.[38] 그녀가 설명하듯이, 교환 관계 및 상품 순환과 같은 기본
적인 경제 활동들은 그리스도인들이 이를 통해 하나님, 창조, 섭리, 언
약, 그리스도 안에서의 구원에 관해 이야기하는 성경 이야기들 전체
에 걸쳐서 논의된다. 그녀는 그러한 이야기들을 읽는 방법 면에서 기
독교 신학이 다를 수 있음을 인정하면서, 시장 경제에 대한 기독교적
관점을 형성하기 위해 이를 "재가공"하는 자신의 창의적인 방법을 제
안한다.

그녀는 우선 기독교 신학적인 대안 경제 모델 구성에 대한 출발
점으로 존 로크를 살펴본다. 태너에 의하면, 로크의 유명한 재산 옹호
는 재산에 대한 현대의 이해와 매우 유사하지만, 로크의 입장은 진정
한 재산의 두 번째 논리를 대변한다. 이 두 번째 논리는 무엇인가? 현
대의 사례와는 달리, 로크에게는 개인이 소유하고 있는 재산은 양도
할 수 없다. 태너는 이렇게 쓴다. "이 재산은 양도할 수 없기 때문에,
로크는 사람은 자유로이 절대 권력을 지닌 통치자에게 복종하기로 계

---

38   *Having: Property and Possession in Religious and Social Life*, William Schweiker and
      Charles Mathewes 편 (Grand Rapids: Eerdmans, 2004)에 수록된 Kathryn Tanner,
      "Economies of Grace," 356.

약하거나, 자유로이 노예가 되기로 계약할 수 있음을 부인한다."[39] 태너는 로크의 재산권은 개념상의 진보에도 불구하고 문제가 있다고 생각한다. 예컨대 "개인의 권리 또는 독점적인 권리를 위한 요건인 행위(work)는 보편적 권리의 힘을 약화시킨다"[40]는 로크의 주장을 보자. 태너는 로크에 의하면 하나님은 실체를 소유하기만 할 뿐이고 따라서 사람의 존재(그 사람의 역량 포함)와 모든 물질이라는 그 실체의 사용을 제한할 권리는 있지만 어떤 사람 자신의 의지의 행동을 통한 그의 실제 권한 행사를 제한할 권리는 없기 때문에, 로크의 이론에 암시된 신학은 문제가 있다고 주장한다. 태너는 "간단히 말해서 로크의 재산과 교환 논리는 하나님의 은혜를 다소 축소시켜 이해하고 있음을 보여준다"고 판단한다.[41]

그녀는 로크를 살펴보고 나서 현대 기독교 신학 분야에서 상당히 영향력이 있게 된 비상품(noncommodity) 교환(선물 현상)에 대한 인류학적 논의로 옮겨간다. 이 주제에 대해서는 1장의 인류학적 논의에서 이미 다뤘는데, 태너는 새로운 경제 모델을 개발함에 있어서 "선물의 범주"에 대한 인류학적 논의가 로크의 재산 논리 및 현대의 재산 논리보다 나은 대안을 제공하는 새로운 가능성을 발견한다. 그녀는 "그런 범주에서는 신학과 경제는 로크의 논리에서보다 상관관계가 훨씬 더 클 수도 있다"고 단언한다.[42] 그러나 태너는 선물의 범주를 통한 인류학

---

39   Tanner, "Economies of Grace," 361.

40   Tanner, "Economies of Grace," 363.

41   Tanner, "Economies of Grace," 363.

42   Tanner, "Economies of Grace," 364.

의 획기적 발전은 결국 "로크의 논리에서 보게 되는 내용보다 못하다"
고 판명된다는 결론에 도달한다.[43] 왜 그런가? 태너에 의하면, "선물 경
제를 로크의 저서에서와 같은 명시적인 부채 경제와 구분하는 특징은
끝없는 빚의 세계다."[44] 선물 경제에 내장된 부채 논리(선물 교환이 명시
적인 대출로 바뀐다)가 궁극적으로 선물의 범주를 포함한 모든 것을 망
치고, 이로써 새로운 범주의 "끝없는 빚"을 만들어낸다. 그래서 그녀는
이렇게 쓴다. "결코 부채를 완전히 상환할 수 없다. 부채는 끝없이 늘
어나기만 한다. 비슷한 이유로, 일단 부채가 시작되면 필요 충족으로
부터 분리된 특권 경쟁이 터무니없이 오랜 기간 계속된다. 아무것도
부채를 억제할 수 없다."[45] 태너가 지적하듯이, 이 끝없는 부채 창조 논
리가 상급자와 부하 사이와 같은 불평등한 관계 안에 위치할 경우, 상
환할 수 없는 부채의 전형을 증진할 뿐이어서 "뿌리 깊은 지배"를 가
능하게 한다.[46]

그렇다면 로크의 모델과 인류학자들의 모델의 개념상의 한계를 극
복하기 위한 태너의 대안적 해법은 무엇인가? 그녀는 독특하게도 신
학적 관점에서 먼저 하나님 자신의 은혜로우심 개념을 명확하게 설명
함으로써 자신의 "은혜의 경제"의 개요를 설명하기 시작한다. 그녀는
이렇게 쓴다. "이 역사의 모든 무대는 다르면서도 비슷하게 짜인 하나
님과 세상과의 관계들, 즉 창조, 언약, 구속, 그리스도 안에서의 완성

---

43   Tanner, "Economies of Grace," 369.

44   Tanner, "Economies of Grace," 369.

45   Tanner, "Economies of Grace," 369.

46   Tanner, "Economies of Grace," 369.

과 같은 용어들에 의한 신학 논의에서 차별화된 관계들에 의해 가능해진 하나님 자신의 은혜로우심을 소통하기 위한 더 큰 노력을 나타낸다."[47] 하나님의 은혜로우심은 모든 관계를 포함한다는 점에 비춰볼 때, 인간관계가 하나님의 은혜로우심을 반영하려면, 인간관계는 이전에 받은 선물에 의해 의무가 지워지지 않은 무조건적 선물 주기라는 특징을 가져야 한다. 그녀는 이어서 이 무조건적인 시혜(施惠)가 "우리에 대한 하나님의 다양한 관계 및 사물들의 전반적인 신학 구조 안에서의 서로에 대한 우리의 관계 모두를 포함하는" 은혜 경제의 첫 번째 원칙이라고 주장한다.[48] 그러나 무조건적 시혜라는 첫 번째 원칙은 그 논리를 조건적인 선물 논리로부터 확실하게 떼어낸다. 그녀는 이렇게 말한다. "이 원칙은 물물교환, 상품 교환, **채무자/채권자 관계**를 포함하는 조건적인 주기의 대안 원칙인 **상호 이행**(*do ut des*), 즉, '네가 주도록 나도 준다'는 원칙으로부터 이탈하는 모든 관계의 특징이다."[49]

그렇다면 태너의 무조건적 선물은 데리다가 그의 저서 『죽음의 선물』에서 설명하는 바와 같은 "선물 없는 선물"이라고 새로 이름 붙일 수 있다(태너는 "데리다가 좋아할 것이다"고 말한다). 그러나 하나님의 은혜로우심은 도처에 존재함에도 보이지 않는다. 예컨대 그녀는 하나님의 선물은 발생 자체가 눈에 띄지 않는다고 주장한다.[50] 그러나 그녀의 무조건적 선물 개념은 여전히 조건적 경제로부터 완전히 자유롭지 못한

---

47   Tanner, "Economies of Grace," 370.

48   Tanner, "Economies of Grace," 371.

49   Tanner, "Economies of Grace," 371. 강조는 추가된 것임.

50   Tanner, "Economies of Grace," 372.

부르디외의 "진정한 선물"과 다르다. 니체를 상기시키는 태너에 의하면, 하나님께 진 빚이 원칙적으로, 특히 죄인인 우리에 의해서는 결코 갚아질 수 없다는 사실이 부채를 무한하거나 갚을 수 없는 것으로 만드는 것은 아니다. 그녀가 강조하는 바와 같이, 예수의 십자가는 우리가 하나님에게 진 빚을 갚음으로써 우리를 빚에서 구원하는 것이 아니라, "십자가가 우리의 빚을 말소함으로써 하나님 자신의 은혜의 경제와 충돌하는 부채 경제의 결과로부터 우리를 구원한다."[51] 태너는 계속해서 이렇게 주장함으로써 존 하워드 요더의 『예수의 정치학』을 상기시킨다. "우리는 그리스도 안에서 히브리 성서의 희년 전통이 반영하고자 했던 신의 행동 방식을 본다. 즉 채무자들이 빚을 갚지 못함으로써 생기는 노예 상태로부터 해방된다."[52] 그러나 그녀는 우리가 어떻게 인간의 조건적인 베풀기가 하나님의 무조건적인 은혜로우심의 신학을 반영하는 방식으로 이 둘을 상호 관련시켜야 하는지에 대해 명확히 설명하지 않는다. 우리는 스티븐 웹에게서 보다 명확한 설명을 발견할 수 있을지도 모른다.

스티븐 웹의 『은혜를 베푸는 하나님』은 태너의 하나님의 은혜로우심 개념과 공명(共鳴)한다. 예를 들어 웹은 이렇게 쓴다. "기독교의 하나님은 헤프다. 그러나 맹목적인 독단이나 주권적인 자유의 행사로 그렇게 하는 것이 아니다. 대신 하나님은 더 많이 주기 위해 풍부하게 준다. 그렇게 하는 목적은 과잉에서 나왔지만 평등과 정의를 향하는

---

51   Tanner, "Economies of Grace," 374.

52   Tanner, "Economies of Grace," 374.

상호 관계를 위해서다."[53] 웹은 보다 단호하고 명시적으로 하나님의 과도한 베풂(은혜)이 어떻게 "인간의 행동과 전혀 무관하지 않고, 동시에 인간의 행동에 너무 가깝게 연결되지도 않는지" 보여주는 데 초점을 맞춘다.[54] 웹의 신학적 관심은 신학의 두 가지 오해를 극복하는 데 놓여 있다. 하나는 하나님의 은혜를 물질문화라는 실제적인 영역으로부터 고립 및 분리하는 것이고, 다른 하나는 하나님의 은혜를 단순히 현대 정신에 팽배한 교환 경제 형태로 축소하는 것이다. 그는 이 두 대안들에 대항해서 대안적인 신학 틀을 형성하려 한다. 그는 "하나님의 주심은 우리 자신의 교환 및 상호관계와 관련이 있어야 하지만, 그럼에도 이 상관관계는 엄격하거나 정확할 수 없다"고 주장한다.[55] 웹에게는 하나님이 언제나 "지나치면서도 상호적"이기에, 그는 이를 관대한 "선물 주기" 신학 모델이라고 부른다.[56]

하나님의 은혜 베풂의 관점에서, 웹은 마르셀 모스, 마샬 살린스, 피에르 부르디외 등 현대 인류학자들의 연구에 개념상의 한계가 있다고 생각한다. 예를 들어 웹은 모스가 주는 것이 교환보다 앞선다고 주장하지만, "그는 과잉과 상호성 사이의 관계를 불명확하게 남겨두는 방식으로 그렇게 한다"고 쓴다.[57] 살린스에 관해서는, 웹은 현대 세계에의 적용 면에서 이론적 한계를 지적한다. 웹은 살린스가 "과잉을 경

---

53   Stephen H. Webb, *The Gifting God: A Trinitarian Ethics of Excess* (New York: Oxford University Press, 1996), 9.

54   Webb, *Gifting God*, 10.

55   Webb, *Gifting God*, 11.

56   Webb, *Gifting God*, 11.

57   Webb, *Gifting God*, 31-32.

제 발전 이전의 풍요한 상태로서의 특정 원시 문화에 위치시킨다. 그렇게 함으로써 그는 현대 세계에 적절한 풍요와 나눠주기 이론 발전에 도움을 주지 못한다”고 쓴다.[58] 부르디외에 대해서는, 웹은 그의 입장은 여러 면에서 모스 및 샬린스와 반대라는 입장을 보인다. “주기의 가능성에 대한 그의 비판은 교환주의자 정신 구조 자체의 가장 극단적인 예다. 부르디외는 선물 주기가 또 다른 형태의 경제 본체 이상일 수 있는지 여부에 대한 질문을 제기한다.”[59]

웹은 과잉과 상호성을 자신의 선물 주기 신학과 어떻게 관련시키는가? 그는 다음과 같이 말함으로써 이 질문에 답한다. “내 주된 통찰력은 다음과 같다. **신의 과잉이 상호관계를 낳는다.** 과잉이 없다면 상호관계는 계산, 물물교환, 교환이 된다. 상호관계가 없다면 잉여는 부적절하고, 무질서하고, 낭비하게 된다.”[60] 기독교의 주기 모델은 전 과정에서 잉여와 상호관계 모두를 통합하는 3개 1조 양상을 따르기 때문에 잉여와 상호관계를 관련시킴에 있어서 웹에게는 삼위일체 하나님에 대한 이해가 필수적이다. 그는 하나님은 삼위일체의 본질과 일치하게 “주는 자, 주어진 존재, 주는 행위”로 이해된다고 말함으로써 이 양상을 보다 구체적으로 설명한다. 그는 이 신학 개념을 다음과 같이

---

58 Webb, *Gifting God*, 32.

59 Webb, *Gifting God*, 32. 그러나 웹은 리처드 팃머스(*The Gift Relationship from Human Blood to Social Policy*)와 루이스 하이드(*The Gift*)는 자신의 입장에 대해 다소 우호적이라고 생각한다. 팃머스는 “선물 주기가 배양되고 장려될 필요가 있는 현대 문화의 한 측면이라고 주장하려 한 최초의 학자”로 간주되며, 하이드는 “내가 (웹이) 그의 저작으로부터 많이 배운” 사람으로 설명된다(32).

60 Webb, *Gifting God*, 90. 강조는 원저자의 것임.

요약한다. "하나님이 주시는 것은 하나님 자신, 그리고 우리가 하나님의 선물을 인식하고, 늘리고, 되돌려줄 수 있게 해주는 사물들의 주어짐이다."[61] 하나님에 의해 주어지는 것은 "줄 수 있는 힘" 자체이기 때문에 웹에게는 잉여와 상호관계의 상관관계가 가능하다. 그래서 그는 이렇게 쓴다. "결국 하나님이 주시는 것은 주는 힘 자체, 우리 모두 하나님의 자신됨 안에서 그러한 관대함이 강화되고 조직되고 완성되기를 바라면서 주는 운동에 참여할 수 있는 가능성이다."[62]

태너와 웹의 신학적 관점에서 부채 경제에서 도덕성의 제거는 하나님의 충만한 은혜 또는 은혜 베풂이 모든 피조물들의 존재와 행위에 반영되리라는 하나님의 기대를 사실상 제한하기 때문에 심각한 신학적 위협이다.[63] 부채 경제에서 도덕성의 제거는 하나님의 은혜로우심이나 은혜 베풂이 금융 세계와는 아무 관련이 없다는 숨겨진 (적대적인) 신학적 메시지를 담고 있다. 이 (적대적인) 신학적 입장에 맞서서 태너는 이렇게 반박한다. "하나님이 우리에게 은혜를 베푸는 관계를 지향해서, 우리의 감정, 인식 능력, 의지, 행동은 모두 그 관계의 기록부가 되어야 한다."[64] 태너의 은혜 경제와 웹의 신(神)경제학(theoeconomics)은 도덕과 관련이 없는 부채 경제를 허물라고 요구한다. 그러나 채무자-채권자 관계를 포함한 모든 인간관계에서 하나님의 은혜로우심을 반영하기 위한 우리의 노력은 하나님에 대한 우리의 빚

---

61   Webb, *Gifting God*, 90.

62   Webb, *Gifting God*, 91.

63   Tanner, "Economies of Grace," 372.

64   Tanner, "Economies of Grace," 373.

을 갚는 방법이 아님을 알아야 한다. "그것은 단지 사물의 존재 방식에 적절한 유일한 삶의 방식일 뿐이다. 그것은 칼 바르트라면 그렇게 말했을 법한 바와 같이, 단지 우리가 이미 되어 있는 존재다워지기 위한 우리의 노력일 뿐이다."[65] 이 관점에서, 태너는 거의 고백적으로 이렇게 말한다. "나는 상호 이행의 공동체에서 무조건적인 주기 원칙이나 이 비경쟁적인 관계 원칙이 현대 사회에서 시행하기에 비현실적이라고 생각하지 않는다."[66]

보다 총체적인 부채 윤리의 개발에 있어 기독교 신학이 어떤 실제적인 윤리 지침을 제공하는가? 첫째, 하나님의 은혜로우심 또는 은혜 베풂은 우리로 하여금 이야기가 있는 모든 부채에 내재되어야 하는 보편적인 줄거리가 있음을 보도록 도와준다. 이 보편적인 줄거리는 무엇인가? 도덕적 선물 경제의 파생 형태의 하나인 부채 경제는 하나님의 은혜로우심 또는 은혜 베풂이 그 자체의 논리에 반영될 수 있는 방식으로 작동해야 한다. 태너는 신자유주의의 "승패" 사고방식이 아닌 "상생" 개념으로 이 보편적인 줄거리 반영을 설명한다. 그녀는 "오늘날의 규제되지 않은 국제 시장은 참으로 실제 경제에서 상생 발전을 가로막는 주요 세력이다"라고 올바르게 지적한다.[67] 하나님의 은혜로우심 또는 은혜 베풂의 기독교 신학은 세계 금융 질서를 인간성을 말살하는 승패 제도가 아니라 세계적 상생이라는 윤리적 목표에 보다 도움이 되도록 재구축하라고 요구한다. 은혜 경제의 상생 구조에서는

---

65   Tanner, "Economies of Grace," 373.

66   Tanner, "Economies of Grace," 382.

67   Kathryn Tanner, *Economy of Grace* (Minneapolis: Fortress, 2005), 124.

부채가 일종의 선물이 됨을 주목해야 한다.

또한 하나님의 은혜로우심 또는 은혜 베풂의 기독교 신학은 채무자, 채권자, 규제 당국을 포함한 부채 경제의 모든 관련 당사자들이 하나님의 은혜로우심 또는 은혜 베풂을 반영하는 방식의 기독교 미덕 부채 윤리를 개발하도록 고무한다. 이 반영은 수고(labor)의 미덕이다. 따라서 보다 총체적인 부채 윤리 개발에 미덕이 필요하다. 이 미덕은 자동으로 획득되지 않음을 주의해야 한다. 미덕은 우리의 수고를 통해 획득된다. 루이스 하이드는 노동(work)과 수고를 비판적으로 구분한다. "노동은 시간을 정해서 한다. 노동은 특정 시간에 시작하고 끝나며, 가능하면 돈을 벌기 위해 한다."[68] 하이드는 노동과 달리 수고는 다음과 같다고 주장한다. "수고는 자신의 속도를 정한다. 수고의 대가를 받을 수도 있지만, 수고는 계량화하기 어렵다.…시를 쓰는 일, 육아, 새로운 계산법 개발, 신경증 해소, 모든 형태의 발명들이 수고다."[69] 물론 신자유주의도 자체의 유사 도덕적인 미덕(덕망이 있는 채무자는 자신의 채무 전액을 상환한다)을 증진하지만, 이 미덕은 하이드의 용어에서는 "노동"으로 분류된다. 이 미덕은 부채의 논리에만 도움이 된다. 이와 대조적으로, 기독교 미덕은 "수고"의 미덕을 의미하는데, 하이드는 이를 "의무와는 완전히 다른" 어떤 것으로 설명한다.[70] 이야기가 있는 기독교 미덕 부채 윤리 확립에 하이드의 수고 개념이 필요하다.

---

68   Hyde, *Gift*, 50.

69   Hyde, *Gift*, 50.

70   Hyde, *Gift*, 51.

도덕적인 부채 윤리를 위한 기독교 미덕 윤리: 절제, 관대함, 용기, 감사

몇 가지 이유로 보다 총체적인 부채 윤리 개발에 미덕이 필수불가결하다. 금융계 리더, 종사자, 규제 당국뿐 아니라 일반 시민 및 거주자들에게서 적절한 미덕이 형성되지 않은 채 체제와 규제상의 변화만 이루어진다면 도덕적인 부채 경제를 완전히 실현할 수 없다. 보다 총체적인 부채 윤리를 달성하기 위해서는 미덕의 달성이 불가결하다. 참으로 로날드 콜롬보가 주장하듯이, 미덕은 "규제의 경계 밖에까지 영향력을 행사할 수 있다. 미덕은 개인으로 하여금 자신이 법률에서 발견하는 구멍(그 개인의 비행 발견 및/또는 처벌을 피하게 해 줄 구멍)을 이용하지 않도록 억제할 수 있다. 간단히 말해서, 미덕은 법률이 보호할 수 없는 곳에서 사회를 보호한다."[71] 미덕 윤리의 양과 범위는 광대하며, 작은 부분만 다룬다 해도 책 한 권 분량의 작업이 필요하다. 따라서 내 비판적 고찰은 특히 다음 질문에 초점을 맞춘다. 은혜 경제를 사는 삶을 위해서는 어떤 도덕상의 미덕이 필요한가? 달리 말해서, 어떻게 하나님의 은혜로우심을 반영하는 삶을 살 수 있는가? 이 점에서 이는 태너와 웹의 신학적 비전을 한층 더 근본적으로 적용한 기독교 윤리다. 이 과정에서 나는 특히 내가 은혜 경제의 삶을 위한 네 가지 기본 미덕이라고 부르는 네 가지 금융 미덕인 절제, 관대함, 용기, 감사에 초점을 맞출 것이다. 잠시 뒤에 보겠지만, 이 미덕들은 일련의 관계상의 미덕들로 개발된다. 인간의 본성(탐욕)에 대한 우리의 관계에 관

---

71   Ronald J. Colombo, "Toward a Nexus of Virtue," *Washington and Lee Law Review* 69, no. 3 (2012): 19.

해서는 절제가, 다른 사람들에 대한 우리의 관계에 관해서는 관대함이, 경제 구조와 체제에 대한 우리의 관계에 대해서는 용기가, 하나님에 대한 우리의 관계에서는 감사가 필요하다.

첫 번째로 탐구할 미덕은 하나님의 은혜로우심을 반영하는 삶을 살기 위해 필요한 절제 또는 자제다. 윌리엄 J. 번스타인은 자신의 논문 "기업재무와 원죄"에서 마이클 스미르록의 이야기를 소개한다.

마이클은 공부를 잘했으며 재무학 박사 학위를 받았다. 6년 뒤에 그는 펜실베이니아 대학교 와튼 스쿨에서 정년을 보장받은 교수가 되었으며, 그곳에서 미래의 많은 실무자들과 학자들을 지도했다. 그는 더 많은 돈의 매력에 이끌려서 1990년에 골드만삭스로 이직했다. 그는 1992년에 파트너가 되었다. 그다음 해에 그는 트레이드 배정을 늦게 한 혐의로 SEC로부터 5만 달러의 벌금과 3개월 정직 처분을 받고 사직할 수밖에 없었다. (투자자로부터 증권 트레이드 중개를 위탁받은 브로커 회사는 매수, 매도 체결을 공정하게 배정해야 함에도, 해당 영업일의 시장이 종료한 뒤에 우량 고객에게는 유리한 가격으로 계약이 체결되도록 배정하고 비우량 고객에게는 불리한 가격으로 계약이 체결되게 배정하는 행위는 법규 위반이다―역자 주) 그 뒤에 그는 부동산 투자 신탁과 일련의 헤지 펀드들을 설립했다. 2002년 5월 24일에 뉴욕 남부 지구 연방 지방법원의 제럴드 E. 린치 판사는 마이클이 투자자들에게 사기적으로 손실을 숨긴 데 대해 그에게 4년 징역과 1,260만 달러의 벌금을 선고했다.[72]

---

72   William J. Bernstein, "Corporate Finance and Original Sin," *Financial Analysts Journal* 62, no. 3 (2006): 21.

너무도 낯익은 마이클 스미르록의 이 이야기는 한 가지 질문을 제기한다. "관련 법률 및 윤리 개념을 이해하는 데 문제가 없었어야 할 매우 존경받던 이 학자가 유혹에 저항하지 못했다면, 평균적인 브로커나 학교 성적이 B학점이었던 사람이 유혹에 저항할 가능성이 있겠는가?"[73] 2007-2008년의 금융 위기의 주요 원인 중 하나는 은행들의 무모하고 약탈적인 대출, 유해한 금융 상품 판매, 이익 상충 회피 실패, 대량의 사기, 입법부의 태만 또는 공모와 같은 비윤리적 행동들이 있었음을 기억해야 한다.[74] 이런 행동들은 성품에서의 공통점, 즉 금융 시스템 리더, 종사자, 규제자로서 이 시스템을 운영하는 사람들의 미덕 결여를 반영한다. 많은 주석가들이 이미 지적한 바와 같이, "그 금융 위기는 금융 부문에서 시장 참여자의 도덕적 결함에 의해 야기되었다."[75]

도덕적 결함 문제를 어떻게 해결할 수 있는가? 성 토마스 아퀴나스는 탐욕스러움(욕심 또는 탐욕)이 어떻게 오늘날 신자유주의 세계에서도 금융 자본주의의 해악(害惡)의 뿌리가 되는지에 대해 중요한 통찰력을 제공한다. 그가 관찰한 바와 같이, 탐욕("부의 소유에 대한 지나친 사랑"으로 정의됨)은 사람들에게 자신이 지나치게 원하는 재화를 추구

---

73 Bernstein, "Corporate Finance and Original Sin," 21.

74 이 목록은 Seumas Miller의 논문 "Global Financial Institutions, Ethics and Market Fundamentalism," *Global Financial Crisis: The Ethical Issues*, Ned Dobos, Christian Barry, and Thomas Pogge 편 (New York: Palgrave Macmillan, 2011)에 수록된 글, 25-26에서 발췌했음.

75 Johan J. Graafland and Bert W. van de Ven, "The Credit Crisis and the Moral Responsibility of Professionals in Finance," *Journal of Business Ethics* 103, no. 4 (2011): 605.

하느라 "배반, 사기, 허위, 위증, 쉬지 못함, 폭력, 자비에 대한 무감각"
에 관여하도록 유혹할 수 있다.[76] 탐욕이라는 악덕은 하나님의 은혜로
우심을 반영하는 삶에 대한 강력한 장애물이다. 즉 탐욕은 주는 삶을
살지 못하게 한다. 아퀴나스는 아리스토텔레스(『정치학』 1권)를 따라서,
부(富) 개념을 "자연적 부"와 "인위적 부"의 두 유형으로 나눈다. 자연
적 부는 식량, 음료, 의복 등 사람들의 자연스러운 욕구를 채워주는 역
할을 하는 반면, 돈이라는 인위적 부는 교환 수단, 가치 저장, 계산 단
위 역할을 한다. 메리 허쉬펠드가 해석하는 바와 같이, "그렇다면 인위
적 부는 도구적 선(instrumental good)에 대한 도구적 선이다."[77] 사람들
로 하여금 인위적 부를 끝없이 추구하도록 하는 데 중요한 역할을 하
는 것은 인위적 부 그 자체다. 아퀴나스는 이렇게 쓴다. "자연적 부에
대한 욕구는 무한하지 않다.…그러나 인위적 부에 대한 욕구는 혼란
에 빠진 강한 욕망의 종이기 때문에 무한하며, 이 욕구는 억제되지 않
는다."[78] 윌리엄 슈바이커에 의하면, 탐욕스러움 또는 탐욕은 다른 악
덕들의 근원이 되기 때문에 한 가지 형태의 악덕이 아니다. "탐심은 자
기 주위에 지속 가능한 사회의 존재 가능성을 약화시키는 다른 형태
의 악덕들을 모으기 때문에 으뜸가는 악덕이다.""[79]

---

76   Thomas Aquinas, *Summa Theologica*, 영국 도미니크 프로빈스 교부들 역, (New York:
      Benziger Brothers, 1947), II-II. Q. 118.8.

77   Mary L.Hirschfeld, "Reflection on the Financial Crisis: Aquinas on the Proper Role of
      Finance," *Journal of the Society of Christian Ethics* 35, no. 1 (20 15): 68.

78   Thomas Aquinas, *Summa Theologica* I-II. Q. 2.1.

79   Schweiker and Mathewes, *Having*에 수록된 William Schweiker, "Reconsidering Greed,"
      268.

절제(자제)의 미덕은 탐욕스러움과 대비된다. 아퀴나스에 의하면, 절제는 "주로 지각할 수 있는 재화, 즉 욕구 및 쾌락을 행하는 경향이 있는 열정, 따라서 이러한 쾌락들의 부재(不在)에서 발생하는 슬픔과 관련이 있다."[80] 신자유주의 자본주의는 부채 경제를 도덕과 관련이 없게 만듦으로써 아리스토텔레스가 돈 버는 기술이라고 부르는 것에 아무런 제한을 두지 않는데, 이는 전 세계적으로 사람들 사이에 커다란 사회경제적 격차를 만들어낸다. 신자유주의 운동의 중심에는 돈과 부에 대한 억제되지 않은 열정이 놓여 있다. 이 점에서 절제는 인위적 부에 대한 무한한 욕구를 추구하는 경향을 억제할 수 있는 유일한 내부의 힘이기 때문에, 절제가 불가결하다. 절제라는 도덕적 미덕에 관해, 장 포터는 절제의 기준은 결코 완전히 전통적일 수 없다고 주장한다.[81] 그녀에 의하면, "용기와 절제의 전통을 단순히 흉내 내기만 하는 사람은 이 전통을 자신의 특별한 필요 및 기질에 적응시키지 않았기 때문에 진정으로 이 미덕을 획득한 것이 아니다."[82] 나는 비전통적인 절제를 유지해야 할 필요에 관해 그녀에게 전적으로 동의하지만, 그녀의 아이디어에 약간의 변화를 가하자고 제안한다. 나는 비전통적인 절제를 개인의 특별한 필요 및 기질과 묶는 대신, 비전통적인 절제가 하나님의 은혜로우심에 연결되어야 한다고 주장하는 바다. 절제의

---

80   Thomas Aquinas, *Summa Theologica* I-II. Q. 141.1.

81   Jean Porter, "Perennial and Timely Virtues: Practical Wisdom, Courage and Temperance," *Changing Value and Virtues*, Dietmar Mieth and Jacques Pohier (Edinburgh: T&T Clark, 1987)에 수록된 글, 67.

82   Porter, "Perennial and Timely Virtues," 67

목적은 단지 인위적인 부를 향한 개인의 열정을 억제하기 위함이 아니다. 그것은 우리가 금융 세계를 포함한 모든 관계에서 하나님의 은혜로우심을 반영하도록 도와주기 위함이다.

이 비전통적인 절제에 대한 좋은 예를 부자 이야기가 나오는 마가복음 10:17-22에서 발견할 수 있다. 이 이야기에서 그 부자는 "예수 앞에 달려가 무릎을 꿇고 그에게 부탁했다. '착한 선생님, 영생을 상속하려면 제가 무엇을 해야 할까요?'"(17절). 예수는 이 사람에게 이렇게 명령했다. "가서 네 소유를 팔아서 그 돈을 가난한 사람들에게 주라"(21절). 신학자 리처드 힉스는 이 구절을 말라기 3장과의 보다 넓은 상호 텍스트 관계에 비춰 해석하면서 그 부자에게 "한 가지가 부족"하다는 예수의 통찰은 "그 부자가 하나님과 가난한 사람들을 빼앗고 속인" 죄가 있다는 뜻이라고 결론짓는다.[83] 통찰력이 있는 이 관점에서 예수가 그 부자에게 명령한 것은 "자비"의 일이 아니라 "정의"의 일이다. 그래서 예수는 이례적으로 부를 소유한 사람들에게서의 절제의 미덕에 대해 지적한다. 그는 이렇게 말한다. "부를 소유한 사람이 하나님 나라에 들어가기가 얼마나 어려울 것인가"(23절). 예수의 짧은 언급에서, 우리는 하나님 나라는 자신의 수고를 통해 하나님의 은혜로우심을 반영하는 모든 사람들에 의해 하나님의 은혜로우심이 완전히 실현되는 상태와 같다고 추측할 수 있다. 절제(자제)의 미덕을 배양하고 구현하지 못한다면, 하나님 나라는 아직 우리에게서 멀다.

---

83   Richard Hicks, "Markan Discipleship according to Malachi: The Significance of $(\mu\dot{\eta}$ $\dot{\alpha}\pi o\sigma\tau\epsilon\rho\dot{\eta}\sigma\eta\varsigma)$ in the Story of the Rich Man," *Journal of Biblical Literature* 132, no. 1 (2013): 199.

하나님의 은혜로우심을 반영하는 삶에 불가결한 두 번째 미덕은
관대함이다. 관대함은 주기와 용서하기를 통해 증명된다. 아퀴나스에
의하면, 관대함은 부와 관련해서 칭찬할 만하다. 관대한 사람은 해야
할 일을 하지 않으면서까지 부를 보유하기 원할 정도로 부를 높게 평
가하지 않는다.[84] 관대한 사람은 강한 욕망에 사로잡힌 열정인 돈에 대
한 사랑과 욕망에 의해 주기와 소비하기를 방해받지 않는다.[85] 아퀴나
스는 그리스도가 자신에게 주어진 것을 가난한 사람들에게 나눠줌으
로써 가장 고상한 종류의 관대함을 보여주었다고 주장한다.[86] 관대함
에 대한 아퀴나스의 이해는, 관대함(아량)이 낭비(방종)라는 과잉과 속
좁음(인색함)이라는 결핍 사이의 중용이라는 아리스토텔레스의 고전
적 견해와 궤를 같이한다. 또한 관대함의 미덕은 사람이 소유한 부의
양에 있지 않고 주는 사람의 성품의 상태에 놓여 있다.[87] 관대함에 관
한 아리스토텔레스의 가장 중요한 도덕적 통찰은 "고상한 행동을 하
는 것"은 "비열한 행동을 삼가는 것"과는 질적으로 다르다는 점이다.
그는 이렇게 말한다. "우리는 빼앗아가지 않는 사람에게가 아니라 주
는 사람에게 감사를 표한다.…또한 사람들은 다른 사람의 것을 빼앗
지 않기보다는 자신에게 속한 것을 내줄 가능성이 더 작기 때문에, 주
기 보다는 빼앗지 않기가 더 쉽다."[88] 아리스토텔레스는 주는 사람에

---

84   Thomas Aquinas, *Summa Theologica* III. Q 7.3.

85   Thomas Aquinas, *Summa Theologica* III-II. Q 133.4.

86   Thomas Aquinas, *Summa Theologica* III. Q 7.3.

87   Aristotle, *Nichomachean Ethics* IV.I (New York: Macmillan, 1962), 85.

88   Aristotle, *Nichomachean Ethics*, 84.

대해서만 관대하다고 말해야 한다고 판단한다.

존 밀뱅크는 자신의 논문 "관대함 대 자유주의"에서 관대함은 자유주의에서 유래하지 않는다고 주장한다. 사실 그는 자유주의가 "공정한 심리, 방어권, 무죄 추정, 기소된 사람을 잘 대우하기를 포함하는 관대함을 소멸시키는 경향이 있다"는 입장을 취한다.[89] 그에 의하면, 관대함의 이런 가치들은 "기독교의 자비 개념 주입에 의해 변형된 로마법 및 독일법에서" 유래한다.[90] 밀뱅크는 (신)자유주의 시장의 도덕성 제거를 비판하면서 우리는 "다른 종류의 시장: 화폐 거래를 새로운 양태의 보편적 선물 교환으로 재복종시키기"를 선택해야 한다고 제안한다.[91] 그는 관대함이 "다른 종류의 시장"에서의 삶을 위한 핵심적인 도덕적 미덕이라고 단언함으로써 내가 이번 장에서 펼친 인류학적 통찰력의 기독교적 급진화를 지지하는 듯하다. 밀뱅크에게는 관대함의 미덕이 "로마 제국에 맞설 수 있고 심지어 궁극적으로 로마 제국을 포섭할 수 있는 일종의 새로운 도시를 제안"한 바울에게서 나온다는 점을 주목할 필요가 있다.[92] 관대함의 미덕이 특히 기독교 공동체에 매우 중요한 이유가 있다. "빼앗기를 삼가는" 소극적인 도덕적 원칙에 의해서 살려고 한다면, 결코 주는 사람이 되지 못할 것이다. 그런 소극적 태도는 하나님의 은혜로우심을 반영하는 삶을 살지 못하게 한다. 그런 태

---

89   John Milbank, "Liberality vs. Liberalism," *Evangelicals and Empire: Christian Alternative to the Political Status Quo*, Bruce Ellis Benson and Peter Goodwin Heltzel 편(Grand Rapids: Brazos Press, 2008)에 수록된 글, 95.

90   Milbank, "Liberality vs. Liberalism," 95.

91   Milbank, "Liberality vs. Liberalism," 98.

92   Milbank, "Liberality vs. Liberalism," 98.

도는 우리를 단순한 소비자, 사용자, 구매자, 차주 상태로 축소시킨다.

우리는 신약성서(마 18:23-35)에서 용서하지 않는 종의 비유로 알려진, 관대함에 대한 현저한 예를 만난다. 이 이야기에 의하면, 자신의 종들과 결산하길 원하는 왕이 있었고, 그 왕에게 천문학적 금액인 1만 달란트를 빚진 종이 있었다. 그 종이 "저를 참아주소서, 다 갚겠나이다"(26절)라고 간청하자 왕은 그 종이 빚진 1만 달란트를 면제해주기로 결정하는 반면, 그 종은 나중에 자신에게 동일하게 "나를 참아 주시게, 다 갚겠네"(29절)라고 간청하는, 자신에게 100 데나리온(자신의 빚에 비하면 거의 아무것도 아니다) 빚진 동료 종의 빚을 면제해주기를 거절한다. 이 이야기에서 역설적인 점은 빚에 빠진 채무자 자신이 채권자이기도 하다는 점이다! 이 구절에 의하면 그의 동료 종들이 일어난 일을 보고서 매우 화가 나 그들의 주인에게 가서 일어난 일을 다 보고했다. 동료의 빚을 면제해주지 않은 종은 왕에게 불려가 그의 빚을 모두 갚을 때까지 괴로움을 당했다. 이 내러티브는 "빼앗기를 삼가는" 소극적인 도덕 원칙으로는 충분하지 않다는 중요한 메시지를 보여준다. 관대함은 채권과 부채의 세계에서 하나님의 은혜로우심을 반영하는 삶을 살기 위한 필수적인 미덕이다. 그 비유에서 많은 빚을 졌던 종의 중요한 문제는 자신의 빚을 갚을 능력이 없었다는 것이 아니라, 그처럼 잊을 수 없는 방식으로 왕의 관대함을 경험한 뒤에 이 관대함을 모방하지 않은 것이었다. 그는 왕의 도덕적 본을 따르는 대신 단지 "빼앗기를 삼가는" 자신의 옛 원칙을 지키기만 했다.

하나님의 은혜로우심을 반영하는 삶에 불가결한 세 번째 미덕은 용기인데, 이는 도덕적 강함, 굴하지 않음, 또는 심지어 저항과 동일시될 수도 있다. 처음 두 가지 미덕(절제와 관대함)은 돈과 부에 대한 우리의 경향과 기질에 더 관련이 있을 가능성이 높은 반면, 용기의 미덕은 구조적인 부정의 및 그 위협과 관련이 있다. 문화 규범 또는 정치-경제 구조가 히니님의 은혜로우심을 반영하는 삶을 살지 못하도록 방해하면 어떻게 할 것인가? 태너는 그녀의 논문 "왜 월가 점령 운동을 지지하는가?"에서 기독교인들은 "월가 점령 운동을 지지해야 하는데 이는 명백히 종교적 이유 때문만은 아니다"라고 주장한다.[93] 태너는 먼저 "우리의 민주주의는 더 이상 진정으로 국민에 의한 것이 아니기" 때문에 민주주의에 관한 정당한 우려가 있음을 지적한다. 그녀는 계속해서 이렇게 말한다. "우리가 뽑은 대표들이 우리를 위해 일하지 않는다. 우리는 그들을 통해 우리 자신에게 최상의 이익이 되는 방향으로 정책에 영향을 줄 능력이 거의 없다."[94] 또한 그녀는 현행 세금 정책을 통해 가장 부유한 1퍼센트("우리는 99퍼센트다")에게 혜택을 줌으로써 부의 집중을 심화시키는 우리 경제 체제의 구조적 불공정도 지적한다. 게다가 정부가 강력한 은행들은 구제하지만 보통 사람들은 구제하지 않기 때문에("은행들은 구제되고, 우리는 팔려 나간다."), 금융이 지배하는 자본주의는 보통 사람들, 특히 학생들의 재무적 곤경을 점점 더 악화시킨다.[95] 월가 점령 운동은 우리의 현행 경제 체제 및 민주주의 체제의 구조적 불공정에 저항하려는 사람들의 집단 의지를 보여주는데,

---

93   Kathryn Tanner, "Why Support the Occupy Movement?" *Union Seminary Quarterly Review* 64, no. 1 (2013): 28.

94   Tanner, "Why Support the Occupy Movement?" 29.

95   Tanner, "Why Support the Occupy Movement?" 30.

이 운동의 중심에는 불공정한 전통의 존중에 순응하지 않으려는 도덕적 힘이 놓여 있다.

아퀴나스는 용기를 욕망에 사로잡힌 부분보다는 화를 잘 내는 부분에 존재하는 모든 격정, 특히 공포에 저항하는 대담한 마음의 힘으로 정의한다.[96] 그는 또한 용기를 모든 미덕의 조건으로서의 마음의 확고함을 나타내는 "일반 용기"와, 중대하고 임박한 위험 상황에서만의 확고함을 나타내는 "특별 용기"로 나눈다.[97] 용기라는 도덕적 미덕에 관해 다음과 같은 질문을 고려해야 한다. 어떻게 도덕적으로 강해질 수 있는가? 무엇이 도덕적 용기가 있는 사람이 되게 해 주는가? 이 질문에 대한 아리스토텔레스의 대답은 고상함 또는 명예에 대한 사랑이다. 그에 의하면, "그렇게 하는 것이 고상하거나" "거절하는 것이 비열한" 경우 아픔이나 고통을 견디는 것은 용기 있는 행동이다.[98] 아리스토텔레스에게는, 고상함이나 명예에 대한 사랑이 용기라는 미덕의 달성을 위한 핵심 동기부여 요인이 된다.[99] 아리스토텔레스와는 대조적으로, 아우구스티누스는 용기의 도덕적 기원에 대해 다른 관점을 제공한다. 그는 자신의 저서 『가톨릭 교회의 도덕에 관하여』에서, "용기는 사랑받는 대상을 위해 기꺼이 모든 것을 견디는 사랑이다"라고 쓴다.[100] 그는 이어서 재빨리 이 사랑의 대상은 오직 하나님뿐이라고 덧

---

96   Thomas Aquinas, *Summa Theologica* I–II. Q. 61.2 & I. Q. 59.2.

97   Thomas Aquinas, *Summa Theologica* I–II. Q. 123.2.

98   Aristotle, *Nichomachean Ethics*, 71.

99   Elizabeth Agnew Cochran, "Jesus Christ and the Cardinal Virtues: A Response to Monika Hellwig," *Theology Today* 65, no. 1 (2008): 93.

100   Augustine, *On the Morals of the Catholic Church*, Richard Stothert 역, *Nicene and Post-*

붙인다. 엘리자베스 애그뉴 코크란이 지적하는 바와 같이, "근본적인 의미에서 용기에 대한 이 견해는 선과 의로움을 위해 현세의 힘을 포기하도록 요구한다."[101] 아리스토텔레스의 도덕 행위자들은 자신의 고통에서 쾌락을 느끼지 않지만, 아우구스티누스는 용기가 기쁨을 포함한다고 단언한다는 점을 알 필요가 있다.[102] 왜 그런가? 용기는 단지 저항하려는 의지만이 아니기 때문이다. 용기는 **너는 주지 말지니라**라는 도덕과 관련이 없는 금지 명령에 대한 **원칙에 근거한** 저항이다. 보다 적극적으로는, 용기는 하나님의 은혜로우심의 본을 따라 주는 삶을 고수(固守)하겠다는 **온 마음을 다한** 결정이다. 이 미덕이 없으면 사람은 예수가 마태복음 6:24과 누가복음 16:13에서 "하나님과 부(맘몬)를 동시에 섬길 수 없다"고 경고하듯이, 적절한 미덕에 의해 억제되지 않으면 맘몬만을 섬기게 될 게임에서 패배할 것이라는 두려움에 의해 손쉽게 도덕과의 관련성이 제거된 게임 규칙에 순응하라는 압력을 받을 수 있기 때문에, 금융 세계에서 용기라는 도덕적 미덕의 필요가 특히 주목된다.

하나님의 은혜로우심을 반영하는 삶을 위한, 마지막이지만 가장 덜 중요하지는 않은 덕목은 감사인데, 감사의 다른 이름은 고마움, 사의(謝意), 고마워함이다. 채권자와 채무자가 고마워하는 마음으로 채무 계약을 맺고, 채무자의 전액 상환을 고마워하면서 이 계약을 끝내는

Nicene Fathers of the Christian Church, vol. IV, Philip Schaff 편, 41-63(Buffalo, N.Y.: Christian Literature, 1887)에 수록된 글, 48.

101   Cochran, "Jesus Christ and the Cardinal Virtues," 87.

102   Cochran, "Jesus Christ and the Cardinal Virtues," 93.

상황을 상상할 수 있을까? 채무자가 채권자에게 감사하면서 채무를 지불하는 것은 드문 일이다. 채권자가 고마워하면서 채무자에게 빌려주는 것도 마찬가지로 드문 일이다. 채권자-채무자 관계에서 양측 모두에게 대체로 감사라는 덕목이 결여된 듯하다. 감사는 참으로 오늘날의 신자유주의 부채 경제에서 잃어버린 덕목이다.

아퀴나스에 의하면, 감사는 은인에게 신세지고 있는 "특별한 덕목"이다.[103] 그는 갚아야 할 부채의 성격은 그 부채를 발생시킨 다양한 원인들에 따라 각기 다르다고 주장한다. 예를 들어, 우리는 우선 "우리의 선의 제일 원칙"인 하나님께 빚지고 있다. 둘째 우리는 "우리를 낳고 길러준 가장 가까운 원칙"인 부모에게 빚지고 있다. 셋째, 우리는 "그 사람으로부터 일반적인 은혜가 나오는" 매우 고상한 사람에게 빚지고 있다.[104] 하나님께 진 빚, 부모에게 진 빚, 매우 고상한 사람에게 진 빚들은 모두 다르기 때문에, 하나님께는 적절한 예배를 드리고, 부모에게 효도하며, 매우 고상한 사람에게 겸손히 순종한다. 우리는 은인들에게 논리는 같지만 각기 다른 방식으로 감사를 표해야 한다.[105] 그러나 아퀴나스의 감사라는 미덕의 고찰에는 주는 사람(받는 사람이 아니라)에 의해 표현되어야 할 다른 종류의 감사가 빠져 있다. 주는 사람에 관해 그는 협소하게 마음의 정서와 선물이라는 두 가지만 고려한다.[106] (그에게서는) 감사가 주는 사람과 관계가 있는 것으로 보이지 않는다.

---

103 Thomas Aquinas, *Summa Theologica* 11-11. Q. 106.1.

104 Thomas Aquinas, *Summa Theologica* 11-11. Q. 106.1.

105 Thomas Aquinas, *Summa Theologica* 11-11. Q. 106.1.

106 Thomas Aquinas, *Summa Theologica* 11-11. Q. 106.4.

아퀴나스의 도덕적 사고에서는 주는 사람이 아니라 받는 사람 편에서만 감사의 미덕이 표현되리라고 기대되는 이유가 있다. 그것은 아퀴나스가 감사를 영혼의 "수고"가 아니라 받는 사람의 "노동"으로 보기 때문이다. 이 점에서, 루이스 하이드에게서 감사를 하나님의 은혜로우심을 반영하는 삶을 위한 핵심 미덕으로 보는 더 나은 틀을 발견할 수 있을지 모른다. 하이드는 우선 감사를 "노동"이 아니라 "수고"라고 말한다. 하이드에 의하면, 감사는 "선물을 받은 뒤 변화를 가져오기 위해 영혼에 의해 수행된 수고"로 간주된다.[107] 어떤 변화 말인가? 하이드에 의하면 받는 사람의 영혼을 주는 사람의 영혼으로 바꾸는 변화다. 그래서 그는 이렇게 쓴다. "우리가 자신의 방식으로 선물을 줄 힘을 가질 때 비로소 변화가 이뤄진다."[108] 하이드에게는 선물 주기가 결코 사라지지 않아야 하며, 선물은 "변화의 동인(動因)"이 되어야 한다. 감사에 선물을 주는 행동이 없다면, 그것은 감사가 영혼의 수고라기보다는 경제적 노동이 되었다는 표시다.

우리는 이런 유형의 감사에 대한 예를 누가복음 19:1-10(삭개오 이야기)에서 발견할 수 있다. 이 구절에 의하면, 예수가 그의 집에 방문했을 때 삭개오는 거기 서서 "주께 이렇게 말했다. '주여, 보소서, 제 소유의 절반을 가난한 사람들에게 주겠습니다. 그리고 제가 누구에게든 무언가 속여서 빼앗은 것이 있다면 4배를 돌려주겠습니다'"(8절). 여기서 그의 배상 약속은 훔친 소나 양에 대해서만 4배 또는 5배 배상을

---

107   Hyde, *Gift*, 47.

108   Hyde, *Gift*, 47.

요구하는 바리새 율법의 요구를 넘어선다는 점을 주목해야 한다(출애 굽기 22:1). 위에서 논의한 바와 같이, 부채를 하나님의 은혜 경제에서 의 일종의 선물로 여기기 시작한다면, 감사는 언제나 채무자가 신세 지고 있는 마땅한 지불("노동")이 아니라 하나님의 은혜로우심에 대한 반영이기도 한 빚진 영혼의 변화("수고")의 효과라고 여기기 시작할 수 도 있다.

결론

이 마지막 장에서, 나는 보다 총체적인 부채 윤리 개발의 불가결한 측 면으로서의 기독교 미덕 부채 윤리를 살펴보았다. 그 과정에서 나는 절제, 관대함, 용기, 감사라는 "은혜 경제의 삶을 위한 네 가지 기본 덕 목"을 간략히 설명했다. 나는 이 미덕들을 일련의 관계상의 미덕으로 전개한다. 절제는 우리의 본성(탐욕)과의 내적 관계에 관련되고, 관대 함은 다른 사람과 우리의 관계에 관계되며, 용기는 경제 구조 및 체제 에 대한 우리의 관계에 관련되고, 감사는 하나님과의 관계에 관련된 다. 물론 이 미덕들은 완전하거나 결정적이지 않다. 이 미덕들은 보다 총체적인 부채 윤리를 개발함에 있어서 우리에게 요구되는 사항들에 대한 최소의 예일 뿐이다. 전체적으로, 기독교 종교 전통과 신학은 부 채가 원래 선물의 파생물로 인식되었다는 인류학자들의 도덕적 통찰 을 급진적으로 적용함으로써 보다 총체적인 부채 윤리 확립에 기여한 다. 이 급진적인 비전에서, 부채는 인간성을 정복하기보다는 인간성을 섬기는 것으로 재인식된다. 또한 이 비전에 의하면, 채무자는 더 이상

축소적으로 잠재적 죄인으로 여겨지지 않고, 아직 빚이 있는 동안에
도 장래에 주는 사람으로 다시 생각된다. 그리고 채권자도 단순한 추
심자(推尋者)가 아닌 주는 사람 또는 심지어 채무자에 대한 잠재적 해
방자로까지 재인식된다.

맺는말

이 책에서 나는 인류학, 철학, 경제학, 법, 종교(아브라함 종교) 등 몇 가지 다른 학문 분야 전통을 살펴봄으로써 보다 총체적인 부채 윤리를 확립했다. 나는 이 분야들을 탐구하면서 부채의 다양한 얼굴들을 보았다. 착한 부채도 있고 심지어 훌륭한 부채도 있지만, 비인간적이고 추악한 부채도 있다. 사람들이 부채의 다양한 얼굴들에 대해 어느 정도 깊이 있게 이해함으로써 자신의 사회, 정치, 경제에서 부채 경제를 채택할 때 올바르게 배열할 수 있도록 도와주는 것이 이 책의 목적이다. 어느 사회건 그 사회를 지탱하고 번영시키기 위해서는 기본적인 사회 결속과 유대를 구축할 필요가 있다는 점에서, 내 원래 질문 중 하나는 "오늘날의 신자유주의 세계에서 무엇이 사회 결속과 유대를 유지하는가?"였다. 이 질문에 답함에 있어서, 나는 부채와 부채 경제는 부채 경제의 오용을 통해 사회 결속과 유대를 혼란시키고 교란시키기보다는 이를 창출하고 보존하는 방식으로 재구축되어야 한다는 주장을 펼친다. 원시 시대의 최초의 사람들은 선물 주기를 통해 사회 결속과 유대를 창출하고 발전시켰음을 기억해야 한다. 부채는 어떠한 사회적 구분도 넘어서서 매우 많은 사람들을 서로 연결시키는 오늘날의 신자유주의 세계에서 핵심적인 사회·경제적 기제임을 고려할 때, 부채 문제가 왜 우리가 신경써야 할 근본적인 사회 문제가 되는지 더 명확하게 알기 시작한다.

필립 굿차일드는 그의 저서 『돈의 신학』에서 신자유주의의 핵심 현상을 다음과 같이 간략하게 포착한다. "글로벌 경제는 더 많은 이익에 매어 있고 언제나 장래의 확대에 의존하는 부채의 소용돌이에 의해 견인된다. 돈의 기괴한 힘은 궁극적으로 부채로서의 돈의 본질에 놓여 있다."[109] 그는 또한 이렇게 쓴다. "시장에 기반을 둔 채무 금액은 채권과 채무, 빚과 의무라는 내재적 시스템이며, 무한히 성장할 수 있다."[110] 인간이 만든 모든 것들 중에서 부채와 그것을 갚을 의무 외에는 무한히 자라는 것이 없다는 점을 주목해야 한다. 이 유사 무한성은 자체의 맹목적 논리로 하나님을 흉내 내면서 많은 취약 계층, 특히 채무자들에게 끊임없이 그 악마 같은 힘을 풀어 놓았기 때문에 항상 인간에 대한 가공할 위협이었다. 공허하지만 가공할 이 무한성의 논리는 벅찬 윤리적 도전으로서 모든 단일 윤리 도덕 시스템에 저항해왔다. 그래서 나는 이 책에서 인간과 사회 과학에 대한 비판적 고찰을 통해 가능한 한 많은 인간의 지혜를 통합하고자 했다. 이 통합 과정에서 나는 부채와 그 경제 논리의 가공할 위협을 효과적으로 다루기 위해서는 모든 인간의 일치된 노력이 필요함을 깨달았다.

이 책에서 나는 일종의 선물로서의 부채의 원래 의미를 재발견 및 재인식함으로써, 부채가 인간에게 도움이 되고 그 반대가 되지 않도록 재구성되는 새로운 도덕적 부채 경제를 재구축하고자 했다. 이 새로운 도덕적 부채 경제에 의하면, 부채는 오로지 상호관계의 경제 논

---

109   Philip Goodchild, *Theology of Money* (Durham, N.C.: Duke University Press, 2009), 13.

110   Goodchild, *Theology of Money*, xiv쪽.

리에 의해서만 해결되어야 하는 "도덕과 관련이 없는" 문제로 인식되지 않는다. 이 새로운 도덕적 부채 경제는 모든 부채들에는 자체의 이야기들이 있으며, 이 이야기들이 부채 문제를 올바로 다루는 데 관계가 있음을 인정한다. 이 도덕적 부채 경제에 의하면, 금융계는 더 이상 인간 사회와 분리되지 않으며 금융업 종사자들과 고객들도 그로부터 격리되지 않는다. 부채가 도덕적으로 확립되기 위해서는 그 이야기에 어떤 형태의 착취, 남용, 조종이 없어야 한다. 보다 긍정적인 의미에서는, 부채의 이야기는 삶을 긍정하고, 삶을 구원하고, 삶을 앙양해야 한다. 그러면 부채가 채무자에 대한 일종의 선물로 재인식되는데, 그 실현을 위해서는 사회가 금융시장의 잠재적 오용을 예방하도록 금융시장을 규제할 뿐 아니라 대중 교육과 사회적 인식을 통해 적절한 도덕적 미덕들도 배양해야 한다. 불행히도, 신자유주의가 전 세계적으로 도입된 뒤로 긍정적인 사례보다 부정적인 사례들을 더 많이 봐왔다.

한스 조나스가 그의 저서 『책임의 명령』에서 올바르게 주장하듯이, 우리에게는 곧 우리의 세상과 그 땅을 차지하게 될 다음 세대들의 편을 들어야 할 커다란 도덕적 책무가 있다. 장래 세대를 고려해야 할 도덕적 책무는 환경 및 생태에만 국한되지 않아야 한다. 금융계도 이 세계가 없으면 우리의 삶을 유지할 수 없는 중요하고 광대한 환경이다. 인간은 오염된 자연 환경에서 살 수 없을 뿐 아니라, 유해한 금융 환경에서도 살아갈 수 없다. 우리 세대에게는 중독된 금융계를 청소하고 해독시킬 도덕적 책무가 있다. 자연 환경의 경우에서와 마찬가지로, 탈선한 우리의 금융 환경을 재건하고 개혁하기 위해서는 모든 인간의 일치된 노력이 필요하다. 우리의 금융계를 계속 재구축하는 목적은 빚 없는 사회를 만들려는 것이 아니다. 사회는 정당한 부채를 남용 및 착취 가능성으로부터 지켜야 하지만, 또한 정당한 부채를 철폐와 무효화로부터도 지켜야 한다. 싫건 좋건, 우리는 모두 결국은 빚지게 되어 있다. 어느 누구도 자연에게든 인간에게든 남에게 빚지지 않고서는 생존할 수 없다. 인간이 마침내 부채가 참으로 일종의 선물이 될 수 있음을 깨닫는다면, 많은 어리석음과 비참함으로부터 스스로를 구속할 수 있을 것이다. 나는 이 책이 도덕적 부채 경제를 전면적이고 비판적으로 적용하는 데 있어 의미 있는 안내서가 되기를 소망한다.

참고문헌

Aggarwal, Rajesh K., and Tarik Yousef. "Islamic Banks and Investment Financing." *Journal of Money, Credit and Banking* 32, no. 1 (February 2000): 93-120.

African Forum and Network on Debt and Development. *Ecological Debt: The Case of Tanzania*. Harare, Zimbabwe: AFRODAD, 2011.

Ahn, Ilsup. "Deconstructing the Economy of Debt: Karl Marx, Jürgen Habermas, and an Ethics of Debt." *Trans-Humanities* 6, no. 1 (February 2013): 5-32.

__________. "The Genealogy of Debt and the Phenomenology of Forgiveness: Nietzsche, Marion, and Derrida on the Meaning of the Peculiar Phenomenon." *Heythrop Journal* 51, no. 3 (May 2010): 454-70.

Al-Azhari, Manzoor Ahmad. "Credit Cards and Their Juristic Appraisal." *Homdard Islamicus* 34, no. 2 (2011): 29-56.

Allen, Katie. "Poor Nations Pushed into New Debt Crisis," *Guardian*, October 10, 2014. https://www.theguardian.com/business/2014/oct/10/poor-nations-debt-crisis-developing-countries.

Amstutz, Lorraine Stutzman. "Restorative Justice: The Promise and the Challenges." *Vision: A Journal for Church and Theology* 14, no. 2 (Fall 2013): 24-30.

Andrews, Edmund L. "Greenspan Concedes Error on Regulation." *New York Times*, October 23, 2008. http://www.nytimes.com/2008/10/24/business/economy/24panel.html.

Aquinas, Thomas. *Summa Theologica* I-II, II-II, and III. Translated by Fathers of the English Dominican Province. New York, NY: Benziger Brothers Inc., 1947.

Aristotle. *Nichomachean Ethics* IV. 1. New York: Macmillan, 1962.

Arjoon, Surendra. "Narcissistic Behavior and the Economy: The Role of Virtues." *Journal of Market & Morality* 13, no. 1 (Spring 2010): 59-82.

Askari, Hossein, Zamir Iqbal, Noureddine Krichene, and Abbas Mirakhor. *Risk Sharing in

Finance: *The Islamic Finance Alternative*. Singapore: John Wiley & Sons, 2012.

Atwood, Margaret. *Payback: Debt and the Shadow Side of Wealth*. Berkeley, Calif.: Anansi Press, 2008.

Augustine. *On the Morals of the Catholic Church*. Translated by Richard Stothert. In Nicene and Post-Nicene Fathers of the Christian Church, vol. IV, ed. Philip Schaff, 41–63. Buffalo, NY: The Christian Literature Company, 1887.

Azzimonti, Marina, Eva de Francisco, and Vincenzo Quadrini. "Financial Globalization, Inequality, and the Rising Public Debt." *American Economic Review* 104, no. 8 (2014): 2267–302.

Bales, Kevin. *Understanding Global Slavery: A Reader*. San Francisco: University of California Press, 2005.

Barry, Christian. "Sovereign Debt, Human Rights, and Policy Conditionality." *Journal of Political Philosophy* 19, no. 3 (2011): 282–305.

Basso, Manuel Jordan, and Juan Pablo Hugues Arthur. "Argentina, Vulture Funds and a Sovereign Debt Convention." *Transnational Notes* (blog), July 20, 2015. http://blogs.law.nyu.edu/transnational/2015/07/argentina-vulture-funds-and-a-sovereign-debt-convention/.

Bataille, Georges. *The Accursed Share: An Essay on General Economy*. Vol 1. Translated by Robert Hurley. New York: Zone Books, 1988.

Beitel, Karl. "The Subprime Debacle." *Monthly Review* 60, no. 1 (2008): 27–44.

Bensaid, Benaouda, et al. "Enduring Financial Debt: An Islamic Perspective." *Middle-East Journal of Scientific Research* 13, no. 2 (2013): 162–70.

Bentham, Jeremy. Defence of Usury. 1787. London: Routledge/Thoemmes Press, 1992.

Bergsama, John Sietze. *The Jubilee from Leviticus to Qumran: A History of Interpretation*. Leiden: Brill, 2007.

Bernstein, William J. "Corporate Finance and Original Sin." *Financial Analysts Journal* 62, no.3 (2006): 20-22.

Bigelow, Bill, and Bob Peterson, eds. *Rethinking Globalization: Teaching for Justice in an Unjust World*. Milwaukee, Wis.: Rethinking Schools Press, 2002.

Bobson, John. "Behavioral Assumptions of Finance." In *Finance Ethics: Critical Issues in*

Theory and Practice, edited by John R. Boatright, 45-59. Hoboken, N.J.: John Wiley & Sons, 2010.

Boettcher, Jacques, Gerald Cavanagh, S.J., and Min Xu. "Ethical Issues That Arise in Bankruptcy." *Business and Society Review* 119, no. 4 (2014): 473-96.

Boorman, Jack. "Dealing Comprehensively, and Justly, with Sovereign Debt." In *Sovereign Debt at the Crossroads*, edited by Chris Jochnick and Fraser A. Preston, 226-245. London: Oxford University Press, 2006.

Bourdieu, Pierre. *The Logic of Practice. Translated by Richard Nice.* Stanford, Calif.: Stanford University Press, 1990.

__________. "Marginalia—Some Additional Notes on the Gift." In *The Logic of Gift: Toward an Ethic of Generosity*, edited by Alan D. Schrift, 231-244. New York: Routledge, 1997.

Brueggemann, Walter. "Living with a Different Set of Signals." *Living Pulpit* 10, no. 2 (April-June 2001): 20-21.

Buchanan, James M. "The Ethics of Debt Default." In *Deficits*, edited by James M. Buchanan, Charles K. Rowley, and Robert D. Tollison, 361-73. Oxford: Basil Blackwell, 1987.

Buchholz, Todd G. "Biblical Laws and the Economic Growth of Ancient Israel." *Journal of Law and Religion* 6, no. 2 (1988): 389-427.

Campbell, Gwyn, and Alessando Stanziani, eds. *Bonded Labour and Debt in the Indian Ocean World.* London: Pickering & Chatto, 2013.

__________, eds. *Debt and Slavery in the Mediterranean and Atlantic Worlds.* London: Pickering & Chatto, 2013.

Caramel, Laurence. "Besieged by the Rising Tides of Climate Change, Kiribati Buys Land in Fiji." *Guardian*, June 30, 2014. https://www.theguardian.com/environment/2014/jul/01/kiribati-climate-change-fiji-vanua-levu.

Chang, Shu-Sen, David Gunnell, Jonathan A. C. Sterne, Tsung-Hsueh Lu, and Andrew T. A. Cheng. "Was the Economic Crisis 1997-1998 Responsible for Rising Suicide Rates in East/Southeast Asia? A Time-Trend Analysis for Japan, Hong Kong, South Korea, Taiwan, Singapore and Thailand." *Social Science & Medicine* 68, no. 7

(2009): 1322-31.

Chase, Malcolm. "From Millennium to Anniversary: The Concept of Jubilee in Late Eighteenth- and Nineteenth-Century England." *Past & Present* 129 (November 1990):132-47.

Cheru, Fantu. "Playing Games with African Lives: The G7 Debt Relief Strategy and the Politics of Indifference." In *Sovereign Debt at the Crossroads*, edited by Chris Jochnick and Fraser A. Preston. London: Oxford University Press, 2006.

Cochran, Elizabeth Agnew. "Jesus Christ and the Cardinal Virtues: A Response to Monika Hellwig." *Theology Today* 65, no. 1 (2008): 81-94.

Cokgezen, Murat, and Timur Kuran. "Between Consumer Demand and Islamic Law: The Evolution of Islamic Credit Cards in Turkey." *Journal of Comparative economics* 43, no. 4 (2015): 862-83.

Colombo, Ronald J. "Toward a Nexus of Virtue." Washington and Lee Law Review 69, no. 3 (2012): 3-84.

Crimmins, James E. "Bentham and Hobbes: An Issue of Influence." *Journal of the History of Ideas* 63, no. 4 (October 2002): 677-96.

__________. "Bentham on Religion: Atheism and the Secular Society." *Journal of the History of Ideas* 47, no. 1 (1986): 95-110.

Crotty, James. "The Neoliberal Paradox: The Impact of Destructive Product Market Competition and 'Modern' Financial Markets on Nonfinancial Corporation Performance in the Neoliberal Era." In *Financialization and the World Economy*, edited by Gerald A. Epstein, 77-110. Cheltenham, UK: Edward Elgar, 2005.

Curry, Pat. "How a Supreme Court Ruling Killed Off Usury Laws for Credit Card Rates." Creditcards.com, November 12, 2010. http://www.creditcards.com/credit-card-news/marquette-interest-rate-usury-laws-credit-cards-1282.php.

Davis, Bob. "What's a Global Recession?" *Wall Street Journal*, October 16, 2015. http://blogs.wsj.com/economics/2009/04/22/whats-a-global-recession/.

Dearden, Nick. "Jamaica's Decades of Debt Are Damaging Its Future." *Guardian*, April 16, 2013. http://www.theguardian.com/global-development/poverty-matters/2013/apr/16/jamaica-decades-debt-damaging-future.

DeBelder, R. T., and M. H. Khan. "The Changing Face of Islamic Banking." *International Financial Law Review* 12, no. 11 (1993): 23-29.

Didia, Dal. "Debt-for-Nature Swaps, Market Imperfections, and Policy Failures as Determinants of Sustainable Development and Environmental Quality." *Journal of Economic Issues* 35, no. 2 (June 2001): 477-86.

Dodd, Randall. "Derivatives Markets: Sources of Vulnerability in US Financial Markets." In *Financialization and the World Economy*, edited by Gerald A. Epstein. Cheltenham, UK: Edward Elgar, 2005: 149-180.

"Don't Turn the Clock Back: Analyzing the Risks of the Lending Boom to Impoverished Countries." *Jubilee Debt Campaign*, October 2014. http://jubileedebt.org.uk/wp-content/uploads/2014/10/Lending-boom-research_10.14.pdf.

Drinan, Robert F. "Jamaica, Entire Third World in Bondage to American Banks." *National Catholic Reporter* 30, no. 8 (December 1993). 18.

Dworkin, Ronald. *Taking Rights Seriously*. Cambridge, Mass.: Harvard University Press, 1978.

Economist. "College Debt: More Is Less." August 15, 2015. http://www.economist.com/news/united-states/21661008-more-less.

El-Erian, Mohamed. "Who Is to Blame for Greece's Crisis?" *Guardian*, May 18, 2012. http://www.theguardian.com/business/economics-blog/2012/may/18/who-blame-greece-crisis.

El-Gamal, Mahmoud A. "An Economic Explication of the Prohibition of Gharar in Classical Islamic Jurisprudence." Paper prepared for the 4th International Conference on Islamic Economics, Leicester, UK, August 13-15, 2000. http://instituteofhalalinvesting.org/content/el-gamal/gharar.pdf

__________. *Islamic Finance: Law, Economics, and Practice*. New York: Cambridge University Press, 2006.

Ellis, Jessica R. "The Absolute Priority Rule for Individuals after Maharaj, Lively, and Stephens: Negotiations or Game Over?" *Arizona Law Review* 55, no. 4 (2013): 1141-69.

Epstein, Gerald A. "Introduction: Financialization and the World Economy." In

Financialization and the World Economy, edited by Gerald A. Epstein. Cheltenham, UK: Edward Elgar, 2005: 3-16.

Farooq, Muhammad. "Interest, Usury and Its Impact on the Economy." *Dialogue* 7, no. 3 (July-September 2012): 265-76.

Federal Reserve Bank of New York. Quarterly Report on Household Debt and Credit. May 2016. https://www.newyorkfed.org/medialibrary/interactives/householdcredit/data/pdf/HHDC_2016Q1.pdf.

Foster, John Bellamy. "The Age of Monopoly-Finance Capital." *Monthly Review* 61, no. 9 (February 2010): 1-13.

Foster, John Bellamy, and Fred Magdoff. *The Great Financial Crisis: Causes and Consequences*. New York: Monthly Review Press, 2009.

Freeman, Edward R. "Stakeholder Theory of the Modern Corporation." In *Ethical Theory and Business*, edited by Tom L. Beauchamp and Norman E. Bowie, 7th ed., 38-48. Englewood Cliffs, N.J.: Prentice Hall, 2003.

Frefield, Karen. "NY Court Lets Lawsuit against Goldman over Timberwolf CDO Proceed." *Reuters*, January 30, 2014. http://www.reuters.com/article/2014/01/30/us-goldman-basisalpha-idUSBREA0T1VN20140130.

Friedman, Milton. "Defense of Usury." *Newsweek*, April 6, 1970: 79.

Frontline. "The Warning." October 20, 2009. http://www.pbs.org/wgbh/frontline/film/warning/

Gillespie, Michael Allen. "On Debt." In *Debt: Ethics, the Environment, and the Economy*, edited by Peter Y. Paik and Merry Wiesner-Hanks, 56-71. Bloomington: Indiana University Press, 2013.

Gnuse, Robert. "Jubilee Legislation in Leviticus: Israel's Vision of Social Reform." *Biblical Theology Bulletin* 15, no. 2 (April 1985): 43-48.

Gockel, Catherine Kilbane, and Leslie C. Gray. "Debt-for-Nature Swaps in Action: Two Case Studies in Peru." *Ecology and Society* 16, no. 3 (2011): 1-16.

Gohain, Manash Pratim. "New Evidence of Suicide Epidemic among India's 'Marginalized' Farmers." *Times of India*, April 17, 2014. http://timesofindia.indiatimes.com/india/New-evidence-of-suicide-epidemic-among-Indias-marginalizedfarmers/articleshow/33867066.cms.

Goodchild, Philip. "Exposing Mammon: Devotion to Money in a Market Society." *Dialog: A Journal of Theology* 52, no. 1 (Spring 2013): 47-57.

__________. *Theology of Money*. Durham, N.C.: Duke University Press, 2009.

Graafland, Johan J., and Bert W. van de Ven. "The Credit Crisis and the Moral Responsibility of Professionals in Finance." *Journal of Business Ethics* 103, no. 4 (2011): 605-19.

Graeber, David. "Debt, the Whole History." *Green European Journal* 7 (2014): 24-29.

__________. *Debt: The First 5,000 Years*. Brooklyn, N.Y.: Melville House, 2012.

Greenstone, Michael, and Adam Looney, "Rising Student Debt Burdens: Factors behind the Phenomenon." *Brookings*, July 5, 2013. http://www.brookings.edu/blogs/jobs/posts/2013/07/05-student-loans-debt-burdens-jobs-greenstone-looney.

Gritsenko, Liliya. "Everybody Wins! Elimination of the Absolute Priority Rule for Individuals Under BAPCPA: A Middle Ground." *Cardozo Law Review* 35, no. 3 (February, 2013): 1255-88.

Gross, Karen. *Failure and Forgiveness: Rebalancing the Bankruptcy System*. New Haven, Conn.: Yale University Press, 1997.

Guillot, Adéa. "Greece Struggles to Address Its Tax Evasion Problem." *Guardian*, February 24, 2015. http://www.theguardian.com/world/2015/feb/24/greece-collecting-revenue-tax-evasion.

Habermas, Jürgen. *Between Facts and Norms: Contributions to a Discourse Theory of Law and Democracy*. Translated by William Rehg. Cambridge, Mass.: MIT Press, 1996.

__________. *Moral Consciousness and Communicative Action*. Translated by Christian Lenhardt and Shierry Weber Nicholsen. Cambridge, Mass.: MIT Press, 1990.

Hanlon, Joseph. "African Debt Hoax." *Review of African Political Economy* 25, no.77 (September 1998): 487-92.

Hansen, Laura L., and Siamak Movahedi, "Wall Street Scandals: The Myth of Individual Greed." *Sociological Forum* 25, no. 2 (June 2010): 367-74.

Hartmann, Thom. "Private Debt Not Government Debt Will Destroy America." *Truthout*, February 14, 2013. http://www.truth-out.org/opinion/item/14566-privatedebt-not- government-debt-will-destroy-america.

Harvey, David. "The Future of the Commons." *Radical History Review* 109 (Winter 2011): 101-7.

Hassan, M. Kabir, and Rasem Kayed. "The Global Financial Crisis and Islamic Finance." *Thunderbird International Business Review* 53, no. 5 (September-October 2011): 551-64.

Hassoun, Nicole. "The Problem of Debt-for-Nature Swaps from a Human Rights Perspective." *Journal of Applied Philosophy* 29, no. 4 (2012): 359-77.

Haugwout, Andrew, Donghoon Lee, Joelle Scally, and Wilbert van der Kalauw, "Student Loan Boffowing and Repayment Trends, 2015," *Federal Reserve Bank of New York*, (April 16, 2015): 1-33, https://www.newyorkfed.org/medialibrary/media/newsevents/mediaadvisory/2015/Student-Loan-Press-Briefing-Presentation.pdf.

Hicks, Richard. "Markan Discipleship according to Malachi: The Significance of μὴ ἀποστερήσῃς in the Story of the Rich Man." *Journal of Biblical Literature* 132, no. 1 (2013): 179-99.

Hirschfeld, Mary L. "Reflection on the Financial Crisis: Aquinas on the Proper Role of Finance." *Journal of the Society of Christian Ethics* 35, no. 1 (2015): 63-82.

Hobbes, Thomas. *Leviathan*. London: Penguin Books, 1985.

Holland, Kelley. "The High Economic and Social Costs of Student Loan Debt." CNBC, June 15, 2015. http://www.cnbc.com/2015/06/15/the-high-economic-and-social-costs-of-student- loan-debt.html.

Hopper, Matthew S. "Debt and Slavery Among Arabian Gulf Pearl Divers," in Campbell and Stanziani, *Bonded Labour and Debt in the Indian Ocean World*, 103-118. London: Pickering & Chatto, 2013.

Houle, Jason N., and Michael T. Light. "The Home Foreclosure Crisis and Rising Suicide Rates, 2005 to 2010," *American Journal of Public Health* 104, no. 6 (June 2014): 1073-79.

Hyde, Lewis. *The Gift: Imagination and the Erotic Life of Property*. New York: Vintage Books, 1983.

Issacharoff, Samuel, and Erin F. Delaney, "Credit Card Accountability." *University of Chicago Law Review* 73, no. 1 (Winter 2006): 157-82.

Jochnick, Chris. "The Legal Case for Debt Repudiation." In *Sovereign Debt at the Crossroads*, edited by Chris Jochnick and Fraser A. Preston. London: Oxford University Press, 2006.

John Paul II. "Tertio Millennio Adveiente." https://w2.vatican.va/content/john-paul-ii/en/apost_letters/1994/documents/hf_jp-ii_apl_10111994_tertio-millennio-adveniente.html

Johnston, Jake. "Partners in Austerity: Jamaica, the United States and the International Monetary Fund." *Center for Economic and Policy Research*. Washington DC (April, 2005). http://cepr.net/documents/Jamaica_04-2015.pdf.

Jones, Tim. "A Legacy of Dodgy Deals: Auditing the Debts Owed to the UK." Jubilee Debt Campaign, June 2015. http://jubileedebt.org.uk/wp-content/uploads/2015/06/A-legacy-of-dodgy-deals.pdf.

Jospe, Raphael. "Sabbath, Sabbatical and Jubilee: Jewish Ethical Perspectives." In *The Jubilee Challenge: Utopia or Possibility?*, edited by Hans Ucko, 77-98. Geneva; WCC, 1997.

Jubilee Debt Campaign. "How Europe Cancelled Germany's Debt." January 2015. http://jubileedebt.org.uk/reports-briefings/briefing/europe-cancelled-germanys-debt-1953

Jurgens, Rick, and Chi Chi Wu. "Fee-Harvesters: Low-Credit, High-Cost Cards Bleed Consumers." *National Consumer Law Center Report*. https://www.nclc.org/images/pdf/credit_cards/fee-harvesters-report.pdf.

Kant, Immanuel. *Groundwork of the Metaphysic of Morals*. Translated by H. J. Paton. New York: Harper and Row, 1964.

Kazi, Ashraf U., and Abdel K. Halabi. "The Influence of Qur'an and Islamic Transactions and Banking." *Arab Law Quarterly* 20, no. 3 (2006): 321-31.

Kennedy, Gavin. "Adam Smith and the Invisible Hand: From Metaphor to Myth." *Econ Journal Watch* 6, no. 2 (May 2009): 239-63.

Keynes, John Maynard. *General Theory of Employment, Interest and Money*. London:

Macmillan, 1936.

Kilpi, Jukka. *The Ethics of Bankruptcy*. London: Routledge, 1998.

Kim, Bok-rea. "Debt Slaves in Old Korea." In *Bonded Labour and Debt in the Indian Ocean World*, edited by Gwyn Campbell and Alessando Stanziani, 165–172. London, England: Pickering & Chatto, 2013.

Korea Times. "Elliott Has 'Vulture Picnic' in Korea Inc." June 12, 2015.

Kreuger, Anne O. "A New Approach to Sovereign Debt Restructuring." *International Monetary Fund 2002*. https://www.imf.org/external/pubs/ft/exrp/sdrm/eng/sdrm.pdf.

Krippner, Greta. "The Financialization of the American Economy." *Socio-Economic Review* 3 (2005): 173–208.

Kunhibava, Sherin, and Balachandran Shanmugam. "Shari'ah and Conventional Law Objections to Derivatives: A Comparison." *Arab Law Quarterly* 24, no. 4 (2010): 319–60.

Kuran, Timur. "On the Notion of Economic Justice in Contemporary Islamic Thought." *International Journal of Middle East Studies* 21, no. 2 (May 1989): 171–91.

Labat, Alyssa, and Walter E. Block. "Money Does Not Grow on Trees: An Argument for Usury." *Journal of Business Ethics* 106, no. 3 (2012): 383–87.

Lazzarato, Maurizio. *The Making of the Indebted Man: An Essay on the Neoliberal Condition*. Translated by Joshua David Jordan. Los Angeles: Semiotext, 2011.

Lewison, Martin. "Conflicts of Interest? The Ethics of Usury." *Journal of Business Ethics* 22, no. 4 (1999): 327–39.

Li, Wenli. "The Economics of Student Loan Borrowing and Repayment." *Business Review* (Q3 2013): 1–10.

Locke, John. *Two Treatises of Government*. Edited by Peter Laslett. Cambridge: Cambridge University Press, 1988.

Long, D. Stephen, Nancy Ruth Fox, and Tripp York. *Calculated Futures: Theology, Ethics, and Economics*. Waco, Tex.: Baylor University Press, 2007.

Lorin, Janet. "Who's Profiting from $1.2 Trillion of Federal Student Loans?" *Bloomberg Business*, December 11, 2015. http://www.bloomberg.com/news/

articles/2015-12-11/a- 144-000-student-default-shows-who-profits-at-taxpayer-expense.

Lowery, Richard H. *Sabbath and Jubilee*. St. Louis, Mo.: Chalice Press, 2000.

Madslien, John. "Debt Relief Hopes Bring Out the Critics." *BBC News*, June 29, 2005. http://news.bbc.co.uk/2/hi/business/4619189.stm.

Malone, Andrew. "The GM Genocide: Thousands of Indian Farmers Are Committing Suicide after Using Genetically Modified Crops." *Daily Mail*, November 2, 2008. http://www.dailymail.co.uk/news/article-1082559/The-GM-genocide-Thousands-Indian- farmers-committing-suicide-using-genetically-modified-crops.html.

Marcaletti, Mariana. "Three Things to Know about the Supreme Court's Ruling on Argentine Debt and Why It Matters to Argentina and the World." *Washington Post*, June 26, 2014. https://www.washingtonpost.com/news/worldviews/wp/2014/06/26/three-things- to-know-about-the-supreme-courts-ruling-on-argentine-debt-and-why-it-matters-to- argentina-and-the-world/.

Marx, Karl. *Capital*. Vol. 3. New York: International Publishers NY, 1967.

Matsui, Yoko. "The Debt-Servitude or Prostitutes in Japan during the Edo Period, 1600-1868." In *Bonded Labour and Debt in the Indian Ocean World*, edited by Gwyn Campbell and Alessando Stanziani, 173-186. London, England: Pickering & Chatto, 2013.

Mauss, Marcel. *The Gift: Forms and Functions of Exchange in Archaic Societies*. Translated by Ian Cunnison. Glencoe, Ill.: Free Press, 1954.

Mayer, Robert. "When and Why Usury Should Be Prohibited." *Journal of Business Ethics* 116, no. 3 (2013): 513-27.

McKenzie, Rex A. "Casino Capitalism with Derivatives: Fragility and Instability in Contemporary Finance." *Review of Radical Political Economics* 43, no. 2: 198-215.

Milbank, John. "Liberality vs. Liberalism." In *Evangelicals and Empire: Christian Alternative to the Political Status Quo*. Edited by Bruce Ellis Benson and Peter Goodwin Heltzel, 93-103. Grand Rapids: Brazos Press, 2008.

Milgrom, Jacob. "Leviticus 25 and Some Postulates of the Jubilee." In *The Jubilee Challenge:*

Utopia or Possibility?, edited by Hans Ucko, 28–32. Geneva: WWC, 1997.

Miller, Morris. *Debt and the Environment: Converging Crises*. New York: United Nations, 1991.

Miller, Seumas. "Global Financial Institutions, Ethics and Market Fundamentalism." In *Global Financial Crisis: The Ethical Issues*, edited by Ned Dobos, Christian Barry, and Thomas Pogge, 24–51. New York: Palgrave Macmillan, 2011.

Mitchell, Josh. "School-Loan Reckoning: 7 Million Are in Default." *Wall Street Journal*, August 21, 2015.

Moe-Lobeda, Cynthia D. "Climate Change as Climate Debt: Forging a Just Future." *Journal of the Society of Christian Ethics* 36, no. 1 (2016): 27–49.

Monaghan, Lee F., and Micheal O'Flynn, "The Madoffization of Society: A Corrosive Process in an Age of Fictitious Capital." *Critical Sociology* 39, no. 6 (2012): 869–87.

Moseley, Fred. "Marx's Economic Theory and Contemporary Capitalism." https://www.nodo50.org/cubasigloXXI/congreso/moseley_10abr03.pdf.

Motlhabi, Mokgethi B. G. "An Ethical Appraisal of the Third World Debt Crisis." *Religion & Theology* 10, no. 2 (2003): 192–223.

Murakami, Ei. "Two Bonded Labour Emigration Patterns in Mid-Nineteenth-Century Southern China: The Coolie Trade and Emigration to Southeast Asia." In *Bonded Labour and Debt in the Indian Ocean World*, edited by Gwyn Campbell and Alessando Stanziani, 153–164. London: Pickering & Chatto, 2013.

Nelson, Benjamin. *The Idea of Usury*. Chicago: University of Chicago Press, 1969.

Nelson, Julie A. "Ethics, Evidence and International Debt." *Journal of Economic Methodology* 16, no. 2 (June 2009): 175–89.

Nienhaus, Volker. "Islamic Finance Ethics and Shari'ah Law in the Aftermath of the Crisis: Concept and Practice of Shari'ah Compliant Finance." *Ethical Perspectives* 18, no. 4 (2011): 591–623.

Nietzsche, Friedrich. *On the Genealogy of Morals*. Translated by Walter Kaufmann and R. J. Hollingdale. New York: Vintage Books, 1989.

Noorzoy, M. Siddieq. "Islamic Laws on Riba (Interest) and Their Economic Implications."

International Journal of Middle East Studies 14, no. 1 (February 1982): 3–17.

Norris, Floyd. "Card Act Cleared Up Credit Cards' Hidden Costs." New York Times, November 7, 2013. http://www.nytimes.com/2013/11/08/business/economy/ a-credit-card-rule-that-worked-for-consumers.html.

Northcott, Michael. Life after Debt. London: SPCK, 1999.

Nussbaum, Martha. Frontiers of Justice: Disability, Nationality, Species Membership. Cambridge, Mass.: Belknap Press, 2006.

O'Neill, Onora. "Agents of Justice." Metaphilosophy 32, nos. 1–2 (January 2001): 180–95.

————. Towards Justice and Virtue: A Constructive Account of Practical Reasoning. Cambridge: Cambridge University Press, 1996.

Ong, Aihwa. "Neoliberalism as a Mobile Technology." Transactions of the Institute of British Geographers, n.s., 32, no. 1 (January 2007): 3–8.

Oxfam. "62 People Own the Same as Half the World, Reveals Oxfam Davos Report." Press release, January 18, 2016. https://www.oxfam.org/en/pressroom/ pressreleases/2016-01- 18/62-people-own-same-half-world-reveals-oxfam-davos-report.

————. "Working for the Few: Political Capture and Economic Inequality." Briefing paper, January 20, 2014. https://www.oxfam.org/sites/www.oxfam.org/files/bp-working-for- few-political-capture-economic-inequality-200114-summ-en.pdf.

Pala, Christopher. "Kiribati President Purchases 'Worthless' Resettlement Land as Precaution Against Rising Sea." Inter Press Service News Agency, June 9, 2016. http://www.ipsnews.net/2014/06/kiribati-president-purchases-worthless-resettlement- land-as-precaution-against-rising-sea/.

Payne, Dinah, and Michael Hogg. "Three Perspectives of Chapter 11 Bankruptcy: Legal, Managerial and Moral." Journal of Business Ethics 13, no. 1 (1994): 21–30.

Peterson, Matt, and Christian Barry. "Who Must Pay for the Damage of the Global Financial Crisis?" In Global Financial Crisis: The Ethical Issues, edited by Ned Dobos, Christian Barry, and Thomas Pogge, 158–183. New York: Palgrave-Macmillan, 2011.

Phelps, Hollis. "Overcoming Redemption: Neoliberalism, Atonement, and the Logic of Debt." *Political Theology* 17, no. 3 (May 2016): 264-82.

Piketty, Thomas. *Capital in the Twenty-First Century*. Translated by Arthur Goldhammer. Cambridge, Mass.: Belknap Press of Harvard University Press, 2014.

Plumer, Brad. "How Greek Tax Evasion Helped Sink the Global Economy." *Washington Post*, July 9, 2012. https://www.washingtonpost.com/news/wonk/wp/2012/07/09/how-greek- tax-evasion-sunk-the-global-economy/.

Polland, Jane, and Michael Samers. "Islamic Banking and Finance: Postcolonial Political Economy and the Decentring of Economic Geography." *Transactions of the Institute of British Geographers*, n.s., 32, no. 3 (September 2007): 313-30.

Porter, Jean. "Perennial and Timely Virtues: Practical Wisdom, Courage and Temperance." In *Changing Value and Virtues*, edited by Dietmar Mieth and Jacques Pohier, 60-68. Edinburgh: T&T Clark, 1987.

Powell, Russell, and Arthur DeLong, "The Possible Advantages of Islamic Financial Jurisprudence: An Empirical Study of the Dow Jones Islamic Market Index." *Fordham Journal of Corporate and Financial Law* 19 (2014): 393-423.

Raaflaub, Kurt. *The Discovery of Freedom in Ancient Greece*. Translated by Renate Franciscono. Revised and updated edition. Chicago: University of Chicago Press, 2004.

Racelis, Aliza D. "Examining the Global Financial Crisis from a Virtue Theory Lens." *Asia-Pacific Social Science Review* 14, no. 2 (2014): 22-38.

Raffer, Kunibert. "The IMF's SDRM—Simply Disastrous Rescheduling Management?" In *Sovereign Debt at the Crossroads*, edited by Chris Jochnick & Fraser A. Preston, 246-266. London: Oxford University Press, 2006.

__________. "Preferred or Not Preferred: Thoughts on Priority Structures of Creditors." Paper presented at the 2nd meeting of the ILA Sovereign Insolvency Study Group, October 16, 2009, Washington, D.C. https://homepage.univie.ac.at/kunibert.raffer/ila-wash.pdf.

__________. "Risks of Lending and Liability of Lenders." *Ethics & International Affairs* 21, no. 1 (March 2007): 85-106.

Rasor, Paul B. "Biblical Roots of Modern Consumer Credit Law." *Journal of Law and Religion* 10, no. 1 (1993-1994): 157-92.

Rawls, John. *A Theory of Justice*. Cambridge, Mass.: Harvard University Press, 1971.

Resor, James P. "Debt-for-Nature Swaps: A Decade of Experience and New Directions for the Future." Food and Agriculture Organization (FAO). http://www.fao.org/docrep/w3247e/w3247e06.htm.

Reuveny, Rafael, and William R. Thompson. "World Economic Growth, Systemic Leadership, and Southern Debt Crises." *Journal of Peace Research* 31, no. 1 (2004): 5-24.

Rice, James. "North-South Relations and the Ecological Debt: Asserting a Counter-Hegemonic Discourse." *Critical Sociology* 35, no. 2 (2009):225-52.

Risse, Mathias. "The Second Treatise in On the Genealogy of Morality: Nietzsche on the Origin of the Bad Conscience." *European Journal of Philosophy* 9, no. 1 (2001): 55-81.

Ritholtz, Barry. "What Caused the Financial Crisis? The Big Lie Goes Viral." *Washington Post*, November 5, 2011. http://www.dailymail.co.uk/news/article-1082559/The-GM-genocide-Thousands-Indian-farmers-committing-suicide-using-genetically-modified-crops.html

Roe, Mark J., and Frederick Tung. "Breaking Bankruptcy Priority: How Rent-Seeking Upends the Creditor's Bargain." *Virginia Law Review* 99, no. 6 (2013): 1236-90.

Sagiv, Yonatan. "The Gift of Debt: Agnon's Economics of Money, God and the Human Other." *PROOFTEXTS* 34, no. 2 (2014): 421-43

Sahlins, Marshall. "The Spirit of the Gift." In *The Logic of Gift: Toward and Ethic of Generosity*, edited by Alan D. Schrift, 70-99. New York: Routledge, 1997.

Sambira, Jocelyne. "Borrowing Responsibility: Africa's Debt Challenge." *Africa Renewal Online*, August 2015, http://www.un.org/africarenewal/magazine/august-2015/borrowing-responsibility-africa%E2%80%99s-debt-challenge.

Schweiker, William. "Reconsidering Greed." In Schweiker and Mathewes, *Having*, 249-71.

Schweiker, William, and Charles Mathewes, eds. *Having: Property and Possession in Religious and Social Life*. Grand Rapids: Eerdmans, 2004.

Scott III, Robert H. "Credit Card Use and Abuse: A Veblenian Analysis." *Journal of Economic Issues* 41, no. 2 (2007): 567-74.

Sen, Amartya. *The Idea of Justice*. Cambridge, Mass.: Harvard University Press, 2009.

Sharma, Sohan, and Surinder Kumar. "Debt Relief—Indentured Servitude for the Third World." *Race & Class* 43, no. 4 (2002): 45-56.

Sherman, Matthew. *A Short History of Financial Deregulation in the United States*. Washington, D.C.: Center for Economic and Policy Research, 2009. http://www.cepr.net/documents/publications/dereg-timeline-2009-07.pdf.

Simms, Anrew. *Ecological Debt: The Health of the Planet and the Wealth of Nations*. Ann Arbor, Mich.: Pluto Press, 2005.

Singer, Peter. "Famine, Affluence, and Morality." *Philosophy & Public Affairs* 1, no. 3 (1973): 229-43.

Smith, Adam. *The Wealth of Nations*. New York: Modern Library, 2000.

Smith, Helena. "Greece Erupts in Violent Protest as Citizens Face a Future of Harsh Austerity." *Guardian*, May 1, 2010. http://www.theguardian.com/world/2010/may/02/greece-violence-bailout-imf-euro.

Solomon, Norman. "Economics of the Jubilee: Putting Third World Debt in Context." *Church and Society* (September-October 1998): 58-67.

Sparks, Samantha. "Financing East-West Trade." *Multinational Monitor* 8 (November-December 1987): 54-55.

Stanziani, Alessandro, and Gwyn Campbell. "Introduction: Debt and Slavery in the Mediterranean and the Atlantic Worlds." In *Debt and Slavery in the Mediterranean and Atlantic Worlds*, edited by Gwyn Campbell and Alessandro Stanziani, 1-28. London, England; Pickering & Chatto, 2013.

Sternberg, Elaine. "Ethical Misconduct and the Global Financial Crisis." *Economic Affairs* 33, no. 1 (2013): 18-33.

Stewart, James B. "If Greece Defaults, Imagine Argentina, but Much Worse." *New York Times*, June 25, 2015. http://www.nytimes.com/2015/06/26/business/an-echo-of-argentina-in-greek-debt-crisis.html?_r=0.

Stiglitz, Joseph. *The Price of Inequality: How Today's Divided Society Endangers Our Future*.

New York: Norton, 2013.

__________. *Free Fall: America, Free Markets, and the Sinking of the World Economy*. New York: Norton & Company, 2010.

Suchitra, M. "Crop of Debt." *Down to Earth*, August 1, 2015, 18-21. http://www.downtoearth.org.in/coverage/crop-of-debt-50630.

Sullivan, Bob. "Like a Drug: Payday Loan Users Hooked on Quick-Cash Cycle." *NBC News*, May 11, 2013. http://www.nbcnews.com/feature/in-plain-sight/drug-payday-loan-users-hooked-quick-cash-cycle-v18088751.

Sy, Amadou. "Trends and Developments in African Frontier Bond Markets." *Brookings Institution*, March 2015. http://www.brookings.edu/~/media/Research/Files/Papers/2015/03/03-trends-development-african-frontier-bond-markets-sy/Sovereign-Debt-Africa-Final.pdf.

Talib, M. T., and Jamiu A. Oluwatoko. "Islam and the Debt Question in Nigeria." In *The Church and the External Debt: Report on a Conference Held in Jos, Nigeria, November 26-30*, 1990, edited by Jan H. Boer, 60-68. Jos, Nigeria: Institute of Church and Society, 1992.

Tanner, Kathryn. *Economy of Grace*. Minneapolis: Fortress, 2005.

__________. "Economies of Grace." In *Having: Property and Possession in Religious and Social Life*, edited by William Schweiker and Charles Matthews, 353-381. Grand Rapids: Eerdmans, 2004.

Thesnaar, Christo. "Restorative Justice as a Key for Healing Communities." *Religion & Theology* 15, nos. 1-2 (2008): 53-73.

Titmus, Richard. *The Gift Relationship: From Human Blood to Social Policy*. New York: Vintage Books, 1971.

Tomaskovic-Devey, Donald and Ken-Hou Lin, "Income Dynamics, Economic Rents, and the Financialization of the U.S. Economy." *American Sociological Review* 76, no. 4: 538-59.

Ucko, Hans. "The Jubilee as a Challenge." In *The Jubilee Challenge: Utopia or Possibility? Jewish and Christian Insight*, edited by Hans Ucko, 1-14. Geneva: WCC, 1997.

Upbin, Bruce. "The 147 Companies That Control Everything." *Forbes*, October 22, 2011.

http://www.forbes.com/sites/bruceupbin/2011/10/22/the-147-companies-
that-control- everything/#45db52827638.

Vallely, Paul. *Bad Samaritans: First World Ethics and Third World Debt*. Maryknoll, N.Y.:
Orbis Books, 1990.

Veerkamp, Ton. "Judeo-Christian Tradition on Debt: Political, Not Just Ethical." *Ethics &
International Affairs* 21, no. 1 (2007): 167-88.

Visser, Wayne A. M., and Alastair McIntosh. "A Short Review of the Historical Critique of
Usury."*Accounting, Business and Financial History* 8, no. 2 (1998): 175-89.

Webb, Stephen H. *The Gifting God: A Trinitarian Ethics of Excess*. New York: Oxford
University Press, 1996.

White, Michelle J. "Bankruptcy Reform and Credit Cards."*Journal of Economic Perspectives*
21, no. 4 (Fall 2007): 175-200.

————. "Islamic Finance." Brief, March 31, 2015. http://www.worldbank.org/en/
topic/financialsector/brief/islamic-finance.

World Bulletin. "Vatican Offers Islamic Finance System to Western Banks." http://www.
worldbulletin.net/index.php?aType=haber&ArticleID=37814.

Wu, Jonathan. "Average Credit Card Interest Rates (APR)--2017." Value Penguin, http://
www.valuepenguin.com/average-credit-card-interest-rates.

Young, Iris Marion. *Responsibility for Justice*. Oxford: Oxford University Press, 2011. Zaman,
M. Raquibuz, and Hormoz Movassaghi. "Interest-Free Islamic Banking: Ideals
and Reality." International Journal of Banking 14, no. 4 (2002): 2428-42.

Zaman, M. Raquibuz, and Hormoz Movassaghi. "Interest-Free Islamic Banking: Ideals and
Reality." *International Journal of Banking* 14, no. 4 (2002): 2428-42.

부당한 빚, 정당한 빚

새로운 부채 윤리 구축을 위한 학제간 기획

Copyright ⓒ 새물결플러스 2018

1쇄 발행 2018년 6월 20일

지은이 안일섭
옮긴이 노동래
펴낸이 김요한
펴낸곳 새물결플러스

편　집 왕희광 정인철 최율리 박규준 노재현 한바울 신준호
　　　　정혜인 이형일 서종원 조광수
디자인 이성아 이재희 박슬기 이새봄
마케팅 박성민 이윤범
총　무 김명화 이성순
영　상 최정호 조용석 곽상원
아카데미 유영성

홈페이지 www.holywaveplus.com
이메일 hwpbooks@hwpbooks.com
출판등록 2008년 8월 21일 제2008-24호
주　소 (우) 07214 서울특별시 영등포구 양평로 11, 4층(당산동5가)
전　화 02) 2652-3161
팩　스 02) 2652-3191

ISBN 979-11-6129-065-2 93230

책값은 뒤표지에 있습니다.

이 도서의 국립중앙도서관 출판예정도서목록(CIP)은 서지정보유통지원시스템
홈페이지(seoji.nl.go.kr)와 국가자료공동목록시스템(nl.go.kr/kolisnet)에서
이용하실 수 있습니다. CIP2018018077